新时代人力资源管理理论创新与实践研究

汤秀丽　著

·北京·

内 容 提 要

新时代，新形势，传统的人力资源管理模式正在面临挑战。只有创新人才激励模式，优化人才保留机制，搭建高效的信息传递与沟通渠道，才能顺应时代潮流，助力经济转型升级。本书从人力资源战略与规划、工作岗位与人才招聘、人力资源培训、绩效与薪酬管理、劳动关系管理等方面，运用贴合新时代的新思维，全方面、多角度、系统化地对人力资源管理展开创新性的理论研究，并将研究成果应用于社区人力资源管理实务中，探究新时代社区人力资源管理的新模式的建设。

本书理论结合实践，创新元素饱满，可供人力资源管理专业的本科生阅读，也可供各企事业单位人事部门的从业人员参考使用。

图书在版编目（CIP）数据

新时代人力资源管理理论创新与实践研究 / 汤秀丽著. -- 北京 : 中国水利水电出版社, 2019.12（2021.9重印）
ISBN 978-7-5170-7872-2

Ⅰ. ①新… Ⅱ. ①汤… Ⅲ. ①人力资源管理一研究 Ⅳ. ①F243

中国版本图书馆CIP数据核字(2020)第005954号

责任编辑： 陈 洁　　**封面设计：** 邓利辉

书　　名	新时代人力资源管理理论创新与实践研究 XIN SHIDAI RENLI ZIYUAN GUANLI LILUN CHUANGXIN YU SHIJIAN YANJIU
作　　者	汤秀丽　著
出版发行	中国水利水电出版社 (北京市海淀区玉渊潭南路1号D座　100038) 网址：www. waterpub. com. cn E-mail：mchannel@ 263. net(万水) sales@ waterpub. com. cn 电话：(010)68367658(营销中心)、82562819(万水)
经　　售	全国各地新华书店和相关出版物销售网点
排　　版	北京万水电子信息有限公司
印　　刷	三河市元兴印务有限公司
规　　格	170mm×240mm　16开本　12.75印张　222千字
版　　次	2020年6月第1版　2021年9月第2次印刷
印　　数	3001-4500册
定　　价	57.00元

凡购买我社图书，如有缺页、倒页、脱页的，本社营销中心负责调换

前　言

随着新时期社会经济的高速发展，全球经济一体化已成为新时期的主流趋势。在市场经济激烈竞争的背景下，企业在人力资源管理过程中面临的问题愈加复杂，新型的创新人才成为新时期企业获取核心竞争力的重要保障。

本书主要就新时期的人力资源管理进行深入研究，内容共分九章：第一章就人力资源与人力资源管理的概念、现代人力资源管理的演进与发展、现代人力资源管理的运作模式以及新时期人力资源管理创新进行概括性阐述；第二章主要是对人力资源战略规划与创新进行详细的研究讨论；第三章通过职位管理与筹划、职位分析与评价、工作设计，对工作岗位管理进行了深入研究，并对新时期基于互联网应用的职位分析思路创新进行了一定的探索；第四章通过胜任力模型、人力资源再配置及新时期人力资源招聘的新趋势与应对策略创新，对人力资源的配置与创新进行分析探讨；第五章详细地对人力资源培训机制与创新进行全方位的研究讨论；第六章主要就绩效及薪酬管理进行论述，并对新时期绩效薪酬模式进行创新性探讨；第七章主要就劳动关系管理与创新进行详细的研究讨论；第八章主要就大数据背景下的人力资源管理进行探讨，并对互联网时代人力资源管理的十大新思维进行论述；第九章主要就新时代社区人力资源管理的创新模式建设进行系统的研究讨论，并对新时期社区人力资源培训与开发进行展望。

本书图文结合，便于理解，逻辑清晰，章节合理，注重理论和实践相结合，并对新时代人力资源管理的创新进行了多方面的分析探讨，适合想了解新时期人力资源管理的初学者、从事人力资源管理的专业人员、高等院校相关专业的老师和学生以及各人力资源管理领域的科研工作者参考阅读。

本书是作者在总结大量教学经验与实践成果的基础上，广泛收集并参考当前有关人力资源管理的最新研究成果，进而撰写完成的。在撰写本书的过程中，作者采访了多家大中型企业，得到了许多企业领导和管理者的热心帮助，同时也得到了同领域许多专家的指导帮助，在此特向所参考文献的作者以及向本书作者提供帮助的企业领导、企业管理者、专家学者表示真诚的感谢。

由于作者水平有限，加之人力资源管理的不断发展，虽经多次修改完善，书中仍难免有疏漏和不足之处，希望同领域专家学者和广大读者朋友批评指正。

作者
2019 年 6 月

目　录

第一章　人力资源管理概述

随着社会经济的不断发展，企业对于人力资源的管理也越来越重视，科学有效的人力资源管理是企业生存和发展的重要保障。本章主要就人力资源及其管理的概念与特性、演进与发展、运作模式和创新四个方面对人力资源及人力资源管理进行详细论述，为全书的研究奠定扎实的理论基础。

第一节　人力资源与人力资源管理

人力资源是很多企业的首要资源，人力资源管理也是企业管理的重要组成部分。针对它们的学习和研究，已经成为许多企业的重点关注对象。下面主要就人力资源与人力资源管理的概念、特点及其作用进行详细阐述。

一、人力资源

人力资源作为一种无形资产，已经开始成为很多企业竞争力的一个重要来源。此外，作为一种无形资产，人力资源还会对其他无形资产（如企业形象和声誉、研发能力等）产生积极的影响。

（一）人力资源的定义

目前，对于人力资源的定义，国内外管理学界说法很多，并无统一的看法。常见的定义有如下几种：

（1）人力资源就是存在于人身上的社会财富的创造力（如体力、技能和知识）。

（2）人力资源是指劳动力资源，是指一个特定区域内，有劳动能力（包括智力劳动和体力劳动）的人口总和。

（3）人力资源是指具有为社会创造物质财富和精神财富、为社会提供劳务和服务的人。

关于人力资源的定义还有很多，限于本书篇幅，此处不再一一列举。通过对这些观点的对比分析可以发现，这些观点分别从不同维度对人力资源给出了不同的定义，不同的定义都有其不同的侧重点。现代学者普遍认为，对于人力资源的定义，应该表现在宏观和微观两个方面，详述如下：

(1) 从宏观角度看，即从社会系统的角度看，所谓人力资源，主要是指一个特定区域中的人所具有的对价值创造起贡献作用并且能够被组织利用的体力和脑力劳动的总和。这说明人力资源的宏观定义更适用于人口学、社会学、经济学等。

(2) 从微观角度看，人力资源是蕴含在人身上的，以人为载体的，具有主观能动性的特殊价值创造要素，是在组织的价值创造与实现过程中，能够广泛、深入、持续不断地开发的一系列人的内在特征的总和，包括内驱力、品质、体力、经验和技能等。微观定义主要是在社会组织的层面讨论人力资源，强调组织成员的工作技能、工作意愿与价值创造等。

与人力资源相关的概念有很多，其中典型的有人口资源和人才资源等。从整个社会经济发展的宏观角度来看，我国对于人力资源与人口资源、人才资源之间的关系认知较为统一，具体如下：

(1) 人口资源。人口资源主要是指一个特定区域内所拥有的人口总量。

(2) 人力资源。人力资源主要是指一个特定区域中的人所具有的对价值创造起贡献作用，并且能够被组织利用的体力和脑力劳动的总和。

(3) 人才资源。人才资源作为我国经济社会发展的第一资源，具体是指进行创造性劳动并对社会作出贡献的人，是人力资源中能力和素质较高的劳动者，他们往往具有一定的专业知识或专门技能。

一般情况下，三者之间的关系，如图 1-1 所示。人口资源、人力资源和人才资源在数量上依次递减，在概念上是包含关系。

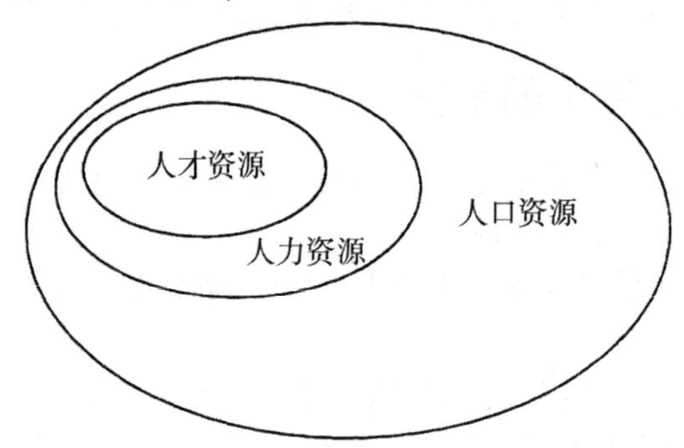

图 1-1　人口资源、人力资源和人才资源的数量关系图

(二) 人力资源的特性

与其他资源相比，人力资源属于人类自身特有的，具有不可剥夺性，其本质就是人所具有的体力和智力。关于人力资源的所有特性都是基于这一点形成的，其中最为重要的特性包括以下八个方面：

（1）能动性。能动性是指价值创造过程中最主动、最积极活跃的因素是人，人在价值创造过程中，总是处于主动地位。人对自己的价值创造过程具有可控性，人的工作动机会直接影响到工作的结果以及实现的价值。人力资源的开发与利用，主要是通过拥有者自身的活动来完成的（具有能动性）。这种能动性主要表现在以下三个方面：

1）人的自我强化。即人通过合理的行为（如学习），得到补偿和发展，从而能够提高自身的素质和能力。

2）选择职业。选择职业是人力资源主动与其他资源结合的过程。

3）积极劳动。人具有意识，具有主观能动性，能够有目的、有意识地认识和改造客观世界。

（2）增值性。人力资源是人所具有的智力和体力，与自然资源相比，个人的体力在使用过程中会得到一定程度的加强；知识、经验和技能同样会有一定程度的提高。

（3）社会性。社会性是指人力资源受社会因素的影响，从而具有人性的一面和社会、道德的一面。人力资源的载体说到底是人，必须从人性的角度加深对人的理解，只有这样才能把握人的价值创造过程，妥善使用和开发人力资源，在满足人的经济需要的同时，满足人的各种社会需要。

（4）开发性。人力资源虽然与自然资源一样具有开发性，但区别在于，人力资源的开发性是指人力资源不是一种既有的存量，而是可以被开发的，即知识、技能、能力和经验等人力资源的核心要素是可以不断积累和更新的。所以，在现代人力资源管理中，培训和开发成为一个越来越重要的模块。

（5）可变性。所谓可变性，具体是指人力资源在使用过程中，发挥作用的程度可能不尽相同，也就是说，在相同的外部条件下，人力资源创造的价值大小可能会不同。

（6）时效性。它是指人力资源涉及时间的概念，即人力资源必须加以使用才能创造价值，人力资源没有投入生产或价值创造过程中的那些时间是无法保存的，也不创造价值，这在一定程度上强调了充分利用人力资源的重要性。唯有有计划与适时地运用人力资源，才能保证人力资源尽可能地参与价值创造过程。

（7）互补性、协同性。人力资源的互补性、协同性主要是指现代企业内部不同岗位或不同职能部门之间的分工合作。人力资源的互补性主要体现在岗位职责互补和能力互补等方面，通过互补、协同产生的合力会形成“1+1>2”效应，产生的效应比单个员工能力简单相加要大很多。

（8）双重性。人力资源的双重性包括以下两个方面：

1）生产性。所谓人力资源的生产性，具体是指人力资源是物质财富的创造者，生产性能够创造物质财富。

2）消费性。所谓人力资源的消费性，具体是指人力资源的保持与维持需要消耗一定的物质财富，消费性能够保障人力资源的维持和发展。

人力资源的生产性与消费性相辅相成，缺一不可。需要注意的是，生产性与消费性相比，生产性必须大于消费性，这样组织和社会才能得到发展。

（三）人力资源的作用

人力资源是劳动力资源。在现实经济活动中，无论是对社会还是对企业而言，人力资源作为主体都发挥着极其重要的作用。经过大量的研究总结发现，人力资源的作用，大致表现在以下三个方面：

（1）财富形成的关键要素。在社会经济运动中，人力资源作为最重要的资源，能够有效促进各种资源的转变与配置。一般情况下，人们主要是通过各种方式或方法来改变自然资源的状态，使之转变为各种形式的社会财富。

（2）经济发展的主要力量。即人力资源能在一定程度上推动经济的发展。随着知识技能的不断提高，人力资源创造的价值越来越大，对社会经济发展的贡献也越来越高。

（3）企业的首要资源。在现代社会中，企业作为价值创造最主要的组织形式，是社会经济活动中最基本的经济单位之一。企业的正常运转（图 1-2）主要依靠人力资源的投入，人力资源的存在和有效利用能够充分地激活其他物化资源，从而实现企业的目标。

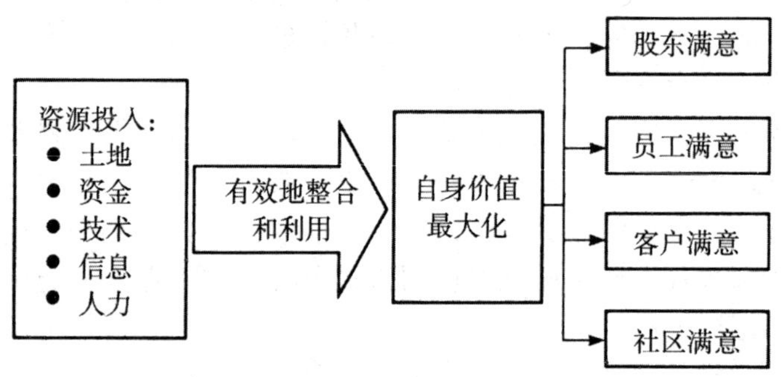

图 1-2　企业运转示意图

通过以上分析可以得知，人力资源在现实生活各个方面都发挥着极其重要的作用，因此，只有创造各种有利的条件，才能充分发挥人力资源的作用。

二、人力资源管理

人力资源管理，其实是对人事管理的继承和发展。它首先是从人事管理演变过来的，人事管理的很多职能人力资源管理依然要履行；其次，人力资源管理又是一种全新视角下的人事管理，是由人事管理发展到一定程度后形成的。对于人力资源管理与人事管理之间的区别，详述如下：

（1）管理视角。在人事管理中，通常将员工视为负担和成本；而在人力资源管理中，通常将员工视为第一资源。

（2）管理目的。在人事管理中，管理目的通常是组织短期目标的实现；而在人力资源管理中，管理目的通常是组织利益和员工利益的共同实现。

（3）管理内容。在人事管理中，管理的内容通常是简单的事务管理；而在人力资源管理中，事务管理通常非常丰富。

（4）管理活动。在人事管理中，对员工而言，通常是重使用，轻开发；而在人力资源管理中，则比较重视员工的培训与开发。

（5）管理地位。在人事管理中，通常将员工视为执行层；而在人力资源管理中，则视员工为战略层。

（6）管理模式。人事管理的管理模式通常只是单纯的成本中心；而在人力资源管理中，其管理模式是以人为中心。

（7）管理方式。在人事管理中，对员工的管理方式通常为命令式、控制式；而在人力资源管理中，则强调民主、参与。

（8）管理性质。在人事管理中，对员工的管理性质通常为战术性、分散性；而在人力资源管理中，其管理性质则表现为战略性、整体性。

（一）人力资源管理的定义及其特点

人力资源管理的概念有很多种，主要是因为其强调的侧重点不同，但总体来看，主要的侧重点表现在以下两个方面：

（1）强调人力资源管理的主要内容或过程。主要包括人力资源规划、招募甄选、绩效管理、薪酬管理等职能性活动。

（2）强调人力资源管理的目的、作用及其影响。主要是指人力资源管理的目的是实现组织战略，提升组织绩效，吸引、激励、留住和开发员工，提高员工满意度和组织承诺度等。

以上两种侧重点都存在着一定的片面性，通过对有关定义的大量研究总结，本书认为，人力资源管理是指在人力资源战略的指导下，以人力资源规划和工作分析为基础，应用现代管理理论与技术进行管理，实现人力资源的合理配置，使人力资源不断创造价值，最终实现组织目标和员工价值的管理过程。人力资源管理会对员工个人及其团队的行为、态度和绩效产生直接的影响，其基本的概念框架，如图 1-3 所示。

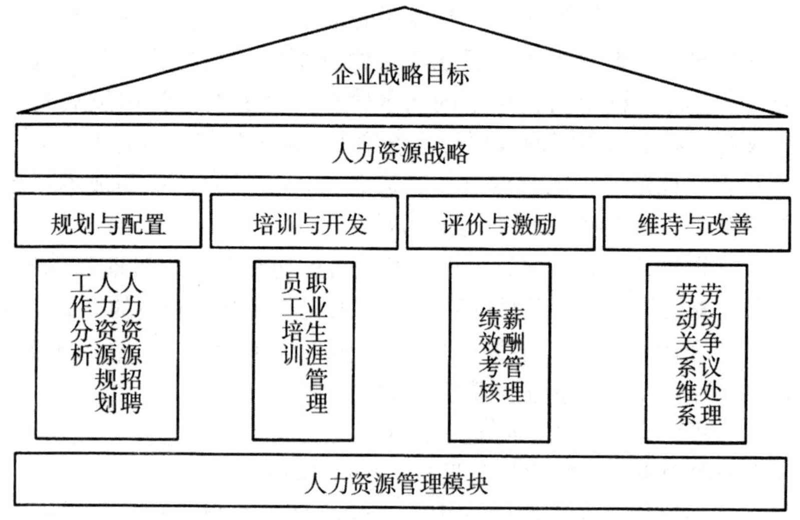

图 1-3　人力资源管理基本框架

经过系统的研究总结发现，人力资源管理的特点主要表现在以下几个方面：

(1) 人力资源管理是实现组织目标、促进组织成员（员工）创造价值的一种手段。

(2) 人力资源管理强调以人为中心，员工是组织的宝贵财富，是一种通过科学合理的方法，对人力资源进行动态开发和调节的过程。

(3) 人力资源管理通过对企业内部的人力资源进行系统的规划，以科学合理的价值分配和激励政策来激发员工，强调组织和员工之间的“共同利益”。

(4) 现代人力资源管理的理论基础涉及管理学、经济学、社会学等多个学科。

(5) 人力资源管理部门具有决策的职能，是具有战略性的决策部门。

(6) 现代人力资源管理重视人与事、人与环境的协调。人力资源管理的各项运作依赖于整个组织的支持和配合，而且人力资源管理各项职能之间应当具有一致性。

实现人力资源的合理配置是人力资源管理的首要目标。经过大量的管理实践表明，人力资源管理涉及以下几个方面的范畴（图 1-4）：

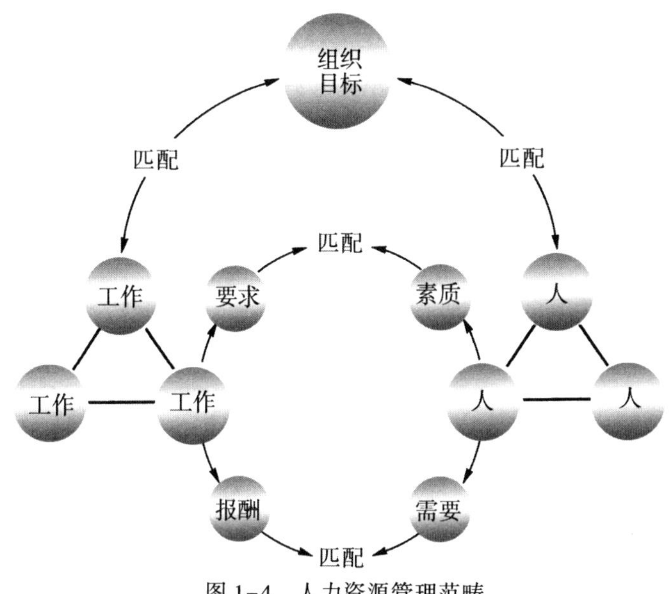

图 1-4　人力资源管理范畴

（1）人与事的匹配。即职位与人的素质要求相匹配，这在一定程度上有效地保证了组织中事得其才、人尽其用。

（2）人与物的匹配。即工作报酬能满足人的需求，人的能力与劳动工具和物质条件相匹配，这样才能保证人尽其力，物尽其用。

（3）人与人的协调合作。主要是要求人与人之间的合理搭配，协调合作，使得组织成员互补协调。

（4）工作与工作的协调。主要是根据组织目标和企业员工素质等具体情况，合理地进行组织结构的调整，优化工作流程，并通过多种形式不断提高员工的工作参与感和工作满意度。这将对组织流程的顺畅运转和组织内的权责分明起到一定程度的促进作用，确保整体灵活高效并具备优势。

（5）人与组织的协调。即组织成员的价值观与组织的价值观相匹配，组织成员的期望与组织的期望相匹配，组织成员的行为与组织的要求相匹配。这将使得组织与组织成员的目标相同、观念一致、行为统一，以保证两者能够共同发展。

（6）工作与组织的协调。主要是指组织中各项工作均必须以确保组织目标的实现而展开，首先将组织目标分解到各项工作中，然后通过各项工作绩效目标的实现而实现组织目标，使得组织目标上下连贯，得以实现。

（二）人力资源管理的基本功能与作用

通过我国人力资源管理现行的实践经验总结，人力资源管理职能如图 1-5所示。其中，组织文化建设、组织发展这两个职能确定了人力资源管理的方向，是人力资源管理的顶层设计；人力资源规划职能属于策略制定；职位管理、员工招聘等职能是人力资源管理的基本职能。

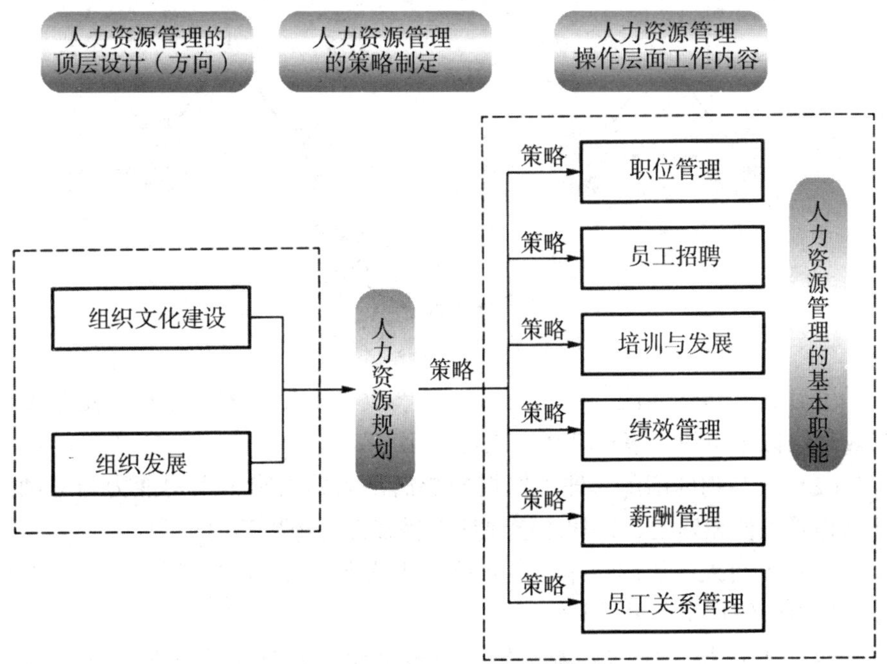

图 1-5　人力资源管理的职能

如图 1-6 所示，现代人力资源管理的基本功能主要包括对人力资源的吸纳、维持、激励与开发，具体阐述如下：

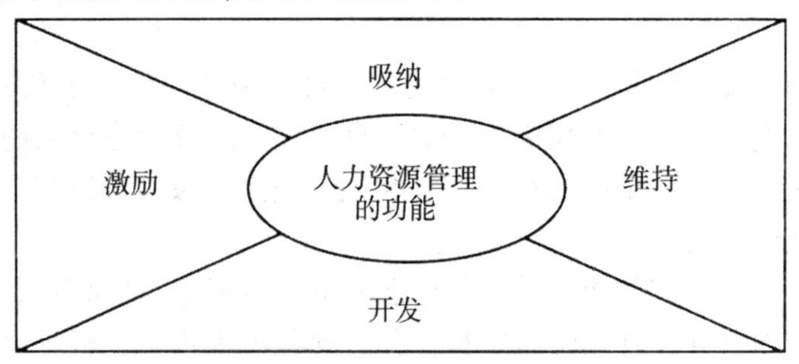

图 1-6　人力资源管理的功能

（1）人力资源的吸纳。所谓人力资源的吸纳，具体是指从劳动力市场

（包括其他组织）中通过组织的招募和甄选工作，在薪酬、培训开发、管理风格、组织文化等多个方面对求职者产生吸引力，进而吸收优秀的人才加入本组织。在人力资源管理中，吸纳功能是基础，它为其他功能的实现提供了条件。

（2）人力资源的维持。主要是指通过各种人力资源管理手段来提高员工的工作满意度、组织承诺度，使得已经加入组织的优秀人才愿意继续留在本企业。在人力资源管理中，维持功能是开发和激励功能的重要保障，主要是为它们提供稳定的对象。

（3）人力资源的激励。对于人力资源的激励，通常是通过薪酬激励（或上级对员工绩效的赞赏和认可等其他方式），激发员工的工作积极性和创造性，以促使他们达成优良的工作绩效，从而为组织的战略达成以及目标实现真正作出贡献。在人力资源管理中，激励功能是核心，它是其他功能发挥作用的最终目的。

（4）人力资源的开发。人力资源的开发是指组织需要完善自己的晋升体系、培训体系，为员工提供不断学习和进步的机会。在这方面，组织需要重视员工的职业生涯规划等工作。在人力资源管理中，开发功能是手段，只有让员工掌握了相应的工作技能，激励功能的实现才会具备客观条件。

企业的根本目的是创造价值，根据大量实践研究表明，创造价值的活动可分为主要活动和支持性活动两种。

从图1-7中可以看出，人力资源管理主要作用在于为企业的核心价值创造流程提供支持，为主要价值创造活动的顺利完成提供保障，属于一种支持性活动。

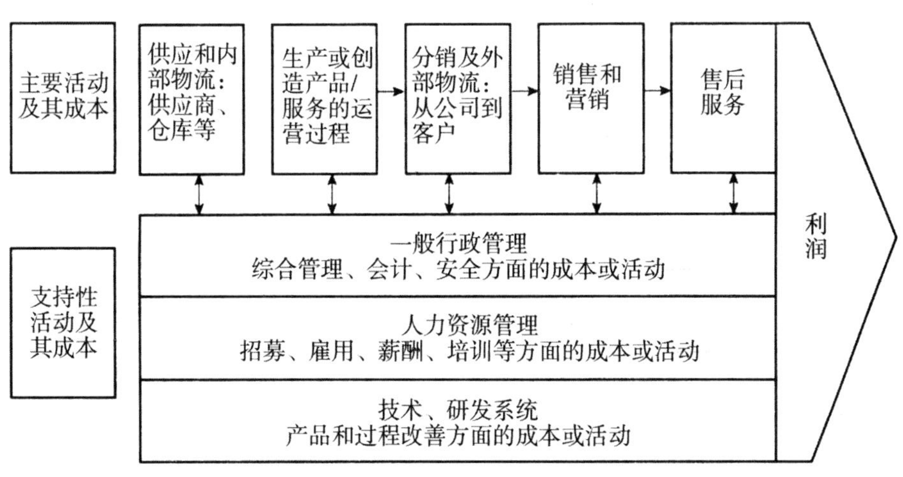

图1-7　价值链分析法

人力资源管理对于一个组织的作用主要表现在以下几个方面：

（1）人力资源管理职能的正常发挥，人力资源管理的有效进行，将有助于企业战略的实现，帮助企业达成战略目标或经营要求。它们之间的关系可用图 1–8 表示。

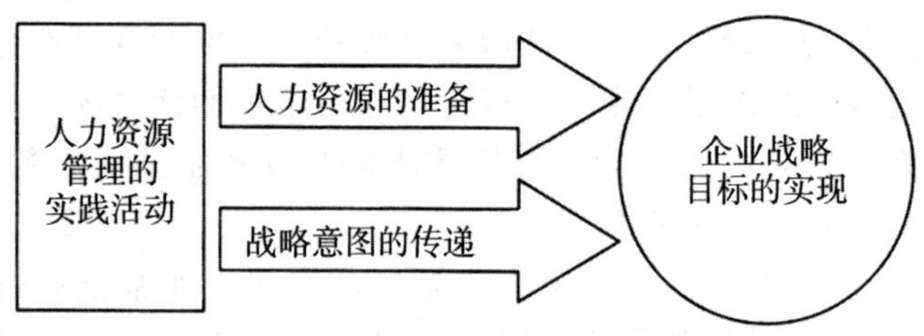

图 1–8　人力资源管理和企业战略的关系图

（2）科学的人力资源管理能有效利用组织中全体员工的技能和能力，为企业战略的实现奠定坚实的人才基础。

（3）人力资源管理的有效实施，有助于提升企业的绩效，两者之间的关系如图 1–9 所示。

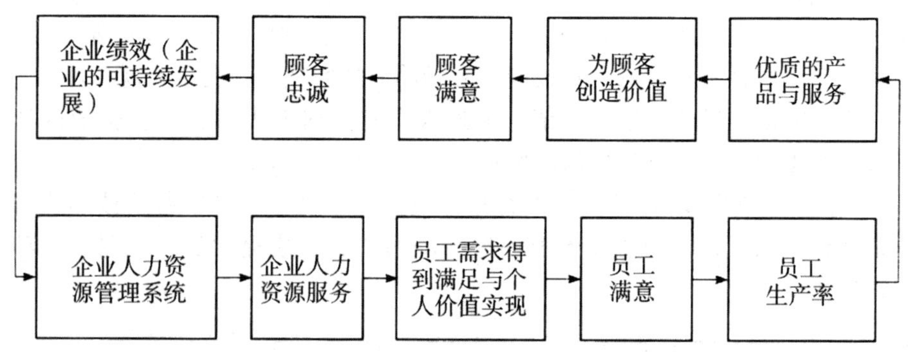

图 1–9　人力资源管理和企业绩效的关系图

（4）科学的人力资源管理能使员工的工作满意度和自我实现感得到最大限度的提高，工作、生活质量不断改善。

（5）科学的人力资源管理能就人力资源管理政策与员工和其他利益相关者进行沟通。

（6）科学的人力资源管理能帮助企业维护伦理道德政策以及履行社会责任等。

（三）人力资源管理的重要性

重视和加强企业人力资源管理，对于企业获得最大的经济效益有着重要的意义：能够协助组织管理人员有效地组织招聘活动，从而节省时间和降低成本；促成员工对薪酬的公平感；保证人事匹配；提高员工积极性；降低员工的流动率；提高部门和工作团队的效能；避免不必要的法律诉讼；保障工作环境的安全；缓解、避免员工的不满情绪等。

经过大量实践表明，首先，人力资源管理有助于组织管理目标的实现，能够提高员工的工作绩效，有利于调动企业员工的积极性。企业人力资源管理需要为劳动者创造一个符合他们需要的劳动环境，善于处理物质奖励、行为激励以及思想教育工作三个方面之间的关系，以保证员工旺盛的工作热情，促使其学习技术和钻研业务，充分发挥自己的专长，不断改进工作，从而达到提高劳动生产率的目的。其次，人力资源管理是提高企业经济效益的重要保证，企业发展的目标就是要提高自身的经济效益，争取发挥每种资源的最大作用。尤其是在资本、技术和物资等各种资源的配置中，只有合理配置企业人力资源，协调好各种资源之间的关系，才能减少劳动消耗，提高企业经济效益，增强企业的竞争力。最后，人力资源管理也是现代社会经济发展的需要。随着社会经济的发展，工作质量和生活质量的进一步结合日益成为组织员工的迫切需要，而如何借助人力资源管理寻找新的激励途径，是当前社会对组织谋求发展提出的新的要求。

第二节　现代人力资源管理的演进与发展

现代人力资源管理是从传统的人事管理过渡发展起来的，这个过渡过程是在企业内外各种因素的改变以及互动的作用下促成的，是性质与观点深层次的变化。本节主要就现代人力资源管理的演进与发展进行详细论述。

一、现代人力资源管理的演进过程

人力资源管理作为组织或企业的一种职能性管理活动，其起源和发展，与西方企业管理实践的发展演进是密切相关的。国内外学者研究人力资源管理的发展演进过程，一般都按照不同的侧重点，将其划分为若干个阶段，其中比较典型的有四阶段论（图 1-10）、五阶段论和六阶段论等，本书主要就六阶段论展开详细讨论。

（一）萌芽阶段

人事管理是人力资源管理的前身，人事管理是随着 18 世纪后半叶工业革命的到来而产生的。由于西方国家的工业革命，许多企业开始实行新工厂制度。新制度的产生带来了新问题，如工人之间的分工协作问题、劳资

人事行政管理	人力资源专业职能管理	战略人力资源管理	人力资本价值管理
20世纪40~70年代	20世纪70~80年代	20世纪80年代~21世纪初	21世纪初至今
以人事行政事务为主题内容，关注“事”	以人力资本理论、行为科学等原理为基础，以技术性和模块化的发展和应用为主要特征，既关注“事”也关注“人”（从个体视角关注个人绩效）	以企业战略和竞争优势原理为基础，以人力资源管理如何系统支持企业的战略成功和竞争优势为核心命题，从组织视角关注“人”“制度”与企业整体竞争优势的一体化整合	通过人力资源管理的知识化、归核化、价值化、流程化以及平台化建设增强组织对于人的价值的关注，人力资本参与利润分享和经营决策，致力于提升人力资本价值与知识价值

图 1-10　人力资源管理演进过程

纠纷问题、劳动力来源问题、劳动技术与纪律问题等。尽管当时已经有了人事管理的概念，但是早期的人事管理主要承担的是福利方面的工作。

直到 1897 年，美国公司首次设立了一个“福利工作”的部门之后，才相继出现了一系列相关的部门或职位，其主要目的是为了改善工人的境遇，听取并处理工人的不满，提供娱乐和教育活动，安排工人的工作调动，管理膳食，照顾未婚女工等。人事管理的思想正是基于这种关心工人福利的主张而发展起来的。

（二）科学管理阶段

19 世纪末 20 世纪初，被誉为“科学管理之父”的泰勒，通过对工人的工作效率的研究，首先提出了一些基本的管理制度。如对工人工作的每一个操作要素进行研究，以科学的结论代替工人的个人判断，以改变过去依赖经验的状况；不是听由工人自己去选择操作方法和进行自我培养，而是经过实验之后对工人进行科学选择和培养；使工人掌握标准化的操作方式，使用标准的工具、机器和材料，并使作业的环境标准化；制定并实施一种鼓励性计件工资报酬制度；将计划职能与操作职能分开，推行职能制或直线职能制等。

科学管理的提出顺应了时代的需求，在美国被广泛地采用，对人事管理思想的形成起到了非常积极的作用。泰勒的思想和理论引起了人们对人事管理职能的关注，科学管理宣扬管理分工，强调计划职能与操作职能的分开，从而为人事管理职能的独立提供了依据和范例。

泰勒科学管理理论的提出，使扩大了规模的企业意识到，企业要做好人员管理这项工作，必须要有专业人士为一线管理人员提供建议，这为人事管理作为参谋部门的出现奠定了基础。

（三）人际关系管理阶段

在人际关系管理阶段，以雨果·芒斯特伯格为代表的、基于科学管理伦理观产生的工业心理学，极大地促进了人事管理的发展，并试图为人事管理提供一个科学的基础。芒斯特伯格在1913年完成的《心理学与工作效率》一书中，提出了与泰勒的观点密切相关的三方面研究，即研究工作对人的要求，以判明哪些人具备完成某项特定工作的心理特质；研究在何种心理条件下才能从每个人那里获得最大产量；研究从企业利益出发对人的需要施加影响的必要性。书中在试验的基础上对人员的甄选、测试、培训、激励以及减少疲劳的心理方法等方面都提出了明确建议。

工业心理学开始被应用的主要领域是职业指导，并在第一次世界大战时期得到了较大改进。战后，人事管理工作取得了大幅度进步，人事测验逐渐盛行。

在这一时期，对人力资源管理的发展，还有另外一个贡献力量，即人际关系学说和人际关系运动。人际关系学说使人们认识到，人是企业最为重要的资产，关心员工的福利，就能够在一定程度上提高他们的劳动效率，这对工人福利计划的发展起到了有效的推动作用。人际关系运动最终在20世纪60年代中期成为后来的组织行为学的一支，并且对其发展作出了自己的贡献。

（四）传统人事管理成熟阶段

彼得·德鲁克认为在第一次世界大战过去35年之后，人事管理职能依然没有能够很好地说明自己对于企业的重要性。在这一时期，出现了三个重要的因素，即经济学中人力资本理论的正式提出、行为科学的不断发展以及人力资源会计的出现，这三个因素对于人力资源管理的理论与实践产生了极大的影响，使得传统人事管理进入了成熟阶段。

（五）人力资源管理阶段

人力资源管理的出现和人力资本理论是有一定的联系的。1935年，随着美国经济学家沃尔什在《人力资本观》一书中，第一次提出“人力资本”这个概念后，经过许多研究人员（如明赛尔、舒尔茨、贝克尔、阿罗等人）的努力，对其进行了不断的完善。其中，被称为“人力资本之父”的舒尔茨对人力资本理论进行了一系列的理论阐述，为这一流派的理论体系奠定了基础。

在19世纪30年代，“人力资本”的概念就已诞生，但一直到19世纪70年代，人力资源管理才被提出来。早期的人力资源管理理论主要集中在讨论如何实施有效的人力资源管理活动，以及通过对员工行为和心理的分析来确定其对生产力和工作满意度的影响，从而使人力资源管理理论更加关注员工的安全与健康。其后，随着研究的不断丰富和深入，人力资源管理功能的重要性不断提高，被认为是关系企业组织效率的一项极为重要的管理工作。这一时期的人力资源管理发生了很多变化，具体表现如下：

（1）企业把人的因素放在第一位，出现了“以人为中心”“人是企业最宝贵的财富”“以人为本”等新的观点与概念。“以人为本”不是简单地解决员工的生活问题、待遇问题，而是要把人当成企业最根本的元素，一切靠人，也一切为了人。

（2）人力资源方面的投资有大幅度增长。企业越来越重视对员工的培训工作，如提倡全员培训和终生培训、立体多维地开发人力资源、积极构建学习型组织等。

（3）强调实行“民主管理、参与管理”，鼓励员工发表意见，提倡员工参与决策。

（4）重视和加强人力资源管理部门的工作，人力资源管理部门在企业中有较大的发言权，并参与企业战略规划的实施。不过，对于企业战略目标的形成，人力资源问题往往没有被考虑进去。

（六）战略人力资源管理阶段

20世纪90年代以后，技术、经济和社会的高速发展，使得企业开始强调企业的战略、内部资源。这个时期的人力资源地位已经发生了明显的变化，人力资源部门不再只是负责事务性的部门，还将作为企业战略制定的一个重要力量，参与到企业的战略制定当中。人力资源战略不仅仅是人力资源部门的事情，而是整个企业的战略性工作之一。

二、现代人力资源管理的发展趋势

随着新时代的经济全球化以及信息技术的快速发展，企业的生存环境与竞争方式正发生着巨大的变化，信息网络化、知识与创新、企业发展与变革等各种力量，使得人力资源管理也经历着前所未有的挑战和冲击，其发展趋势主要表现在以下几个方面：

（1）人力资源管理在企业价值链中的作用日益凸显。数字化时代，如何通过价值链（是对人力资源激励和创新的过程）的管理，来实现人力资源的价值及其价值的增值，是人力资源管理的核心。一般情况下，人力资源管理要通过合理的价值评价体系及评价机制，使企业所需要的真正优秀人才脱颖而出。通过建立合理的价值分配体系，从而有效地激励员工。

这个趋势带来的影响主要包括以下三个方面：

1）更加尊重人的价值与人的价值创造。基于对人性的洞悉以及对价值创造者的尊重构建人力资源机制，同时通过人力资源管理机制与制度创新激发人的价值创造的潜能与动力，让组织始终充满价值创造的活力。

2）更加强调人力资源管理的效能。这个趋势将使企业更加关注人力资本对企业业务增长的贡献度、人力资源效能的构成与影响因素以及效能提升的方法与途径，并通过采取相应的方法和措施，激活每个个体的价值创造潜能，实现人力资本价值增值。

3）更加强调人力资本价值回报和激励。这个趋势将使企业更加关注人力资源管理价值链循环的管理观念，并致力于形成全力创造价值、科学评价价值、合理分配价值的三位一体的价值管理循环系统。

这种趋势带来的三种影响将使得组织不断强调人力资源价值链管理与人力资本价值增值管理。

（2）知识型员工的管理成为人力资源管理的重心。随着组织和人的发展，知识型员工成为企业价值创造的主体，人力资源管理的重心开始转向知识型员工的管理，知识的创造、传递、应用和增值成为人力资源管理的主要内容。

知识型员工拥有知识资本，具有更多的就业选择权与工作的自主决定权。因此，管理者要赢得他们的满意与忠诚，必须尊重他们，并站在其内在需求的角度，为他们提供更好的服务。

人力资源管理要以新的思维来对待员工，提供令员工满意的人力资源服务，来吸纳、留住、激励、开发企业所需要的人才，具体内容详述如下：

1）发展机制。对于许多知识型员工来说，发展机会逐渐成为他们愿意留任的重要因素之一，企业需要为知识型员工建立起双通道或多通道机制，建立扁平化组织配套的轮岗、兼岗机制，以此为员工提供更多的发展机会。

2）共同愿景。通过提供共同愿景，将企业的目标与员工的期望结合在一起，满足员工的事业发展期望。

3）价值分享。价值分享具体是指通过提供富有竞争力的薪酬体系及价值分享来满足员工多元化的需求（包括企业内部信息、知识、经验的分享等）。

4）人力资本增值服务。人力资本增值服务主要是通过提供持续的人力资源开发、培训，提升员工的人力资本价值。

5）授权赋能。授权赋能就是让员工参与管理，授权员工工作自主权，并承担更多的责任。

6）支持与援助。支持与援助主要是通过建立支持与援助系统，为员工完成个人与企业发展目标提供条件。

（3）企业与员工出现新的关系模式。随着知识型员工逐渐成为企业价值创造的主体，企业与员工之间的劳动契约关系也在发生变化。随着市场竞争范围的不断扩大和竞争程度的不断提高，企业逐渐意识到灵活用工在降低管理成本、提升企业柔性方面的积极作用，开始寻求不同的渠道和方式的用工模式（如非全日制用工、临时雇用、固定期限合同用工等）。企业与员工之间只有建立以劳动契约为纽带的战略合作伙伴关系，才能促进个人与企业共同成长。

（4）劳动组织多元化，用工方式灵活化趋势。新生代员工的就业观念和就业行为在悄然发生变化，他们更加追求灵活多样的选择和发展空间。这导致劳动组织形式和用工方式也发生了改变，具体阐述如下：

1）劳动组织形式更加多元化。过去企业的劳动组织形式有鲜明的组织结构，如直线制、职能制等。而现在随着业务需求的变化，组织形式更多是组织与组织、组织与个体、个体与个体的临时性结合，如基于平台的项目制等，这种临时性结合使得劳动组织形式变得更加多元化。

2）用工思路发生转变。企业的用工思路从“为我所有”转到“为我所用”。

3）用工方式更加灵活化。通过劳务合作、人力资源外包、兼职、短期合同等灵活用工方式，企业能够实现人力资源的快速调整、精确匹配和弹性管理。

4）灵活用工趋势下，人力资源外包成为企业的最优选择之一。人力资源外包不仅能帮助企业节约成本、转移用工风险，还能让人力资源管理专注于核心职能。

5）借助科技对灵活用工进行精益时间管理。劳动组织形式的变化让企业对灵活用工的管理成本陡然升高，企业需要借助大数据、云以及人工智能技术实现灵活用工的精益时间管理。

（5）互联网技术在人力资源管理中得到广泛应用。随着信息技术的快速发展，互联网不仅改变了人们的思维方式、工作方式和生活方式，也改变着人力资源管理的方式，传统的人力资源管理技术已经捉襟见肘，网络招聘、在线培训、网络沟通、网络管理等人力资源虚拟化管理已成为一种必然趋势。强有力的信息技术已成为人力资源管理再造的媒介之一，这在很大程度上改变了人力资源的决策、管理及评估方式。因此，打造人力资源管理的数字化生存能力，成为了企业虚拟化管理的重要保障，这就对人力资源管理提出了新的要求，具体阐述如下：

1）要构建数字化的人性与需求思维。

2）要具备数字化能力发展思维。

3）要打造数字化的人力资源平台与数字化的人才决策体系。

4）建立起适应信息技术发展的企业网络文化。

5）构建数字化的工作场景体验与数字化的员工激励。

6）人、机与组织关系的构建。

（6）人力资源管理产品与场景体验和多技术综合应用趋势。数字化综合应用时代，是人力资源产品与服务客户化、工作场景体验化、多技术综合应用与创新的时代。新的管理思想与模式也将催生许多新的人力资源管理产品与技术，主要包括以下几部分内容：

1）基于大数据的智能化人才需求与供给精准匹配模型以及系统的构建。

2）大数据人才决策模型的构建与应用。

3）智能化招聘面试、能力测评平台与分布式测评工作台。

4）全方位工作场景体验与人才激励创新。

5）人才消费购买与工作行为习惯分析与画像技术。

6）人力资源产品与服务的产品属性与客户化设计。

7）人才业务活动数字化与全面认可激励。

8）数字化与智能化人力资源效能诊断与评估研究。

9）借助于大数据与人工智能技术，人力资源管理理论与学术研究也将转型升级等。

（7）跨文化管理成为人力资源管理的趋势。决定人力资源管理差异的基础在于企业文化，不同国家的企业人力资源管理的不同，最终的差异在于国家文化。经济的全球化必然要求人力资源管理的全球化。在全球化的背景下，人才流动国际化、人才竞争国际化成为一种必然趋势，国际化的人才市场与人才交流将逐渐发展成为一种获取人力资源的主要形式。未来的人力资源管理需要有效地管理全球范围内的知识和人才，跨文化的人力资源管理将成为现代人力资源管理的重要内容。

第三节　现代人力资源管理的运作模式

随着新时代技术的不断发展，关于人力资源部门的构成和工作流程也有了不同程度的改变，尽管不同规模组织的人力资源运作流程有所不同，但究其根本，人力资源管理还是有其特有的运作模式存在，本节主要就现代人力资源管理的运作模式中的责任主体、四大支柱、部门承担的活动和四大机制进行深入的研究和讨论。

一、人力资源管理的责任主体

企业所有的管理者都是人力资源管理的责任主体，具体包括：

（1）公司的高层管理者。高层管理者主要担负人力资源管理政策的制定、建设和领导团队等重大人力资源管理职责。

（2）人力资源管理部门。人力资源管理部门主要承担人力资源管理的职责，负责制定企业中的各种人力资源管理制度和政策，对其他部门执行人力资源管理制度和政策的情况进行指导监控，同时还要对其他部门申报的有关信息进行审核，及时对管理人员的需求提供相应的服务等，从企业整体出发进行平衡。

（3）非人力资源管理部门的管理人员。这部分人员主要是负责参与人力资源管理理念与政策的确定，配合企业中的各种人力资源管理制度和政策的贯彻执行，根据自己的情况提供有关的需求等。

（4）企业的每一位员工。员工的主要责任是对自我的开发与管理。

二、人力资源管理的四大支柱

人力资源管理系统运行模式中有四大支柱，四者相互联系、共同作用。这里，我们就对人力资源管理系统运行模式中的四大支柱进行讨论，详细如下：

（1）机制。人力资源管理机制的作用在于从本质上揭示人力资源管理系统的各要素通过什么样的机理来整合企业的人力资源，以及整合人力资源之后所达到的状态和效果。

（2）制度。人力资源管理的制度主要是指组织成员共同遵守的办事规程或行动准则。其作用在于通过科学化、系统化的人力资源管理制度设计，建立包括责任、权力、利益、能力运行规则在内的理性权威。

（3）流程。流程通常是指多个人员、多个活动有序的组合，这些活动一定是以创造价值为导向的。人力资源管理流程的作用在于建立以客户价值为导向的人力资源业务流程体系，打通人力资源业务流程与企业其他核心流程之间的关系。

（4）技术。人力资源管理技术的作用在于通过研究、引进、创新人力资源的管理技术，提高人力资源开发与管理的有效性和科学性。

三、人力资源管理部门所承担的活动

人力资源管理部门所承担的活动主要可以划分为以下三类：

（1）战略性和变革性的活动。这类活动主要包括战略制定和调整以及企业变革的推动等内容。这些活动都需要人力资源管理部门参与进来，要从人力资源管理的角度为这些活动的实施提供有力的支持。

（2）业务性的职能活动。业务性的职能活动主要包括人力资源招聘、职位分析、培训开发、薪酬管理等。

（3）行政性的事务活动。行政性的事务活动主要包括员工档案的管理、人力资源信息的保存等。

这里，有必要了解到，人力资源管理部门所承担的各类活动的投入时间和产生的价值并不是正相关的，具体内容可参考相关文献资料。

人力资源管理部门应充分利用网络技术和专业的软件，或将部分职能外包，将烦琐费时的行政性事务和部分业务性活动从人力资源管理工作中剥离出去,从而使自己的人力资源管理活动发生根本性的变化(图 1-11)。这样才能将节省出来的时间和成本投入到战略性和变革性活动中去，为企业创造更大的价值，成为业务部门的战略伙伴。

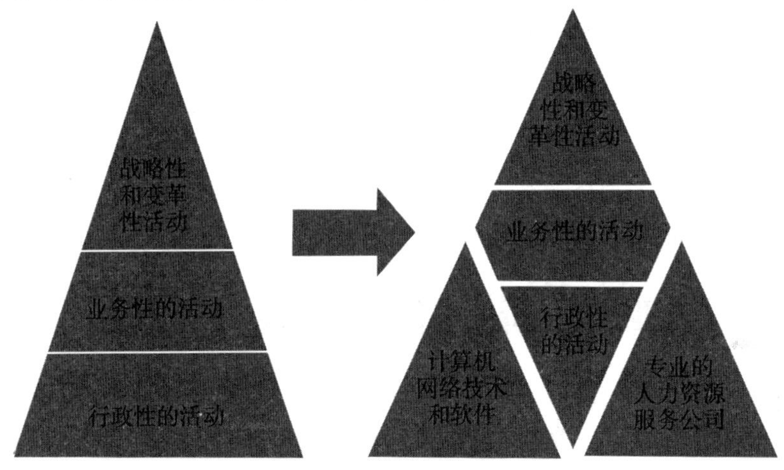

图 1-11　人力资源管理部门活动类型的转变

四、人力资源管理的四大机制

在信息技术高速发展的今天，由于信息的不对称、组织变革的加速、管理对象的复杂性与需求的多样性日益加剧，使得组织与人的矛盾比以往任何时候都激烈。如何协调人与组织的矛盾，使员工与企业共同成长和发展，这就需要通过内在的机制来解决。这里，我们就对人力资源管理的四大机制模型进行探讨，具体如下：

（1）牵引机制。这种机制的关键在于向员工清晰地表达组织的愿景、目标，以及组织对员工的期望和要求、工作对员工的行为和绩效基准要求等。其作用是通过组织的企业愿景与目标的牵引将员工的努力和贡献纳人帮助企业完成其目标、提升其核心能力的轨道上来。

（2）激励机制。激励的本质是员工去做某件事的意愿，这种意愿是以满足员工的个人需要为条件的，要驱动员工朝着组织所期望的目标努力，必须通过建立有效的激励机制来实现。因此，激励的核心在于对员工的内在需求的准确把握与满足，并依此提供差异化的人力资源产品与服务。

（3）评价约束机制。评价约束机制的本质是对员工的能力与绩效进行有效的客观评价，同时对员工不符合组织要求的行为进行修正，使其行为始终在预定的轨道上运行。约束机制的核心内容包括人才评价标准、规则约束（合同与制度、法律）、信用道德管理（人才信用系统）和文化道德约束（文化认同与道德底线）四个方面。此外，还包括信息反馈与监控，行为的标准化、职业化，岗位、能力、绩效、态度评价，经营计划与预算和基本行为规范等。

（4）竞争淘汰机制。企业必须有反向的竞争淘汰机制，将不适合组织成长和发展需要的员工释放于组织之外，防止人力资本的沉淀或者缩水，主要包括竞聘上岗制度与末位淘汰制度，以及相配套的人才退出制度。

这四大机制相互协同，能从不同的角度来整合和激活组织的人力资源，有效驱动了企业人力资源各系统要素的衔接与整体运行，这在一定程度上使人力资源管理的有效性得到了提升。

第四节　新时期人力资源管理创新

随着知识型员工逐渐成为企业价值创造的主体，企业与知识型员工的关系也在发生着变化。知识型员工因为拥有更大的独立性、灵活性、自主性，加之自身掌握的知识，其可替代性较低。管理者要赢得他们的满意与忠诚，必须为他们提供更好的服务。所以，新时代的人力资源管理要以人为本，建立民主公开的人才机制。一方面要摆脱传统的阶级模式，从传统的直接任命向业绩考核选拔方法转型，使有能力的员工得到更好、更多的机会；另一方面遵循公开公正的原则，通过科学合理、公正公平、清晰透明的员工绩效考核和奖惩任用制度来精简人才，通过打造精品人才队伍，提高人才队伍的整体素养，使工作更加高效。另外，还要通过创建学习型企业，协调知识管理、技术创新与人力资源之间的关系，激励员工不断学习，掌握更多、更新、更系统的知识与技能，通过知识的总结和实践应用，使员工与企业一起成长。

近年来，共享经济异军突起，其发展速度十分迅猛。面对共享经济带来的新机遇、新变化和新挑战，人力资源管理要有新的思维来应对，这主要体现在以下两个方面：

（1）坚决破除传统层级型组织结构，向“平台共治型”的组织运行模式转型，从高度集权的金字塔组织朝扁平化、虚拟化、动态化方向发展。面对共享经济时代，我们需要深刻认识到网络软、硬件工具对传统治理方式的新要求，以“去中心、去结构、去层级”为主要抓手，提升和重构组织内部运营模式、组织形态、业务流程、管理机制和工作方式，为组织成员间低成本、零距离、无障碍交流提供新的平台，进一步优化组织运行生态。

（2）共享时代，企业需要在改变传统的纯雇佣型劳动模式上，打破原有劳动雇佣的框架，向“合作共生型”的劳动契约模式转型。通过强化组织与员工间的互动、互利和互惠，提高员工在组织中的知情权和话语权，构建更具协作性、持久性、稳定性的合作关系，全面释放组织成员的创新创造活力。

当然，对于新时期的人力资源管理的创新思维还有很多，同样需要更多的专业人士对此进行深入挖掘和实践，为新时期的人力资源管理的创新提供更加广阔的空间和理论支持。

第二章　人力资源战略规划与创新

人力资源战略是企业为了应对发展过程中不断出现的新问题，有效地支持企业战略的实现而制定的，是企业人力资源管理发展到较高层次的产物。本章主要就人力资源战略的含义、功能与内容进行阐述，对人力资源的需求与供给预测展开讨论，并对人力资源规划的编制和新时期人力资源战略规划创新研究进行深入的研究与探讨。

第一节　人力资源战略规划的含义、功能与内容

人力资源战略规划是现代人力资源管理的重要职能。本节首先对人力资源战略规划的含义和功能进行阐述，并就其内容进行了重点讨论。

一、人力资源战略规划的含义和功能

（一）人力资源战略规划的含义

目前，关于人力资源战略规划的定义和观点有很多种，通过系统地对这些观点进行深入研究总结发现，无论哪种定义，都大致包括如下含义：

（1）因为企业外部因素的不断变化，使得企业的战略目标也要进行相应地调整，这使得企业内部和外部的人力资源供给与需求不断变化，寻求人力资源供给与需求的动态平衡是人力资源规划存在的必要条件。

（2）企业的战略目标是人力资源战略规划的基础，人力资源战略规划的过程是一个不断调整的动态过程。

（3）人力资源战略规划不单单是预测人力资源供给与需求的变化，更是一个企业依据人力资源战略，通过其他人力资源管理系统的配合与支持，对所需人力资源进行调整、配置和补充的过程。

（4）人力资源战略规划是在确保组织的利益得到实现的前提下，保障组织和个体都能获得长期利益的一种战略性规划。

（二）人力资源战略规划的功能

有效的人力资源战略规划，能使人力资源管理具有前瞻性和战略性，使人力资本优先得到投资和开发，并基于战略进行人才储备，以满足企业高速成长和未来发展的需要。除了这个功能以外，人力资源战略规划的其他功能，还包括以下两方面：

（1）通过人力资源战略规划，能够实现企业战略与人力资源战略的有效衔接，使人力资源规划成为企业战略落地的工具之一。

（2）人力资源战略规划是一门技术性和操作性很强的人力资源专业职能领域，通过人力资源规划技术的创新，可以提高人力资源战略规划的有效性和可操作性。

二、人力资源战略规划的内容

企业的战略分析是人力资源战略规划的源头，关于人力资源战略规划的内容框架说明，如图 2-1 所示。

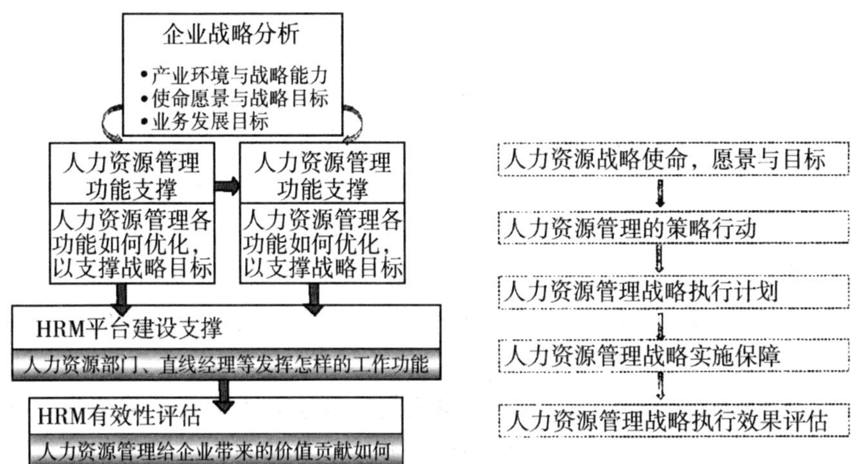

图 2-1　人力资源战略规划的内容框架

经过大量的实践研究发现，人力资源战略规划的内容主要包括以下八个部分：

（1）对于人力资源战略规划，企业需要开展以下三项工作：

1）了解企业战略。人力资源战略规划的首要工作是了解企业战略，这需要企业从内、外因素两个层面对企业战略进行解读与分析，人力资源战略规划首先要反映企业的战略诉求，并且要满足企业的战略需要。企业战略一般分为企业总战略、事业战略和职能战略三个层次，如图 2-2 所示。

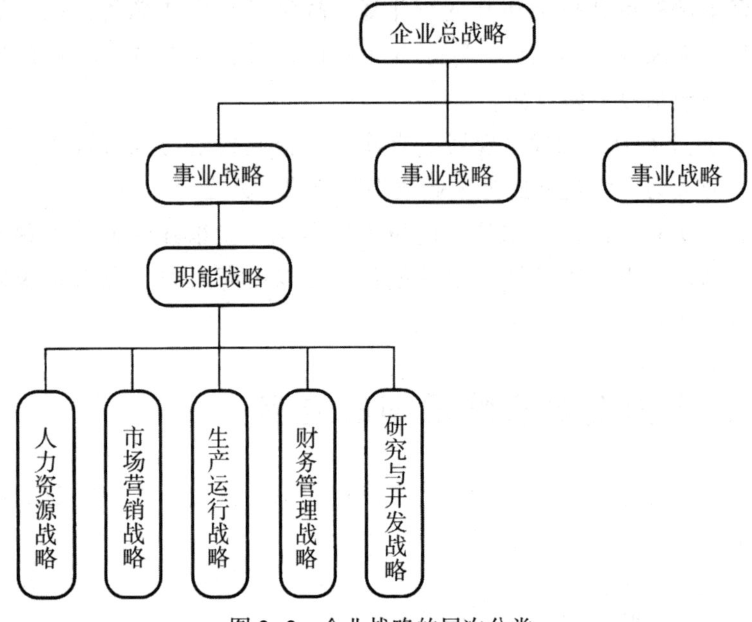

图 2-2　企业战略的层次分类

2）了解企业自己。这项分析工作主要包括企业人才盘点与战略需求差异性分析（战略需求标杆）。企业进行人才盘点首先要确定其目的，并紧密围绕企业未来 1 ～ 3 年的战略规划进行人才供需分析，明确企业资源现状与战略目标之间的差距，提出渐进式系统解决方案。

3）了解竞争对手。企业需要对领先自己的企业进行研究和全面分析，学习其管理过程中的优秀模式和方法，找出差距，为企业人力资源管理体系的对标提供依据，并寻找自身优势。

（2）体制线建设。人力资源战略规划的理念是人力资源战略规划的根本出发点，主要包括企业人力资源管理理念、战略目标、策略与政策的研讨、提炼和确定等。在对人力资源战略进行解读的基础上，明确实施人力资源战略所需建立的体制线，是人力资源战略规划的重要内容，包括人力资源管控模式、人力资源机制制度及特殊专项问题等。

（3）基础建设规划。在完成步骤（1）和步骤（2）两项工作的基础上，应组织相应的基础建设规划，为人力资源战略规划的具体活动的开展明确目标、主体、责任和职能。

（4）能力线建设。能力线的建设需要根据体制线的要求和人才盘点的结果，对人力资源的数量、素质及结构进行规划，这三方面的内容为企业人力资源管理提供了指导方针和政策，如图 2-3 所示。

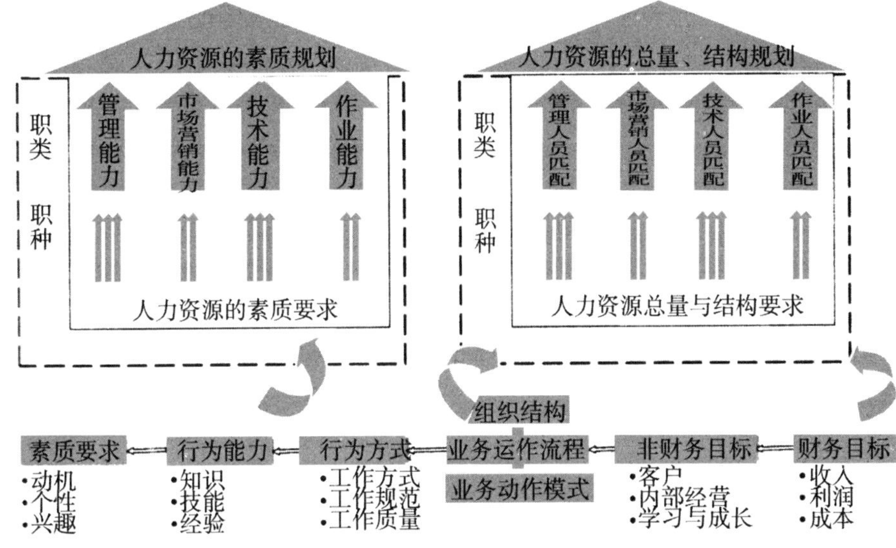

图 2-3　人力资源数量、素质及结构

1）人力资源数量规划。此项规划主要是依据企业战略来确定人力资源的未来编制及人员配比关系，并在此基础上制订企业未来人力资源需求计划和供给计划。企业编制设计模型的基本设计思想，如图 2-4 所示。

2）人力资源结构规划。具体是要依据企业规模及未来战略的重点等内容，来理顺各职类、职种、职层人员在企业发展中的地位、作用和相互关系。

3）人力资源素质规划。此项规划主要是依据企业战略以及具体职位要求等内容，设计各职类、职种、职层人员的任职资格要求，包括素质模型行为能力及行为标准等。人力资源素质规划有两种表现形式：任职资格标准和素质模型。其中，任职资格标准包括员工的知识经验与内容，而素质模型则反映员工的个性和价值观。

（5）核心人才队伍规划。其主要内容包括以下几个方面：

1）企业核心人才评价标准的确定。

2）核心人才队伍建设规划，如对管理团队、研发团队或营销团队的规划。

3）核心人才职业通道发展规划。

4）核心人力素质能力提升规划。

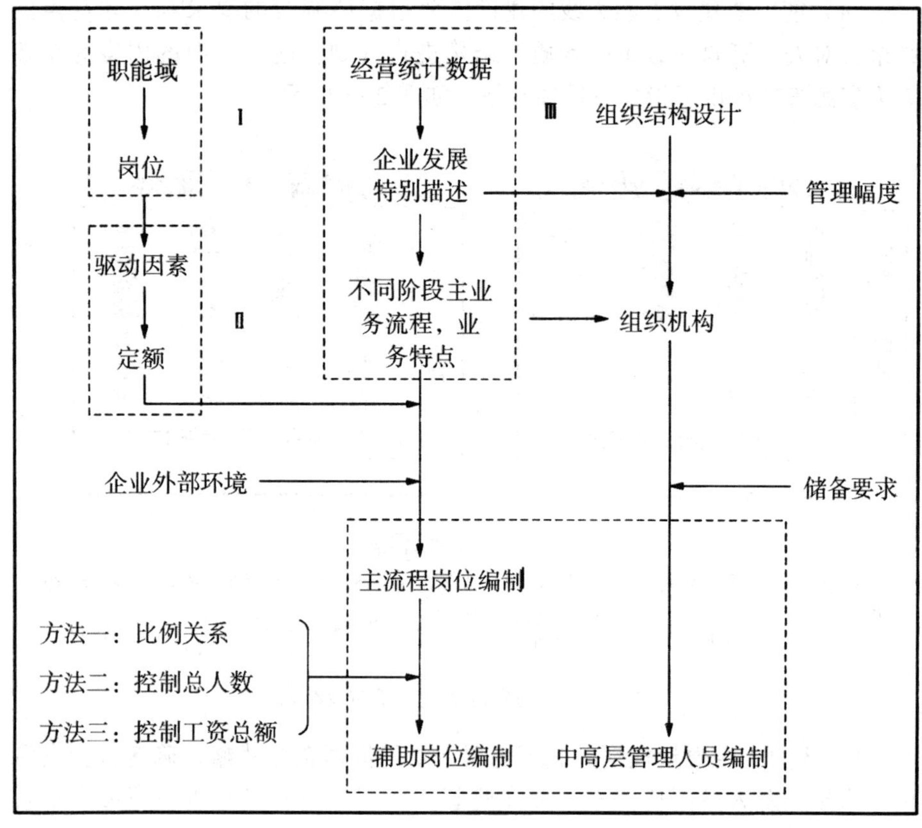

图 2-4　企业编制设计模型

（6）战略人力资源职能活动规划。其主要内容包括以下几个方面：

1）通过战略人才招聘与配置，实现战略人才结构的优化与配置。

2）通过战略绩效管理规划，使绩效管理成为企业战略落地的工具。

3）通过战略薪酬管理与激励要求，实现吸引、留住与激励核心人才的功能。

4）战略人才的培养开发以及基于战略的一体化人力资源解决方案。

（7）人力资源管理机制与制度变革规划。管理机制与制度变革体现了管理实践中的“柔性”思想，即通过对机制制度的变革，保持组织内部能力与外部环境的快速匹配。其价值体现在以下两个方面：

1）适应变化，灵活配置资源，促进组织内部协同与外部匹配。

2）激活人的整体需求，通过自我挑战和机制平台引领，最大限度激发知识型员工创造价值。

（8）知识与信息系统建设规划。具体体现为企业的留智工程以及知识与信息管理系统。这里需要知识与信息管理平台为人力资源战略规划的具体活动提供技术支撑。

第二节 人力资源的需求与供给预测

对人力资源的需求与供给预测，是企业稳定发展的重要保障之一，有效的人力资源的需求与供给预测，能有效地保证企业内部的稳定性。本节主要就人力资源的需求与供给部分进行详细阐述。

一、人力资源的需求预测技术

在对人力资源的需求进行预测之前，应该充分考虑各方面的影响因素，如预测期内劳动生产率提高、工作方法改进等变化因素。如图 2-5 所示，人力资源需求预测的方法主要可分为定性预测方法和定量预测方法两种。

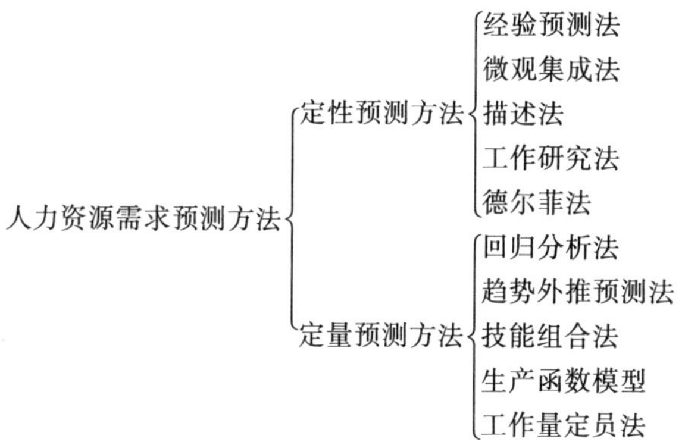

图 2-5 人力资源需求预测方法

（一）定性预测方法

根据大量实践研究表明，定性类型的预测方法主要包括以下几种：

（1）经验预测法。经验预测法主要是由管理人员凭借以往的工作经验和直觉，对未来所需要的人力资源进行估计，是定性预测方法中最为简单的一种方法。由于此种方法完全依靠管理者的个人经验和能力，所以预测结果的准确性不能保证，通常只用于短期，并且适用于那些规模较小或者经营环境稳定、人员流动不大的企业。需要注意的是，经验预测法预测的准确性较低，要求管理人员必须具有丰富的经验，这样预测的结果才会比较准确。

（2）工作研究法。工作研究法是在假设岗位工作人员完全适岗的前提下，统计出某一特定工作在单位时间内的人均工作负荷和所要完成的工作量，再根据一定的标准，计算出所需人数。工作研究法比较适合于结构简单、职责清晰的小型企业。

(3) 德尔菲法。德尔菲法有时也称专家预测法，主要是通过听取众多专家的分析意见和建议，在多次反复的过程中，对重大问题达成较为一致的看法，如图 2-6 所示。其主要的特点是：

1) 由于综合了众多专家的意见，使得预测的结果避免了个人的片面性。

2) 由于采用“背靠背”的匿名方式进行，这样就使专家们可以独立地做出判断，避免从众行为。

3) 由于预测是基于多轮反复的方式，有效地保证了专家们意见的准确性。

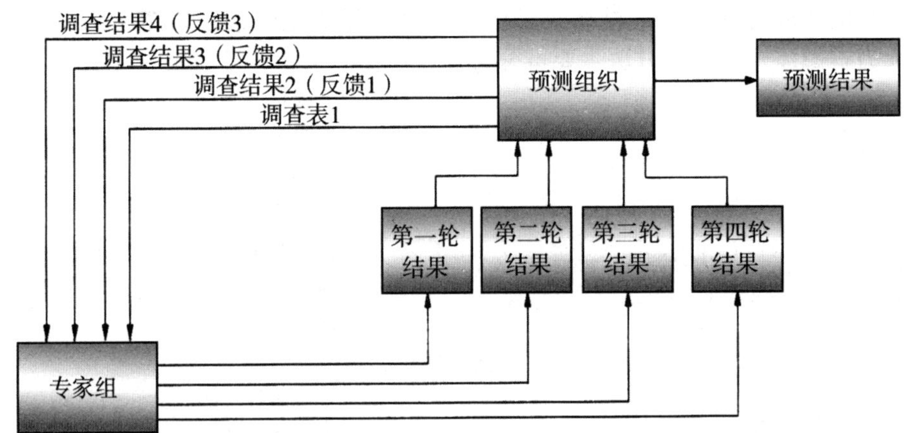

图 2-6　德尔菲法

在实施德尔菲法时需要注意的一些问题如下：

1) 专家的人数不能太少，至少要达到 20 ~ 30 人。

2) 专家的挑选要有代表性。

3) 问题的设计要合理，不要让专家一次回答过多的问题。

4) 向专家提供的资料和信息要相对充分，从而使他们能够进行预测和判断。

(二) 定量预测方法

定量类型的预测方法也有很多，主要包括以下几种：

(1) 回归分析法。在实际工作中，由于组织对人力资源的需求总是会受到某个或某些因素的影响，一般我们会采用回归分析法来预测组织未来的人力资源需求。其主要做法可分为以下几步：

1）建立人力资源需求数量与其影响因素之间的函数关系。

2）将影响因素的未来估计值代入函数进行计算。

3）确定组织未来的人力资源需求量。

根据回归方程所涉及的自变量个数的多少，可以将回归分析法划分为一元回归分析法和多元回归分析法两种，具体如下：

1）在一元回归中，只涉及影响人力资源需求的一个变量，因此建立回归方程时相对比较简单。预测者根据过去一段时间的历史数据，用最小平方法求得趋势线，再通过将趋势线延长得到未来预测的数值。

2）在多元回归中所涉及的影响人力资源需求的变量比较多，所以在建立方程时要复杂一些。不过，多元回归能够考虑到更多的人力资源需求影响因素，因此，它的预测准确性往往要高于前者。

而在实际工作中，组织对人力资源的需求往往受多个因素的共同影响，且这些因素与人力资源需求量呈线性关系，所以多元回归分析在预测企业人力资源需求量方面的应用较为广泛。

（2）技能组合法。技能组合法具体是指以优秀企业的各类员工比例为标杆（或员工目前的结构及分布为理想状态），只需将此技能组合比例直接用于人力资源需求预测即可。

（3）生产函数模型。此方法主要是根据企业在 t 时刻的产出水平和资本总额，估算此时的企业人力资源需求量。

（4）工作量定员法。此方法主要是以工作量来估算企业未来的人员需求量，限于本书篇幅，此处不再进行详细介绍，有兴趣的读者可参考相关文献资料。

二、人力资源的供给预测技术

人力资源供给预测是在人力资源需求预测完成的基础上，对组织未来一段时间内的组织内部和外部各类人力资源补充来源情况的预测，能够使企业了解将来能否得到足够的人员来满足自身的需求。

一般情况下，为了简便和准确地预测人力资源供给，首先要考虑以下几方面内容：

（1）分析外部劳动力市场的状况、人们的就业意识。

（2）分析企业自身的吸引力以及竞争企业的吸引力。

（3）分析企业目前的员工状况，了解企业员工的现状。

（4）分析企业目前的员工流动情况及其原因。

（5）分析企业目前的员工质量。

（6）分析工作条件的改变和出勤率的变动对员工供给的影响。

（7）掌握企业目前的员工提拔和内部调动的情况。

（8）掌握企业员工的供给来源和渠道。

常用的人力资源供给预测的方法主要有以下几种：

（1）技能清单。技能清单其实是一种“员工储备与开发记录卡”，主要是用来反映员工工作记录和能力特征的列表，这些能力特征包括培训背景、以往经历、持有的证书、通过的考试、主管的评价等。技能清单是对员工实际能力的记录，其主要是用于晋升人选的确定、管理人员的接续计划、工作调配、培训、薪酬和奖励计划、职业生涯规划以及组织结构分析等。

（2）管理人员替代法。此方法也称职位置换法，主要是通过对组织中各类管理人员的绩效考核及晋升可能性的分析，确定组织中各个关键职位的接替人选。通过评价接替人选目前的潜质（工作情况、是否达到晋升的要求），确定其职业发展的需要，考察其职业目标与组织目标的契合度，并引导其将个人的职业目标与组织目标结合起来，确保组织未来有足够的、合格的管理人员。

管理人员替代法与技能清单的区别主要表现在以下两个方面：

1）技能清单的出发点是个人，描述的是个人的技能。

2）管理人员替代法的出发点是职位，描述的是可能胜任组织中各个关键职位的个人。

（3）马尔柯夫转移矩阵法。马尔柯夫转移矩阵法是人力资源供给中常用的定量分析方法。随着时间的推移，组织内部的员工会在组织内外进行流动和转移。马尔柯夫转移矩阵法的基本假定是：组织内部的员工流动模式与流动比率（概率）会在未来大致重复。也就是说，在一定的时间段中，从某一状态（类）转移到另一状态（类）的人数比例与以前的比例相同，这个比例称为转移率，以该时间段的起始时刻状态（类）的总人数的百分值来表示。所以，可以根据过去的时间段中人员流动的资料来构成转移矩阵，作为预测的依据。如果给定各个状态（类）的人数、转移率和从外界补充进来的人员数目，那么各类人员的未来时刻的人数就可以预测出来。

这一转移模型可用以下公式来描述：

$$N_i(t) = \sum_{j=1}^{k} N_j(t-1) \cdot P_{ji} + r_i(t)$$

式中，$N_i(t)$ 为 t 时刻 i 类人员数目；P_{ji} 为人员从 j 类向 i 类转移的转移率；

$r_i(t)$ 为时间（$t-1$，t）内 i 类所补充的人员数；k 为工作分类数。

i，j 代表 1，2，3，…，k、t 代表 1，2，3，…。

这里需要注意的是，企业内部人员的转移是有规律的，且其转移率也存在一定的规律，如图 2-7 所示。

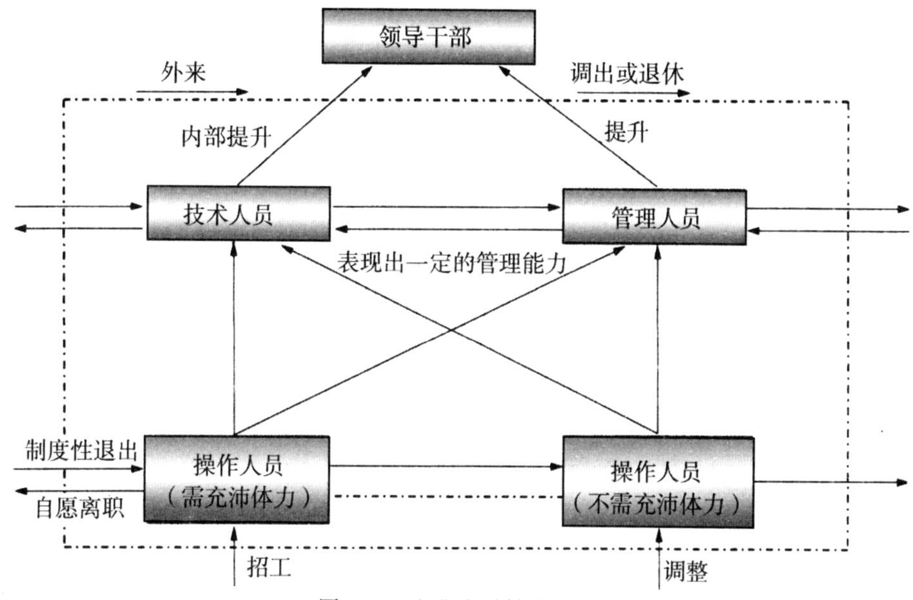

图 2-7　企业人员转移流程

（4）人员核查法。此方法可分为以下几个步骤：

1）对组织的工作职位进行分类，划分其级别。通过对现有人力资源数量、质量、结构和在各职位上的分布状态进行核查。

2）通过核查结果，确定每一职位、每一级别的人数，掌握组织可供调配的人力资源拥有量及其利用潜力。

3）在完成以上两步工作的基础上评价当前不同种类员工的供给状况，确定晋升和岗位轮换的人选，确定特定员工的培训和发展项目的需求，帮助员工制订职业生涯开发计划。

人员核查法较适用于中小型组织短期内的人力资源供给预测。虽然在中、长期预测中此方法的使用也较普遍，但终究受企业规模的限制。

（5）计算机预测模拟。此方法主要是充分考虑各种变量对未来人员供需的影响，解决大规模的或人力无法解决的预测问题。

人力资源战略规划的各种方法各有优劣，需要相互配合运用。其综合比较见表 2-1。

表 2-1　人力资源战略规划方法比较

规划方法	类型	预测精度			所需数据	预测成本
		1~5 年	5~10 年	10 年以上		
专家会议法	定性分析	良	中	中	较少	低
工作研究法	定性分析	良	良、中	差	较少	中
德尔菲法	定性分析	中	良、中	中、良	较少	中
横向比较法	定性分析	良	中	差	较少	较低
时序模型法	定量分析	良	良、中	中、良	一定数量	低
回归模型法	定量分析	良、优	良、中	中、良	较多类型	中
经济计量模型	定量分析	良、优	良、优	良	较多	较高
状态转移方程模型	定量分析	良	中	中	一定数量	较低

以上这些人力资源供给预测主要是内部人力资源供给预测，而对于外部的人力资源供给预测，是相当复杂的，不仅要调查整个国家的组织所在地域的人力资源供给情况，还要调查同行业或同地区其他组织对人力资源的需求情况。外部人力资源供给预测可以借鉴的方法主要包括文献法（主要是及时了解人才市场信息、及时关注国家和地区有关政策和法律的变化情况）、直接调查（通过各种方法和组织，及时了解可能为组织提供目标人才的情况）以及对应聘人员进行分析等。

三、人力资源的供需平衡

人力资源的供需平衡主要是指通过对人员的有效调整，实现企业人力资源供给和需求的平衡。一般情况下，在企业人力资源供需中较为普遍的现象是结构性失衡，对此可以采取员工重新配置、对某些人员进行有针对性的专门培训以及招聘或辞退等措施，都可有效保证人员结构的平衡。另外，当预测的供给大于需求时，可以采取提前退休的方法，通过适当放宽退休的年龄和条件的限制，给那些接近退休年龄的员工以优惠的政策，让他们提前离开企业，这是一种比较容易被各方接受的方案，但也存在一定的困难，即提前退休的年龄和条件受政策法规限制。还可以通过裁员或者辞退员工的方法来保证人员的平衡。裁员是不得已而为之，这种方法虽然比较直接有效，但会产生劳资双方的敌对行为，会给企业带来不安定的因素，也会带来一系列的社会问题。另外，通过冻结招聘、增加无薪假期、工作分享等方式也可以减少供给。

当预测的供给小于需求时，同样可以从供给和需求两个角度来平衡供需，可以通过招聘、内部晋升、返聘等比较直接的方法来保证人员的平衡，也可以通过改进生产技术、增加工资、进行技能培训、调整工作方式等增加供给。其中，培训的方法能为内部晋升计划的实施提供保障，也可以防止组织出现冗员的现象。另外，一定程度上延长工作时间也是很有效的方法。这里需要注意的是，延长工作时间可能会导致工作质量的下降。

由于平衡供需的方法有很多，并且在实施过程中，效果也有所区别，所以企业要根据自身实际的情况，并结合各种方法的实际效果，才能选出最适合自己的方法。表 2-2 对几种常用的供需平衡方法的效果进行了比较。

由于企业的动态性和复杂性，企业人力资源的供给和需求，不可能是单一的供给大于需求或者供给小于需求，往往会相互交织在一起。因此，企业在制定平衡供需的措施时，应从实际出发，采取科学合理的方法，使人力资源的供给和需求在数量、质量以及结构上都达到平衡匹配。

表 2-2　供需平衡方法的比较

方　法		速度	员工受伤害的程度
供给大于需求	裁员	快	高
	减薪	快	高
	降级	快	高
	职位调动	快	中
	工作分享	快	中
	冻结雇用	慢	低
	退休	慢	低
	自然减员	慢	低
	再培训	慢	低
方法		**速度**	**可以撤回的程度**
供给小于需求	加班加点	快	高
	临时雇用	快	高
	外包	快	高
	再培训后换岗	慢	高
	降低流动率	慢	中
	从外部雇用新人	慢	低
	技术创新	慢	低

第三节　人力资源规划的编制

一般情况下，对人力资源规划的制定需要根据人力资源规划的内容按照一定的程序进行，具体如图 2-8 所示。

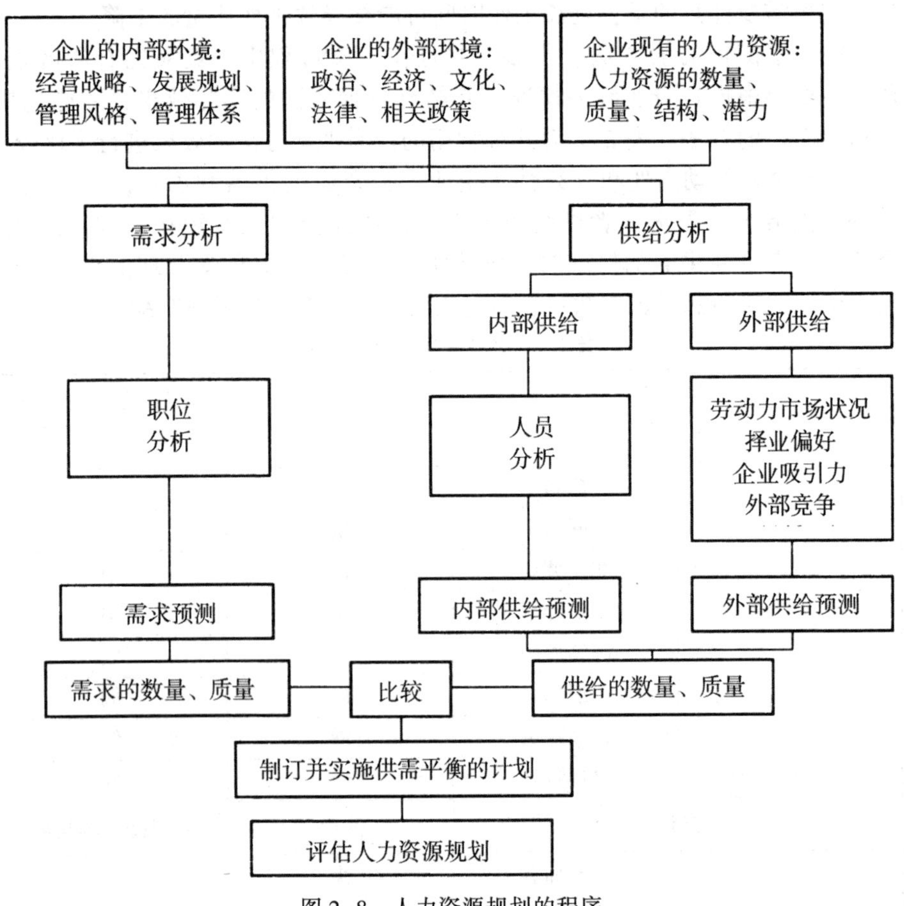

图 2-8　人力资源规划的程序

对于人力资源规划的编制，如图 2-9 所示，给出了人力资源规划的总体框架。

依照这个框架，人力资源规划的编制步骤，主要包括以下几个方面：

（1）编制职务计划。具体是根据组织的发展规划，结合职务分析报告，对组织的结构、职务设置、职务描述和职务资格等内容进行详细具体地阐述。其目的是描述组织未来的人力资源发展需要、规模和模式。

（2）编制人员配置计划。此项计划的编制，主要是根据组织的发展规

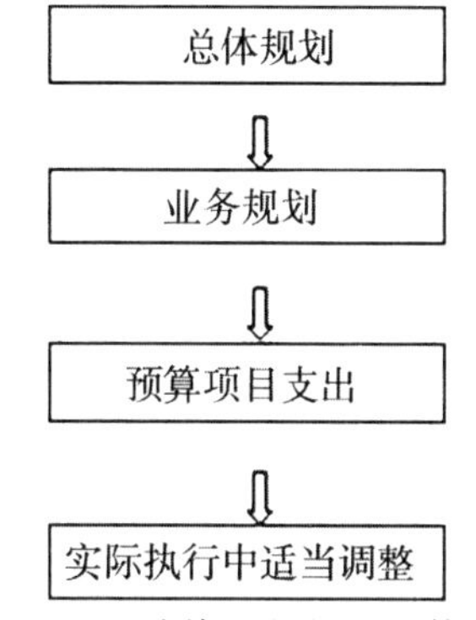

图 2-9　人力资源规划的总体框架

划，结合组织人力资源盘点报告对组织每个职务的人员数量、人员职务的变动、职务空缺数量的补充办法等方面进行详细地阐述。其目的是描述组织未来的人员数量和素质构成。

（3）编制人员需求计划。人员需求计划的编制主要是根据职务计划和人员配置计划，来预测人员的净需求，并以此来编制相应的人员需求计划。人员需求计划应该阐明需求的职务名称、人员数量、希望到岗的时间等。在人力资源规划中，最重要的工作就是预测组织人力资源的净需求。

（4）编制人员供给计划。人员供给计划是人员需求的对策性计划。主要是为了平衡组织人员需求与人员供给，选择人员供给的方式。人员供给计划主要包括招聘、人员晋升和人员裁减等。

1）招聘。招聘计划的内容主要包括人员的类别、数量、时间、地点、方式等。并且，在编制招聘计划时，还应该提前拟订录用条件（如工作地点、业务种类、工资、劳动时间、生活福利等），这是招聘计划的关键。另外，招聘进度表也需要提前拟定，进度表中应包含日期、地点、招聘准则、访问次数计划、活动预算等内容，具体内容视企业需求和实际情况而定。

2）人员晋升。由于招聘对现有人员及士气均有一定程度的负影响，所以，一般情况下，企业都是采用人员晋升方式。

3）人员裁减。人员裁减计划包括人员裁减的对象、时间、地点，裁减的补偿，经过培训是否可避免裁减等内容。

（5）编制人员培训计划。培训计划针对的对象主要是内部晋升人选和新进员工，主要是要确定所需培训员工的人数、内容、时间、方式、地点、费用等。

（6）人力资源保留计划。人力资源保留计划主要是通过采取各种措施，挽留人才，减少不必要的人力资源损耗。常用的人力资源保留措施包括改进薪酬方案、加强沟通、改善工作条件、提供再培训机会、提供发展机会、改进升迁方法等。

（7）生产率提高计划。生产率提高计划包括以下几部分内容：

1）确定生产率提高与人力资源的关系。

2）建立生产率指标，提供具体的努力目标。

3）分析劳动力成本对生产率提高的影响。

4）提高劳动生产率的措施。

（8）编制费用预算计划。编制人员费用预算计划是人力资源规划的一项重要内容，主要是为了控制人力资源的成本，提高投入与产出的比例。在实际工作中，应列入预算范围的费用包括招聘费用、培训费用、奖励费用、调配费用、退休解聘费用以及其他有关的费用。

（9）编制人力资源政策调整计划。为了确保人力资源管理工作能够主动地适应组织的发展需要，人力资源政策必须明确计划期限内组织人力资源政策的方向、范围、步骤及方式等。人力资源政策调整计划应该阐明计划期内的人力资源政策调整的原因、调整步骤和调整范围。其中，人力资源政策包括招聘政策、员工培训政策、绩效考评政策、薪酬福利政策等。

第四节　新时期人力资源战略规划创新研究

随着人力资源管理的研究不断深入，国内外已经有许多学者，对新时期人力资源战略规划的创新有着清醒甚至超前的认识。就企业的发展而言，新时期人力资源战略规划的创新关注现实、主导未来，是对企业发展的一种整体性、长期性的安排和谋划，通过结合企业的实际情况，能有效促进企业的不断优化和创新。

（1）总体战略。总体战略主要包括以下几个方面：

1）员工开发。企业应注重人员潜能的开发释放，摒弃使用的观点，不能把人力当作恒定客体加以安排，否则会使企业与员工都难以进步。人力是可不断升值的资源，企业需要有组织的管理开发，并结合员工有意识的自我开发，以此达到员工价值的擢升并使其在企业经营活动中得到体现。

2）团队创新。企业要实现创新愿景，不仅要造就有成就的个体，更应注重团队的培育，发挥人力资源的团队规模效应。企业太过倚赖单独个体将会加大企业风险，只有以团队把核心技术铸造成企业的核心竞争力，放大其规模效应，才能使企业的发展更有保障。

3）智力型人才。随着经济时代的高速发展，企业要获得竞争优势，就必须要发挥人力资源智力才能密集型功能。体力劳动密集型的发展将落后于时代的发展，企业间的竞争将更多地取决于人才的创新本色。所以，智力才能密集型的发展将是企业创新的源泉。

4）关系全面化。企业的发展，不仅需要人才，而且要充分利用与其连带的社会关系。企业作为员工实现个人价值的纽带，在员工个人社会关系网络中也扮演着重要角色，只有企业与员工互相助力，才会加快企业的创新进程。

（2）遴选战略。区别于目前企业选人时的“即招即用”，新时期的企业选人，要注重两个原则。一方面要考查应聘人员的业务水准，另一方面还要考查其成长性。某种程度上后者对于企业的创新进程有着更为积极的意义，因为有经验虽然可以立即上岗，但也存在着一定的定势与迂腐，而新聘人员更为活络的思维，无疑对企业的创新更有利。

（3）岗位战略。简单重复的工作只能扼杀员工的创新思维与激情，因此企业要让岗位“动”起来，适时轮岗或调换工作地点，实施工作多样化和工作丰富化，赋予岗位以乐趣与激情，并使其柔性化。

（4）互动战略。企业应该运用多层面、多样化的技术手段，主动推行“互动提升”的理念，营造良好的工作氛围，这对于企业内部员工的互动是十分有益的。互动应是一个积极合作的过程，只有有效地调动起员工的积极性，才可以使沟通、考评、激励等工作平稳进行，为管理决策的出台赢取和谐的支持。

（5）使用战略。不同于以往的简单指派，现代企业对人力资源的使用，需要知人善任。主要可分为四个过程，详述如下：

1）知人。企业要了解员工的真正所长，对人力资源进行合理配置。企业要加强与员工的沟通，全面了解员工，不轻易对员工下否定的结论。要发挥员工的主观能动性，以“性本善”的假设思想，指导员工，对员工欠佳的表现，要分析深层原因并进行总结。

2）容人。多元化的员工结构是难得的创新源。社会已经进入允许个性张扬的时代，企业应该允许员工改进自律，要对追求表现的个体进行积极、耐心地引导，以互补型的团队合作弱化个体因素缺陷所带来的不利影响。

3）用人。企业要为每个员工提供施展才能的舞台，创造学习、发展、升迁的机会。人才价值发挥的多少，更多地取决于企业如何对人才进行使用。在工作分析科学化的基础上，企业只有明示职务升迁路径，才能使员工在追求企业愿景的同时也能迫近个人愿景。

4）做人。关于员工“性本善”的假设此处仍然适用，管理者首先要做到胸襟坦荡，以诚相待，与人为善，以企业愿景构筑员工的努力方向，使得员工的合力为达成企业的目标而发挥正向作用。

（6）培训战略。企业的创新培训要有两个原则：

1）员工本人要认同，否则难以产生组织期望的效果。

2）要与组织目标一致，否则也是无谓投资。

（7）开发战略。企业人力资源开发战略，在技术层面，要构建学习型组织；在管理层面，要打造职业经理人团队；在精神层面，要能凝聚组织士气；在时间层面，要能持续开发人力资源；在关系层面，要能求同、趋同，共同进步。

（8）薪酬战略。改变人们做事方式最有效的途径就是改变其利益分配机制。所以薪酬的制定，不能一概而论，应该因人而异、因“工”而异，要考虑适当浮动。

（9）保障战略。员工保障通常被认为是保健因素，譬如福利。而新时期的员工保障更主要的是要在机制上提供保障，而且要让悬空的机制落地，以彰显透明管理的真谛。

（10）流动战略。人员结构过于稳定或流动过于频繁，都不利于企业的创新。企业的创新需要保持适度压力，竞争淘汰机制可以使人力资源始终处于被激活的状态。并且，为保持人才持续的创新激情，提拔和晋升也是一种十分有效的方法，为此，企业需要为员工建立正常的晋升机制，使普通员工具有因努力敬业而被提拔的权利和机会。从以上两个方面可以看出，保持一定的人员流动性对于企业的发展十分有必要。

（11）组织战略。新时代的创新企业要远离官僚机构，经典的直线制、职能制、直线职能制难言创新。企业只有加入组织活性因子，激发企业活力，才能保持组织团队生气，保持员工对工作的热情和新鲜感。柔性化的组织结构已日趋流行，工作团队之间的对接也应突破传统的观念。再者，为创新型的团队预留空间，是组织设计时要注意的。

（12）视界战略。企业要努力拓宽人才渠道，争取化有限的资源为无限的资源，然后相机选取、调用。其主要内容包括以下几点：

1）企业应立足区域，充分发挥本地人才的主渠道作用。

2）要面向全国，吸纳高层次人才。

3）注重与国际接轨，寻找留学生或外籍管理者、专家的支持。

4）行业协会、学会、科研院所、业界标杆实践等都可被纳入企业的人才库。

所以说，招聘并非是为企业作贡献的唯一途径，企业只有跳出固化的视野，开阔眼界，以开放的人力资源观点，有限搏无限，才可以使企业的创新有所依托，亦将为企业的发展提供更加稳健的保障。

第三章　工作岗位管理与创新

工作岗位即职位（*Position*），是最基本的组织单位。具体是指承担一系列工作职责和工作任务的某一任职者所对应的组织位置，是组织业务流程的一个节点。每个工作岗位都对应着相应的职责、权限以及对任职者的要求，同时包括任职者可以享受的待遇和受到的激励等内容。随着新时代经济和信息的发展，企业中的工作岗位也在发生着变化，本章主要就现代企业中的工作岗位的管理与创新进行深入的研究，主要内容包括职业管理与筹划、职位分析与评价、职位说明书、工作设计以及新时期基于互联网应用的职位分析思路创新等。

第一节　职位管理与筹划

现代企业的与时俱进，使得传统的职位管理也发生了变化，其主要特点表现在以下几个方面：

（1）因人设岗。新时期的企业在坚持战略目标的前提下，可以根据个人的能力专门设置相应的职位、安排相应的工作甚至开拓相应的业务。区别于传统人力资源管理，新时期的人力资源管理重点正在由职位转向能力。

（2）职位虚化。职位虚化也是新时期企业职位管理的一个重要特点。职位不再是组织中的一个点，而是一个职位的工作可能有多个人参与，一个人可能参与多个职位的工作，职位之间的界限变得模糊，没有明确的职责和绩效标准。

（3）职位动态。为适应环境的变化，组织需要经常改变业务和工作内容，职位的职责不再固定，任职者也不再固定在确定的职位上。特别在现代组织中，团队的形成与解体成为常态，团队职责与目标也会在一项团队任务完成后发生变化，所以任职者的职位也在团队的形成与解体过程中相应地发生着动态变化。

一、职位管理

所谓职位管理（*Position Management*），具体是指从组织战略与组织文化出发，通过职位分析来明确不同职位的工作职责与任职资格要求，并通过职位评价建立企业内部的职位等级体系，是从业务流程分析、组织结构设计到人力资源管理的过程。并且，职位管理是实现企业战略目标的桥梁，也是组织实现战略管理和人力资源管理的重要环节，如图 3-1 所示。

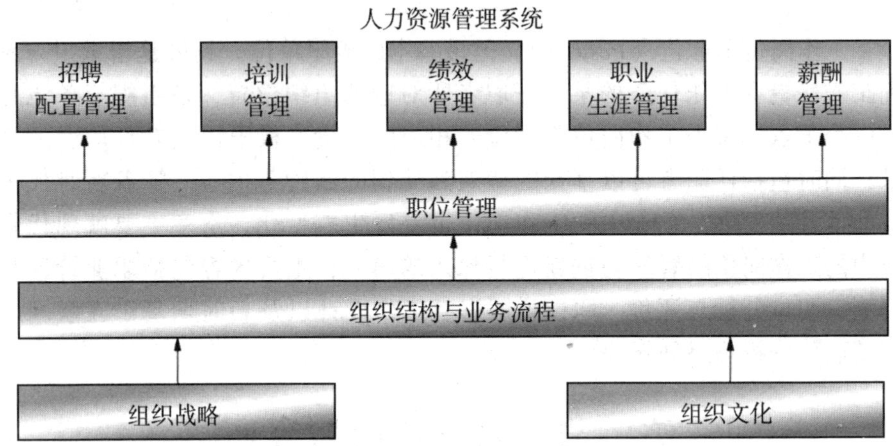

图 3-1 基于职位管理的人力资源管理系统

现代职位管理是基于企业战略与业务流程的原则，根据业务流程对职位进行分类的过程，对每一类职位进行分析和评价是职位管理的基础。另外，关于现代职业管理的系统性原则和动态性原则，详述如下：

（1）系统性原则。系统性原则是指既要考虑职位管理与组织战略、组织内各个业务战略的匹配性也要考虑与人力资源管理其他职能的匹配性以及职位管理体系内部的协调性。

（2）动态性原则。动态性原则是指职位的内容、职责、边界等随着组织战略、结构、业务与管理的变化而动态调整。现代职位管理的特点是以职位的类别为单位进行管理，而不是以单一的职位作为管理对象，职位的动态性决定了职位管理的动态性。

在现代职位管理中，企业的战略决定了企业的组织结构及各部门的职能，企业的职位可以划分为管理序列、技术序列以及职能序列等。业务流程按照工作任务则决定了需要设置的岗位、岗位责任及员工能力等。组织结构和业务流程是企业职位管理的起点，如图 3-2 所示，给出了职位管理的框架，其中职位管理包括三个模块，即职位筹划、职位分析和职位评价，这三个模块之间并没有明确的界限，主要原因如下：

（1）划分职位序列、确定职位设置的过程也是进行职位分析的过程。

（2）职位筹划中对职位的分层分级本身就是职位评价的内容，可以说职位筹划是职位分析的基础，且两者同时进行。

（3）职位分析的成果则是职位评价的主要依据。

（4）职位评价的结果又是职位筹划中职位分层、分级的依据。

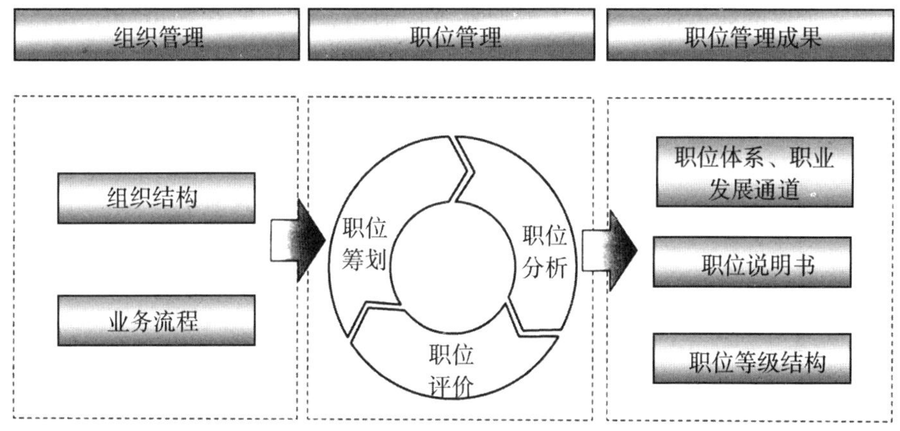

图 3-2　职位管理的框架

二、职位筹划

与传统的职位管理（图 3-3）不同，现代职位管理是组织在新时期外部环境以及职位快速变化的情况下，对职位实施的管理，在基于传统的职位分析和职位评价的前提下，现代职位管理增加了职位筹划的内容，如图 3-4所示。

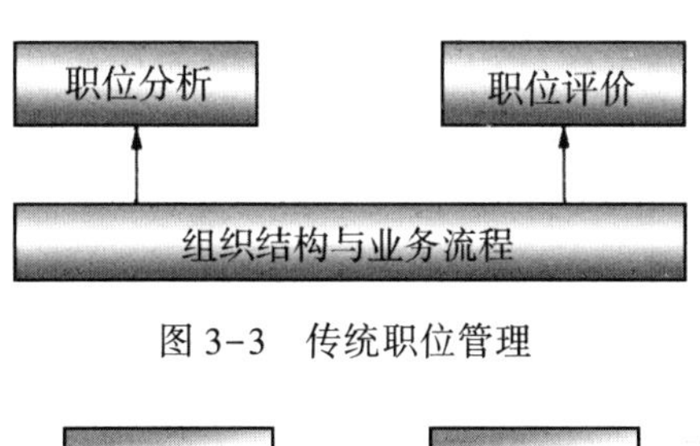

图 3-3　传统职位管理

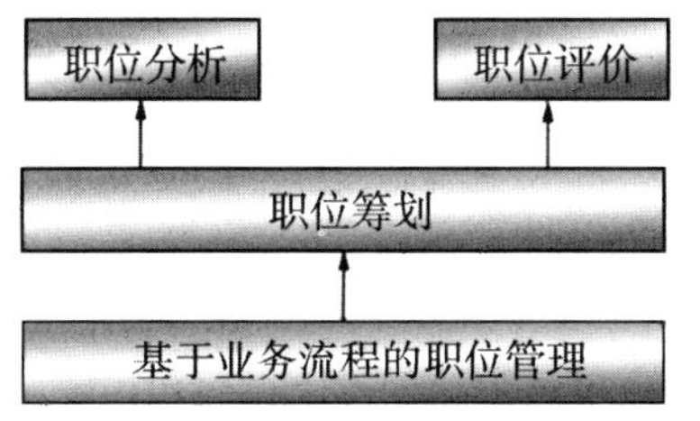

图 3-4　现代职位管理

职位筹划（*Position Planning*）主要是从企业的战略和业务流程出发，根据企业工作任务的性质，通过梳理企业的职位体系、划分企业的职位序列并确定企业最合理的职位设置，建立起分层分类的人力资源管理体系，并建立企业的职位体系和员工的职业发展通道，从而实现人员分层分类管理的过程。可以说，职位筹划是对企业职位的一种变革和再设计，图3-5给出了职位筹划的基本思路。

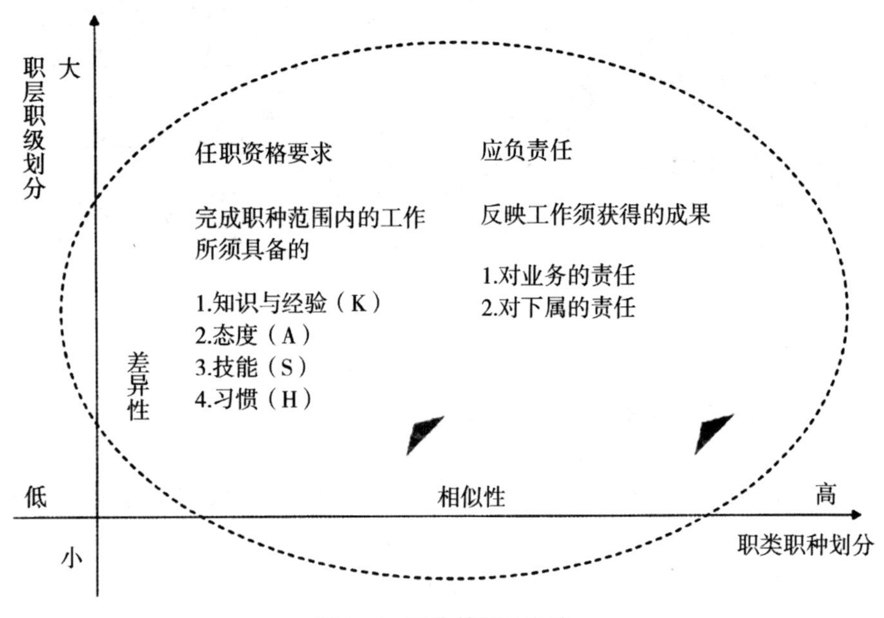

图 3-5　职位筹划的思路

职位筹划在企业战略管理中的战略意义及作用如下：

（1）职位筹划有助于企业建立起以组织为基础、与流程相衔接的合理的职位体系。

（2）职位筹划是企业战略目标、企业文化、流程和组织结构向人力资源管理各大模块过渡的桥梁。

（3）职位筹划将企业的战略目标转换为一些相互联系和支持的具体职位。

（4）职位筹划明确了职位在组织结构中的角色和职责，实现了组织结构的划分，并明确了职位间职责的连接，使企业的每一项工作都得到具体落实。

（5）职位体系的建立能够明晰企业核心业务的职位界定，进而明确需要的核心人才，为人才团队的建设提供有效保障，进而实现人力资源战略中的人才战略。

（6）职位体系能够整合招聘管理、职业发展、培训开发、绩效管理、薪酬管理等职能，将人力资源工作重点从单独做好某一项工作转向强调系统整合的战略性人力资源管理。

（7）企业中职位的职责包含了核心业务流程中的所有关键活动，职位序列应与关键增值活动基本对应。

（8）职位筹划是实现同工同酬，建立公平、合理的薪酬制度的基础和依据，有助于调动员工的工作积极性。

（9）职位筹划的成果是对各类工作人员进行考核、升降、奖惩、培训管理的依据。

（10）职位筹划的成果是员工职业通道设计的基础。

（11）职位筹划的最终成果是建立起公司的职位体系。

第二节　职位分析与评价

现代企业的人力资源管理的发展，从整体上来看主要表现出两方面的趋势。一方面是强调人力资源管理的战略导向；另一方面是强调人力资源管理各功能模块的系统整合，如图 3-6 所示。而职位分析在上述两个趋势中都扮演着关键性的角色。

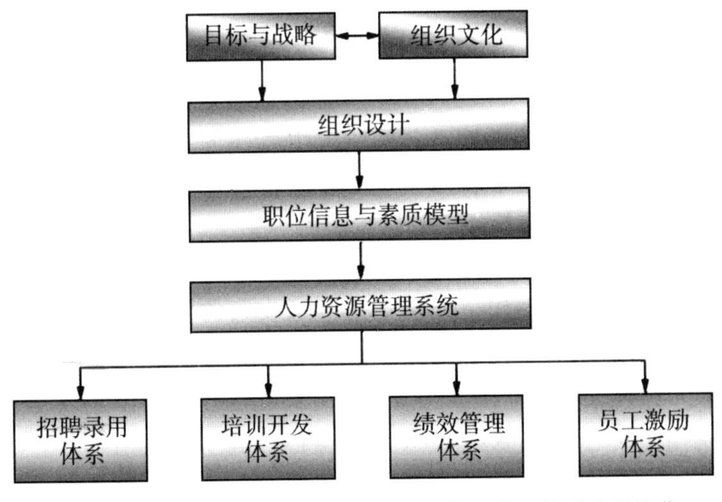

图 3-6　职位分析在战略、组织和人力资源管理体系中的地位

一、职位分析

职位分析（*Job Analysis*）又称工作分析、职务分析或岗位分析，是人力资源管理中最基本的要素，主要是通过对一项职位的全面了解，对该项职位的工作内容和任职说明进行详细描述和研究的系统过程。职位分析的具体内容包括工作责权分析、工作关系分析、工作环境分析、任职资格分析等方面。其中，工作责权分析是职位分析中最为重要的部分；任职资格分析是对职位工作人员能力与素质状况的考察，主要考察任职者的工作经验、智力水平（主动性、判断力、应变能力、敏感能力）、技巧和准确性以及任职者的体力等方面。

大量实践研究表明，企业在选择实施工作分析的时机，主要有以下几种：

（1）建立新组织或产生新部门、新工作。

（2）企业战略目标的实现或业务流程的有效运行受到阻碍。

（3）企业变革或企业中引入了新流程、新技术。

（4）人力资源管理的各项工作缺乏依据或者基础性的信息。

（一）职位分析流程

职位分析是一项技术性工作，在实际操作中，职位分析的程序一般可以分为以下四个阶段（图 3–7）：

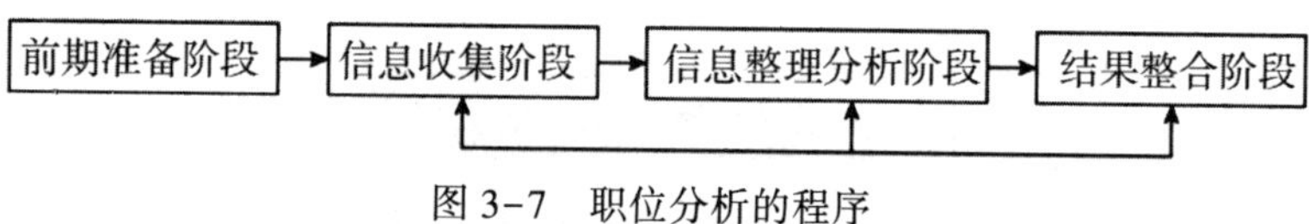

图 3–7　职位分析的程序

（1）前期准备阶段。前期准备阶段的主要任务是对职位分析进行全面的设计和安排，包括确定职位分析的目标、成立职位分析小组、制定职位分析实施方案、收集与分析相关的背景资料等。

（2）信息收集阶段。在完成前期准备工作的前提下，我们还需要进行信息的收集。主要是要运用事先确定的信息收集的方法，收集职位的相关信息。一般来说，职位分析中需要收集的信息主要有以下几类：

1）岗位详细。一般包括具体的工作时间、工作事项、工作方式、工作的程序以及个人在工作中的权力和责任等信息。

2）岗位标准。主要是指对任职者完工时间、工作质量等进行评价的各种标准。

3）岗位辅助工作。主要是要收集为完成工作所需采用的设备及工作所需要提供的辅助性工作或专业知识等信息。

4）工作环境。工作环境方面的信息主要涉及任职者的工作环境、工作背景、企业环境、社会环境以及企业的各种激励措施等。

5）人的能动。这方面的信息主要涉及任职者工作中的沟通，基本的动作，体力、精力的消耗等。

6）工作要求。工作要求主要是指工作本身对任职者接受教育背景的要求和素质要求。

（3）信息整理分析阶段。这一阶段的主要任务就是对有关工作的调查结果进行深入全面的分析。其实在实际操作中，收集职位分析信息的同时，就应对这些信息进行分析。在信息整理分析阶段，首先要分析已经收集到的各种信息的准确性、真实性和可行性，确保信息的真实可靠，再把这些信息进行系统的归类整理，分析核定有关工作和工作执行人员的关键因素，归纳、总结出职位分析的必需材料和要素（包括岗位的职责、任务、工作关系和职务范围等）。另外，针对职位分析中出现的问题，还要有针对性地提出改进建议，重新划分工作范围、内容和职责。

（4）结果整合阶段（完成阶段）。结果整合阶段是在前面三个阶段工作完成后，将分析的结果整理成职位说明书，运用于人力资源管理中，并注重实际工作过程中的信息反馈，不断修订、完善职位说明书的过程。

综上所述，职位分析的整个基本流程可用图 3-8 表示。

（二）职位分析作用

在实际工作中，职位分析常常与人力资源管理特定目标相联系，是开展人力资源管理工作的基础。结合人力资源管理的具体需要，职位分析的作用可用图 3-9 表示。

（1）工作设计。通过职位分析，能够使各个岗位的工作内容具体化，以此为根据可以在原有的工作基础上有针对性地进行工作再设计，提高工作生活质量。

（2）人力资源规划。通过职位分析，可以对各个职位的工作量进行科学的分析判断，从而为职位的增减提供必要的信息。

（3）人员招聘。职位分析为员工招聘提供了明确的标准，可以为招聘时测试方式的选择、考试内容的设计、录用标准的确定提供依据，这对于招聘工作的顺利开展，提高甄选的效率都是十分有益的。另外，职位分析还减少了主观判断的成分，有效地提高了招聘的质量。

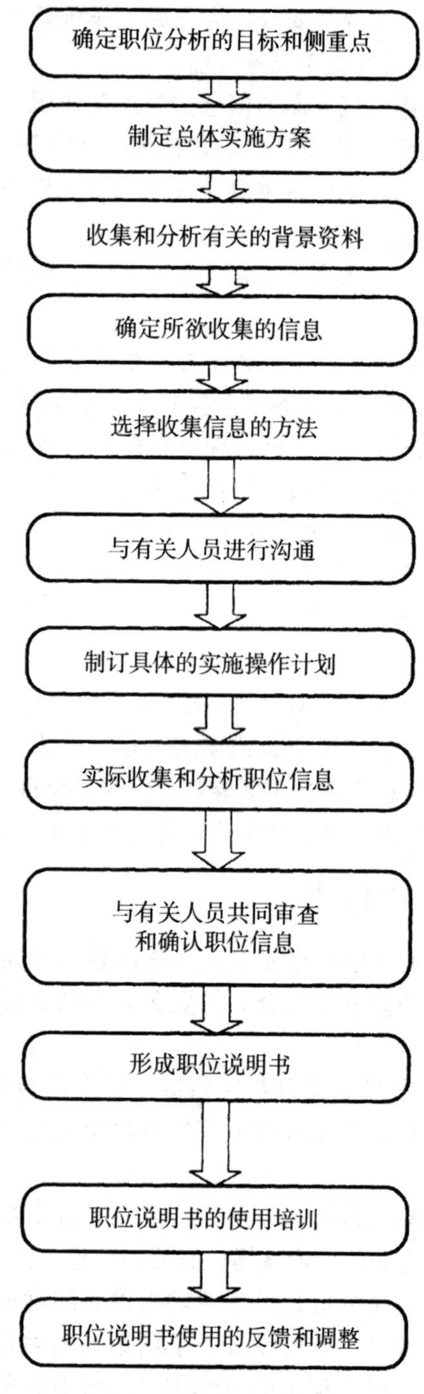

图 3-8 职位分析的基本流程

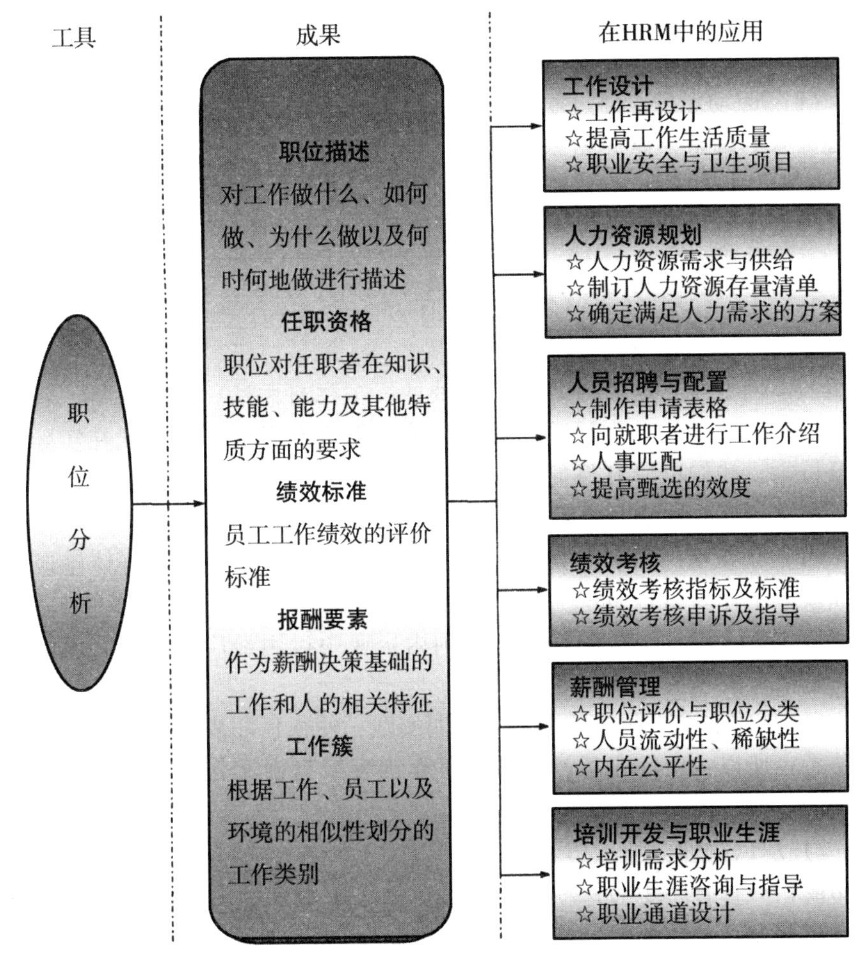

图 3-9　职位分析的作用

（4）培训开发。通过职位分析可以为人员的培训与开发提供明确的依据，明确员工目前的能力与职位工作要求之间的差距，通过相应的培训工作方案、培训内容提升受训人员与工作的匹配度。

（5）绩效评估。职位分析可以为绩效评估提供科学合理的标准和依据。减少绩效评价的主观因素，为员工的绩效和晋升提供明确的依据。

（6）薪资管理。职位分析可以客观地评价组织内不同职位的工作繁简程度、工作责任的大小、所需任职资格的高低，以及为组织作出贡献的程度等。这样，企业就可以为不同类型的职位确定合理的待遇，确定每个职位的重要程度和对组织的价值，从而确保薪资的内部公平性。

（7）职位调配。实际工作中，通过职位分析，能够使各个岗位的工作程序和标准规范化，以此为根据可以判断某个员工是否适合某项工作，从而进行合理的职位调配，在提高人事匹配程度的同时，也使得每一个员工自己的潜力得到充分发挥。

（8）劳动保护。通过职位分析可以全面了解某些工作存在的有损员工身心健康的因素，以此为根据可以采取有效的安全保护措施。一旦发生事故，也可以按照职位分析的信息，科学地分析和判断事故的原因，为事故的处理提供有效的依据，为良好的劳动关系提供科学有效的保障。

（三）职位分析方法

目前，关于职位分析的方法有很多，一般情况下，在职位分析中经常运用的定性方法主要有观察法、访谈法、工作日志法、问卷法等。每一种方法因其固有的长处和缺陷，其适用的范围也有所区别，因此在实际的工作分析中，我们可以有目的性地采用某一种方法，或者将几种不同的方法综合起来运用，来满足企业的需求。

（1）访谈法。访谈法是指职位分析人员通过面对面（或群体座谈）询问而获取工作要素信息的方法。访谈的对象可以是任职者，也可以是专家或上级主管人员。访谈法是目前在国内企业中运用最广泛、最有效的职位分析方法。其主要优点如下：

1）具体准确。因为任职者的长期实践，使得任职者对于自己的工作最为熟悉，所以，由任职者本人描述工作内容或提出工作疑问，都是具体而准确的。

2）双向沟通。通过访谈法，不但便于向任职者解释职位分析的必要性和功能，而且有助于与任职者的沟通。通过解决任职者工作中的疑问或工作肯定等方式，能在一定程度上对任职者的工作压力起到消除的作用。

3）详细深入。在得到访谈对象合作的前提下，访谈过程可以对工作者的深层次信息（工作态度与工作动机等）有比较详细和深入的了解。

访谈法的缺点，包括以下几个方面：

1）访谈过程中，访谈者的技巧直接关系到访谈的效果。所以，访谈员需要经过专门的训练。

2）因为访谈法过程中可能受一些客观因素的影响，所以访谈得到的信息可能是扭曲的，可信度不够高。

3）访谈法比较费时，工作成本较高。

4）访谈结果的整理和分析比较困难。

所以，在进行职位分析访谈时，需要把握访谈过程中的几个关键点，具体如下：

1）访谈者培训。在访谈准备阶段应对访谈者进行系统的职位分析理论与技术培训。

2）选择最了解工作内容、最能客观描述工作职责的员工。

3）事前沟通。应事先通知访谈对象并告知其访谈内容，使其有充足的时间对工作内容进行系统总结。而且，事先沟通不会使任职者有太大的心理影响，有利于获得访谈对象的支持与配合。

4）技术配合。访谈者需在访谈之前对访谈职位进行系统研究，并通过一系列的科学方法，找到访谈的重点，确保访谈质量。

5）沟通技巧。具体是指访谈者与被访谈者之间，应建立并维持轻松良好的互信沟通关系，通过运用提示、追问等访谈技巧，把握访谈的节奏。在访谈过程中访谈者还要注意，如果出现不同的看法，不要与员工争论；如果出现对主管人员进行抱怨的情况，职位分析人员不要介入。

6）信息确认。在访谈过程中和访谈结束前，访谈者应就获取的信息及时向被访谈者反馈并确认，以得到其最终的认可。

（2）观察法。观察法是指在现场通过实地观察、沟通、实际操作等方式收集工作相关信息来进行职位分析的过程。观察法是最为简单的一种方法，其主要优点在于它的全面性、手段多样、效率较高。观察法包括直接观察法、自我观察法（工作日志）和工作参与法三种形式。

观察法通常只能用于分析存在大量重复而且操作重复期较短的体力操作岗位，不适用于职能和业务管理岗位，因此，它的局限性也十分明显。另外，运用观察法进行分析难以获得任职者的合作，对于一些任职者来说，会产生心理抗拒，他们会觉得自己受到监视或威胁。所以，在运用观察法时，要注意以下几点：

1）工作样本。使用观察法时，职位分析者观察的内容要有代表性，如人数、岗位、工作方法、工作时间、工作环境以及工具等内容。

2）观察提纲。观察提纲是指观察者事先要有目的性地确定观察的内容（目标、任务、时间、设备、环境等）、观察时刻、观察的位置（确保能够观察到对象的全部行为而又不至于影响到对象的正常工作）等。

3）任职者反应。观察者的存在会对任职者产生一些心理影响（紧张、分心或假装等），从而在一定程度上影响观察结果。所以，观察者应采取合理有效的措施（隐蔽、事先沟通），来确保观察结果的有效性。

（3）问卷调查法。问卷调查法有些类似于访谈法，主要是将需要回答的问题制作成问卷发给员工，让他们当场或在一定时间内填写，通过这种方式来搜集信息，并对问卷进行归纳分析。这种方法适合用于人员较多且时间和成本有较大限制的情况。问卷法的优点如下：

1）适用范围大，调查对象广泛。问卷调查法适用于一切职务的调查分析，并且能同时或分批次对大量人员进行调查，速度快、时效性强。

2）形式多样。问卷的形式可以是任何工作职位的问卷，也可以是针对某一特定工作职务的问卷。其中，包括结构性、非结构性、标准化和非标准化问卷等，形式多种多样。

3）节省时间、人力和费用。调查问卷可以在工作之余填写，实施费用一般也比其他方法低。

问卷法也存在一定的缺点，主要表现在以下几个方面：

1）技术性要求较高。理想的调查问卷技术性要求较高，设计所花费的时间、人力和物力较多。

2）被调查者单独填表，可能会不积极配合，同时缺乏必要的指导和沟通，从而影响调查的质量。

3）问卷的回收工作较为困难。

关于职位分析的其他方法还有很多，如文献分析法、工作日志法等，限于本书篇幅，此处不再进行一一列举，有兴趣的读者可参考相关文献资料。

二、职位评价

职位评价（*Job Evaluation*）的主要目的是比较各个职位在组织中的重要性，确定不同职位对于组织所具有的价值，为向职位工作者支付合理报酬提供依据。如图 3-10 所示，在人力资源管理体系中，职位评价处于承上启下的重要地位，其主要意义表现在以下三个方面：

（1）界定职位特征。界定职位特征主要是分析职位的工作特征、要求以及任职资格条件的标准。

（2）支持薪资分配。通过职位评价，可以对职位等级进行界定，进而为职位工资差异提供依据，保障企业薪资分配的公平环境。

（3）协调劳动关系。通过职位评价，可以为员工的意见和建议（对企业管理政策和薪资分配）提供通道。

对于职位价值的评价，确定合理的职位评价依据是基本条件，这需要从相关的各个环节入手。经过大量实践研究发现，对于职位的界定是职位评价的首要依据。其次，职位评价工作，还要关注相应类型的职业在劳动市场中的地位和价格。最后，对于企业经营管理政策对职位评价的影响，也要进行具体的分析，把分工协作的技术结构与行为导向区分开来。不同的经营管理政策会使同样的职位具有不同的地位和作用，从而形成不同的

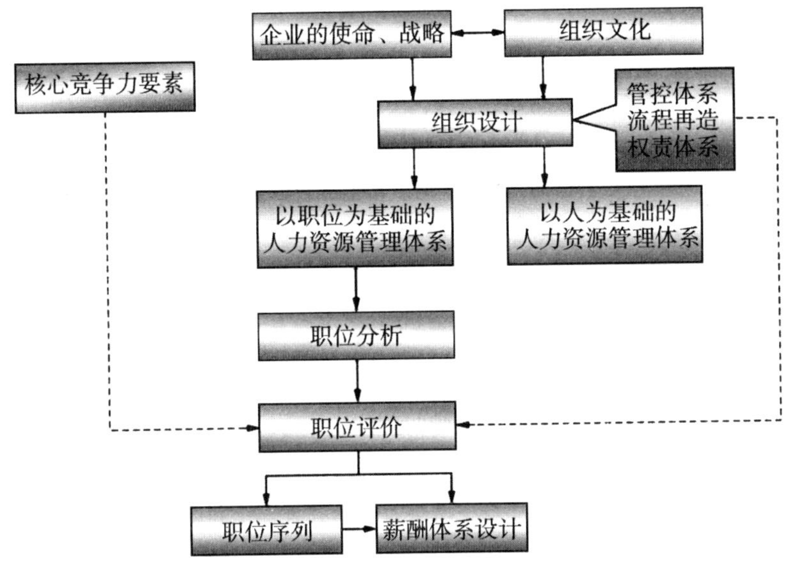

图 3-10　职位评价在人力资源管理中的地位

职位价值。

在职位评价的操作方法中，科学方法普适性较强，主要是通过建立公认的职位评级尺度，对样本职位进行评价，然后把测评的结果作为参照系，推广到其他职位，以此来建立企业的职位价值等级体系。其常用的方法主要有以下几种：

（1）总体排序法。总体排序法是按照一定的规则对各个职位从总体上进行重要性排序，通常采用卡片排队法和配对比较法两种方法来操作，是职位评价方法中最为简单的一种方法。

（2）因素分析法。首先，要根据职位状况，选择影响职位价值的相关要素，在要素选择的基础上，有层次地对这些要素进行划分，确定典型职位。然后，对样本职位进行要素分析和评价，确定其所包含的要素分值，统一汇总和加权处理，以此确定样本职位的价值。最后，对照样本职位的价值排列，对其他职位进行评价。因素分析法较为客观、完善，有较强的针对性，可以根据实际情况对职位要素进行灵活选择和定义。

（3）定标套级法。定标套级法主要是要对组织中的职位价值进行政策定位并建立职位价值评估的一般尺度，通过将各个职位与相应的标准进行比较，进而将其系统地划入相应的级别之内。表 3-1 是以定标套级方式制定的职位等级评价表。

表 3-1 职位等级评价表

职位等级	分类基础
1	直接接受上级指导、监督，按照指示的方法、步骤进行固定的、重复的作业，工作中几乎不需要任何个人选择、判断
2	接受上级具体的指导、监督，按照既定的规程、标准、惯例进行日常例行的、固定的业务，工作中必须进行适当的选择、判断方能处理业务。虽然偶尔会面临非常规的、不固定的事项，但必须依照上级指示办理
3	接受上级较一般的指导、监督，参考在学校时学习的原理、原则及既定的规程、标准、惯例，进行固定的业务，工作中有许多业务需要自己选择、判断之后方能处理。偶尔会遇到非常规的、不固定的事项，经上级做出处理要点的指示后加以处理
4	接受一般性的指导、监督，参考在学校时学到的原理、原则以及进入公司后从业务活动实践中所学习到的各种理论和既定的规定、标准、惯例，进行日常例行的但比较复杂的业务，工作中必须自己判断、选择、交涉的情况相当多。对于偶尔发生的非常规的、不固定的事项，一方面要思考对策，另一方面还要遵从上级的指示进行处理
5	接受原则性的指导、监督，参考在大学中学习的原理、原则、理论，以及与业务相关的实务知识，处理复杂的日常业务，而且利用高度的判断、交涉能力进行事务处理的情况较多。对于间或发生的特殊事项，一方面要自己寻求解决办法，另一方面注意参照上级指示意图予以处理

第三节 职位说明书的编写

职位说明书主要是以书面的形式对组织中的各个职位的工作性质、工作任务、工作职责、工作关系和工作环境等所做的统一描绘，是为了规范与协调企业各职位间的工作，使管理工作更加科学合理。

一、基本步骤和基本原则

因为职位性质、企业的需要和职位分析者等方面的不同，目前，关于职位说明书的编写并没有统一的标准格式。一般情况下，编写职位说明书所遵循的基本步骤主要包括以下几部分：

（1）根据所收集的有关职位信息，初步拟定职位说明书的草稿。

（2）将职位说明书的草稿与实际工作进行对照，确定是否需要再次进行调研。

（3）修正职位说明书，尤其是对于一些特别重要的工作岗位，需要多次反复的修订。

（4）经过多次反馈和修正，形成最终的职位说明书，并将职位分析的成果运用于实际工作中。

（5）对职位分析进行总结性评估，并归档保存。

（6）在实际的成果运用过程中，要加强调研，注重反馈，从而不断完善职位说明书。

编写过程中需要遵循科学性原则、适用性原则（职位说明书内容应该简洁实用、重点突出，必须明确工作任务、工作职责和任职资格）、准确性原则（对职位进行全面清楚的描述，明确工作责任和工作流程）和规范性原则。

二、编写内容

职位说明书是一种提供有关职位的工作任务、工作职责等方面信息的文件，主要包括的内容如下：

（1）职位标识。职位标识主要包括职位的名称、所属部门、直接上级、工资水平、所辖人等职位的基本信息。

（2）职位概要。职位概要就是对工作性质和任务的高度概括和简要描述。在叙述职位概要时，要注意简明扼要，尽量用一句话表达，明确指出职位的基本目的和原因。

（3）工作职责。工作职责是职位概要的具体细化，应逐条指明工作的主要职责、工作任务和工作权限等。在实践过程中，通常是将所有的工作活动划分成几项职责，再进一步对每一项职责进行细分，如图3-11所示。

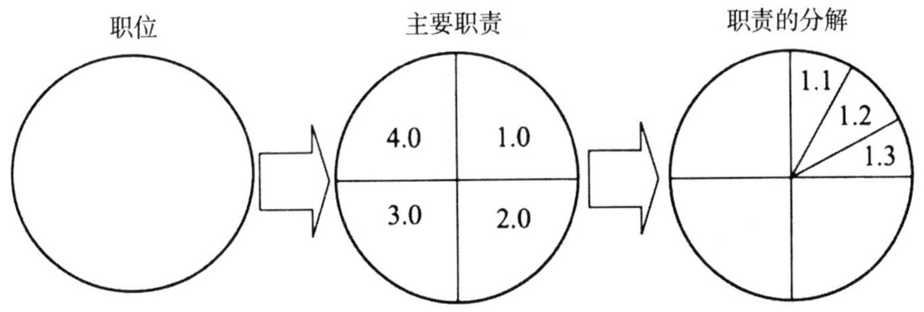

图3-11　工作职责的分解示意图

对工作职责的描述应掌握以下特征：

1）集合工作中所有的关键点。

2）工作职责主要强调工作最后的结果而不是描述如何履行职责。

3）工作职责是无时间性的，不会发生变动。

4）每一项职责应具有独特性。

5）每一项工作职责都应拥有对该职责进行衡量的方法，或对工作最后结果的鉴定体系。

6）联系工作实际，实事求是。

（4）工作关系。工作关系是指任职者工作期间可能与企业内外其他人（部门）之间的关系。

（5）工作权限。工作权限包括工作人员决策的权限和行政人事、财务权限等。

（6）工作条件。工作条件包括工作时间、工作场所、工作强度、工作环境等。

（7）业绩标准。业绩标准是衡量某些工作完成程度所需的标准，一般情况下，这一标准是以具体的数字或百分比的形式表现。

（8）任职资格。任职资格是针对任职者能力的要求，主要包括以下几个方面：

1）一般要求。如年龄、性别、学历等。

2）能力要求。能力要求包括专业、资格证书、工作经验、工作能力（如创造能力、社交能力）和身体状况等基本内容。

3）心理要求。如性格、气质、态度、事业心等。

4）根据需求确定相应的任职要求，有相关专业规定的工作要有符合规定的具体要求（如电焊、司机等）。

（9）其他信息。其他与工作相关需要说明的要求。

第四节　工作设计

工作设计（*Job Design*）又称为职位设计，是一项十分重要且比较复杂的科学管理技术。主要是为了有效地达到企业目标与满足个人需要而进行的关于工作内容、工作职能和工作关系的设计。工作设计是对现有工作的重新认定、变革和设计，通过满足员工需求以提高工作绩效，进而实现企业目标的管理方法。一个好的工作设计可以减少单调重复性工作的不良效应，不仅有利于充分调动劳动者的主动性和创造性，并且还有利于建立整体性的工作系统，在确保实现员工目标的同时使企业的目标得以实现。

一、工作设计的影响因素和主要内容

（一）工作设计的影响因素

大量实践研究表明，影响工作设计的主要因素包括环境因素、企业因素和员工因素三种，详细阐述如下：

（1）环境因素。工作设计必须从现实情况出发，不能仅凭主观愿望，还要考虑与人力资源的实际水平相一致。另外，由于不同的员工有着不同的需求，所以，在进行工作设计时要人性化地区别对待。

（2）企业因素。工作设计要按照工作时间最短、最简化的原则分解工作，充分考虑每个岗位负荷的均衡性问题以及在长期工作实践中形成的传统工作方式。

（3）员工因素。企业在工作设计时，应对员工需求的变化加以重视：

1）必须考虑员工的能力、素质，做到人与岗的互相匹配。

2）必须考虑员工的个性特征，对员工的工作兴趣和积极性给予满足和引导。

3）必须考虑员工的个人需求，工作设计时要尽可能地使工作特征与要求适合员工的个人特征，使员工能在工作中发挥最大的潜力。

（二）工作设计的主要内容

工作设计的主要内容包括以下几个方面：

（1）工作内容的设计。工作内容的设计包括工作的多样性（工作的广度）、工作的层次性（工作的深度）、工作的整体性（工作所具有的完整性）、工作的自主性（工作的自主性程度）、工作的重要性等方面，是工作设计的关键。

（2）工作职能的设计。工作职能的设计是对每项工作的工作责任、工作权限、沟通方式、工作方法、协作要求等方面的设计。

（3）工作关系的设计。工作关系的设计具体是指个人在工作中所发生的部门与部门之间、人与人之间的工作要求及关系等方面的设计。

（4）工作结果的设计。工作结果的设计是指对工作任务完成所达到的数量、质量和效率等具体指标的设计，包括工作绩效和工作者的反应。

（5）工作结果反馈的设计。工作结果反馈的设计主要是指在完成工作任务过程中，下属能得到关于活动效果反馈的设计，包括对工作本身的客观反馈以及上级、下级或同事对工作结果的反馈。

以上有关工作内容设计的五个要素是一个有机的整体，无论哪一个要素的设计出现问题，都会影响工作内容设计的整体效果。

二、工作设计的形式

一般情况下，对于企业的工作设计，主要形式有以下几种：

（1）专业化。专业化是指将工作划分为标准化和专业化的任务，进而提高生产率的一种工作设计方式。按工作专业化思路设计出来的工作简单、可靠、安全，能够取得规范的专业分工的优势和技术操作效率。但是，由于没有考虑到人的自主性、能动性和创造性，其缺点也很明显，主要表现在以下两个方面：

1）工作过度重复，容易让员工厌烦，导致员工消极怠工，这对员工的缺勤率和离职率的增高有很大的影响。

2）由于工作环节增多，对不同环节之间的协同性有更多的要求以及物流、信息流的增加，都会导致员工工作效率降低、工作质量下降。

（2）轮换。轮换主要是为了减轻员工工作的厌烦感，在不改变工作设计本身的前提下，让员工定期从一个岗位转到另一个岗位，先后承担不同的但内容相似的工作。其主要优点如下：

1）为员工提供更多的发展机会，保持员工对工作的新鲜感。

2）可以增强员工的适应能力，使员工掌握更多的技能。

3）可以提高员工工作的自信心。

4）可以增进部门与部门之间、员工与员工之间的理解，提高协作效率。

但是由于轮换只能限于少部分的工作，且轮换后员工由于需要熟悉工作，可能会使工作效率降低，甚至感到单调与厌烦，这些都是需要注意的。

（3）扩大化。扩大化是指通过增加工作的内容，使员工的工作变化增加，要求其具备更多的知识和技能，从而提高员工的工作兴趣。

（4）丰富化。丰富化的设计方法有以下几种：

1）提供员工与消费者近距离接触的机会，让员工对用户的需求有直观的了解，并给予满足。

2）设置机动岗位，使员工能自行安排工作进度。

3）实行弹性工作制，提高员工的工作和生活质量。

4）整合工作任务，使员工在一定程度上了解完整的工作体系等。

工作丰富化虽然会相应地增加一些培训费用，但是可以为员工创造自我发展与成功的机会，不仅大大丰富了员工个人的工作内容，而且使员工能更全面地了解整个生产流程与市场的情况，这对员工素质的提高有一定的助益。

（5）工作团队。工作团队是指由某些技能互补的成员组成的人群结构，致力于共同的宗旨、绩效目标和通用方法，并且共同承担责任。工作团队大体上有问题解决型（围绕工作中的某一个问题）、多功能型、自我管理型（自主决定）和虚拟工作团队（通过通信和信息技术的联结）四种类型。

（6）辅助性设计。辅助性设计是指在不改变工作本身的内容、构成和范围的前提下，通过缩短工作周期或弹性工作制等方式，对工作时间加以调整的设计方法。工作辅助性设计改变了员工个人工作时间的严格规定，并在实际上也产生了促进生产率的作用。

第五节　新时期基于互联网应用的职位分析思路创新

随着现代科技水平的提高，以及互联网在现实生活中的广泛应用，企业的生产和管理思维也都有了巨大的变化，人们的工作内容已经不再局限于传统的那种单一的、确定性的、重复枯燥的工作，而是在慢慢地向着丰富的、不确定性的、界限模糊的新组织模式转变，传统的职位分析面临着巨大的挑战。

一、职位分析的新思路

通过对大量实践应用的深入研究，本书对新时期基于互联网应用的职位分析提出了新的思路，详述如下：

（1）职位说明书的细化。区别于传统的那种单一、固定、枯燥的工作任务，新时期企业的工作任务是动态变化的，相应地，工作职责的灵活性与稳定性将受到管理层级和职位类别的重大影响，因此，对于职位说明书的细化是十分必要的。

（2）职位分析方法的全面化。新时期企业组织的重点开始由个人职能工作向团队项目工作转变，传统的仅仅分析任职者本人及上级要求的职位分析将难以满足新时期企业的需要。因此，必须在收集来自任职者本人及上级要求的同时，还应该对来自顾客、供应商、同事等与任职者工作有关的信息进行全方面的收集，从而帮助企业全面考核员工，提高企业的外部声誉，加强员工的内部团结。

（3）职位分析方法的智能化。目前，互联网思维在许多领域中都比较火热，通过互联网技术，许多人力资源管理过程中的步骤都可以通过智能化来实现，如企业可以通过互联网技术进行大范围的人员招聘，既能搜集到更多优秀的人才，又能为企业节约招聘成本。而对于如何把互联网技术进一步应用到职位分析中去，这对于新时期的企业发展至关重要，因为无论是网络招聘还是网络培训，都只是形式的改变，都还是在职位分析的基础上进行的，没有职位分析，企业将不知招聘何种人才，培训什么内容。所以，对于职位分析方法的智能化，还需要一套行之有效的科学方法来支撑。

二、职位分析中的胜任特征

胜任特征是新时期企业职位分析方法的深化，下面对胜任特征进行详细论述。

职位分析重点强调的是对某项工作任职资格的基本要求，而在此基础上，还存在某些能够区分高低绩效的素质或个人特征，我们称之为胜任特征。职位分析和胜任特征模型构建之间存在着重要的联系，在某种程度上可以看作是对职位分析的拓展和深化。

目前，胜任特征在一些管理实践中已经得到了应用。胜任特征在构建的过程中，通常会考虑组织情境、组织目标和组织战略等信息，这样从个人身上得到的胜任特征才能体现组织的特定要求。除此之外，胜任特征建模关注的是找出整个职业，或者类似的一组工作中共同的个体水平胜任特征。因此，通过将不同职位的胜任特征进行整合，即可得到组织层面的胜任特征。

如果这些组织层面的胜任特征能够给组织带来竞争优势，使得组织在广阔的市场中取得更多的利润，并且这些优势在短期内无法被模仿，那么，这些组织层面的胜任特征就可以成为组织核心竞争力的一部分。在每个企业都关注自已核心竞争力的今天，这一点无疑具有十分重要的意义。由此可见，胜任特征对组织战略等组织特定要求有着更高层次的关注，尤其是对人与公司的长期匹配的关注，这将有益于组织的愿景和核心价值观的体现。所以，对未来职位分析的重要创新，就是在职位分析的基础上，拓展出组织层面的胜任特征。

从目前的发展趋势来看，职位分析和胜任特征两种方法的综合应用，已经是大势所趋。两者结合的优点如下：

（1）职位分析能够为抽象的胜任特征的获取提供大量的实证数据（关于工作任务、工作要求等具体信息）。

（2）从具体工作情境中得到的职位分析结果还可以对这些胜任特征进行具体解释。

（3）胜任特征可以体现组织特性和工作未来需要，并弥补职位分析对于组织层面信息和工作未来需求的不足。

因此，企业只有把职位分析和胜任特征两种方法的优点结合起来，才能将企业战略、工作的发展趋势和未来要求跟现实工作的具体要求综合起来，建立起企业的核心竞争力，从而更好地为企业的人力资源管理与创新服务，这也是未来职位分析方法研究的必然趋势。

第四章　人力资源配置与创新

随着新时期经济全球化趋势的发展，企业的跨文化交流和管理也面临着新的挑战，如何进行跨文化的人力资源管理和配置，成为了许多企业亟须解决的首要问题。本章主要就人力资源管理中的胜任力模型及其作用、员工的招聘与甄选、人力资源再配置等方面进行详细论述，并对新时期人力资源招聘的新趋势与应对策略展开创新研究。

第一节　胜任力模型及其作用

经过对胜任力模型系统地研究发现，许多学者及机构对于胜任力的解释和定义多种多样，这些观点的提出对胜任力概念的发展与实践应用都起到了有益的作用。虽然关于胜任力的定义有很多，但就其本质而言，本书认为胜任力（*Competency*）就是员工产生高水平工作绩效的各种知识、能力、技能与个性等个人特征的总和。通过胜任力描述，企业能判断任职者能否胜任某项工作，并对任职者绩效的高低起决定性作用。

一般情况下，胜任力具有以下几个特点：

（1）胜任力在不同的企业中或不同的工作情境下是不一样的。

（2）胜任力往往能够对任职者的工作绩效进行预测，所以凭借胜任力能够促使其产生优秀的工作绩效。

（3）所有胜任力都能够在工作中通过行为表现出来，所以可以用一些特定的标准进行观察。

（4）胜任力并非一种后天无法改善和提高的天生能力。因此，在一定程度上，通过有目的的培训和开发，是可以对一个人的胜任力进行培养的。

科学研究表明，胜任力最常见的两种模型就是冰山模型和洋葱模型。

（1）冰山模型。冰山模型是对胜任力的一种比较直观的解释，是由美国学者斯潘塞夫妇在 1993 年提出的。斯潘塞夫妇认为胜任力的布局如图 4-1所示，一共包括六个方面的内容，即知识、技能、社会角色、自我概念、个性特征以及动机，这六个方面的内容形成了一个有机的层次体系。其中，知识和技能是最表层的内容，很容易被观察到，是可以通过培训和学习加以改善的，称之为基本胜任力，即任职的基本要求。而社会角色和自我概念经过长时间的培训或成长性经历后也可以有所改变。但个性特征

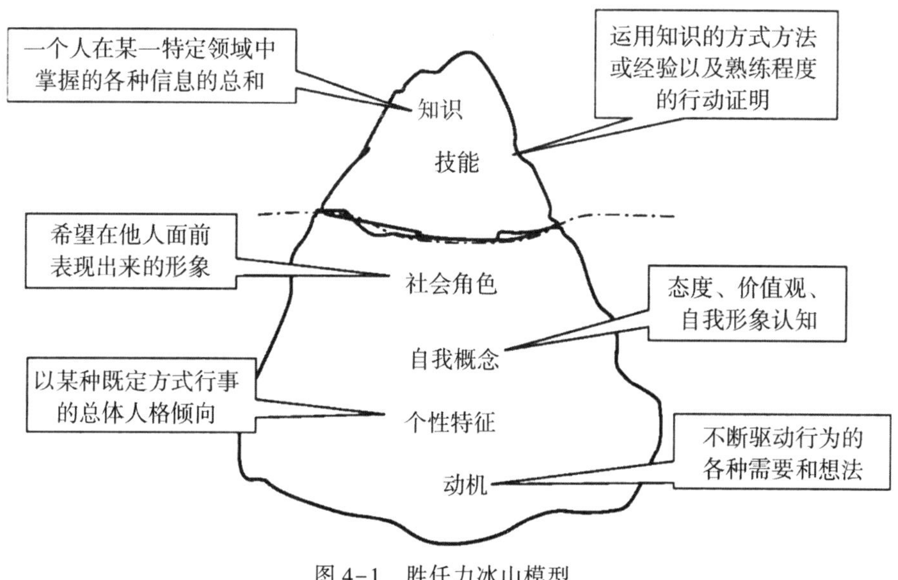

图 4-1 胜任力冰山模型

和动机的改变难度则非常大，因此称为区分性胜任力，即属于能够区分绩效优秀者和绩效一般者的胜任力。

（2）洋葱模型。洋葱模型是由美国学者理查德·博亚特兹（*Richard Boyatzis*）提出的，如图 4-2 所示。该模型的构成要素包括知识、技能、自我形象、态度、价值观、特质和动机七部分。与冰山模型类似，其中内层和中间层的特质、动机、自我形象、态度、价值观既难以做出评价，也难以后天习得；而最外层的知识和技能，不但可以对其做出评价，而且还可以在后天习得。其中，动机是员工个人为实现一定的目标而采取行动的动力，其作用是通过对个人行为选择的推动与指导，使得员工向着目标实现的方向前进。所谓特质，主要是指个人在外部环境与各种信息等因素影响下的反应方式与倾向。通过对员工特质与动机的分析，可以预测员工平时的工作状态，尤其是在无人监管的情况下。自我形象是个人对其自身的看法与评价，是他们所持有的价值观，通过对员工自我形象的分析可以在短期内，对有监督条件下的个人行为方式进行一定程度的预测。态度主要是指在外部环境与个人动机、个性等相对因素相互作用下产生的结果，随外部环境的变化而变化。知识是指一个人在某一个特定领域中所拥有的事实型与经验型信息。技能是指一个人结构化地运用知识完成某项具体工作的能力。

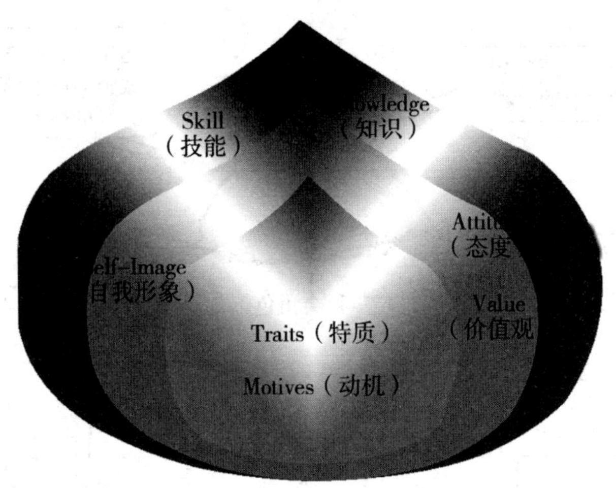

图 4-2　胜任力洋葱模型

核心竞争力是企业的系统能力，胜任力是企业获得核心竞争优势的需要。由于知识经济时代的来临，培育并完善系统能力成为企业获得持续竞争优势的唯一途径。这种系统能力将市场开拓、技术创新以及财务获利等局部环节上的能力，通过流程、机制和制度等进行组合，从而持续转化为组织能力。这种组织能力依赖于人力资源，其关键在于持续构建组织中人力资源所具备的核心专长与技能，从而为客户提供独特的服务和价值，构建企业的核心竞争力。

所以说，企业获取核心竞争力的根本在于持续构建人力资源所具备的核心专长与技能，而对于核心专长与技能来说，其核心要义为“胜任力”。而通过员工胜任力模型的建立，我们便能够在构建企业的核心竞争力与培养人力资源的核心专长和技能之间架设联系的桥梁，使企业基于战略指导并规范管理者与员工的行动成为可能，如图 4-3 所示。所以，企业可以通过对胜任力的不断实践以及完善来获取核心竞争力，帮助企业实现战略目标。

另外，胜任力模型也是战略人力资源管理的需要。战略人力资源管理的前提是分析企业的使命、愿景、战略目标以及确认企业的整体需求，其直接目标是确保员工获取、保持与企业核心竞争力相一致的胜任力，最终实现企业的战略目标。所以，通过胜任力管理，对于战略人力资源的管理具有十分重要的意义，主要表现在以下几个方面：

（1）为招聘提供标准和方法，保证加入企业的人才具备企业所需的胜任力。

（2）为员工职位的匹配提供标准，实现胜任力与职位的匹配。

（3）为培训提供建议和方向，对员工胜任力的有效提升提供保障。

（4）为员工能力的发展提供通道，有助于员工实现职业目标。

（5）为绩效考核提供依据，实现员工胜任力与工作绩效的对等。

（6）为企业了解员工的需要提供基础。实际上，通过对员工动机、价值观等要素的分析，就能了解员工的需求特别是更高层次的需求。

（7）为企业人力资源规划提供模板，实现人员、制度与流程的规划等。

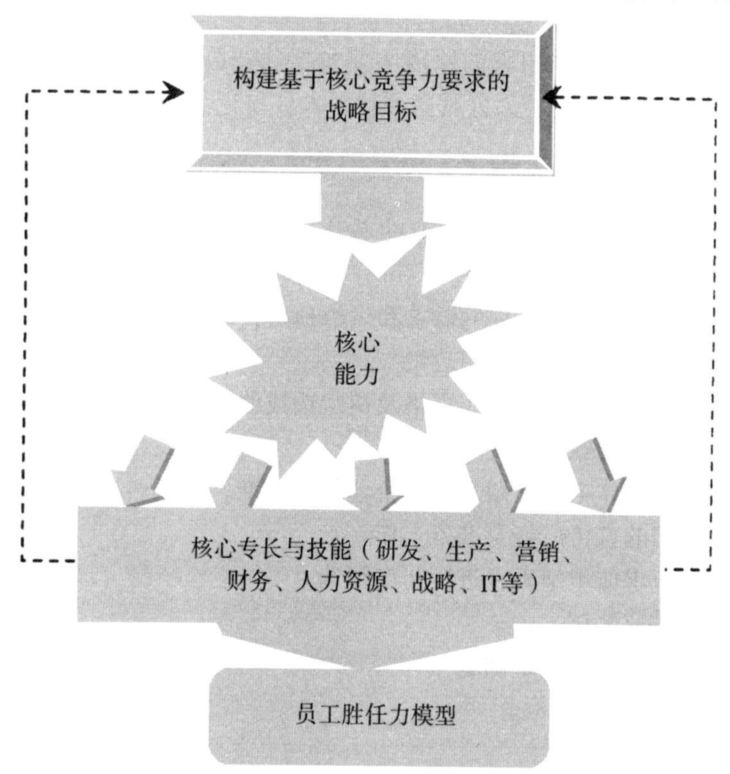

图 4-3　组织的核心能力与员工的核心专长和技能

第二节　员工的招聘与甄选

随着信息技术时代的高速发展，企业对于人才的竞争日益激烈，能否吸引并甄选到优秀的人才，已成为新时期企业谋求发展的重要前提。这对传统的人力资源管理提出了新的挑战，如何有效实施人力资源管理中的吸纳功能，不仅关系人力资源管理系统的正常运转，对于整个企业的正常运转也至关重要。

一、员工招聘

员工招聘是人力资源进入企业的重要入口，是企业出现人力需求时，在确定了工作内容和员工任职条件后，通过信息的发布等方式来吸引有能力、有兴趣的人前来应聘，并通过最恰当的科学甄选方法，为企业选出最合适人才的过程。

一般情况下，员工招聘的原因主要包括新建公司、员工队伍调整、现有职位空缺、公司业务扩大以及高层管理人员和专业人才的引进等。

（一）招聘的流程

在实际操作中，因为每个企业的关注点不一样，员工招聘的程序也有所区别，但大致的流程（图 4-4）可分为以下几部分：

（1）根据人力资源规划的需求和供给预测，确定人员的净需求量。

（2）制定人员选拔、录用政策。

（3）确认空缺岗位的任职资格及招聘选拔的内容和标准。

（4）确定招聘甄选的技术。

（5）拟订具体招聘计划，上报企业领导批准。

（6）招聘的宣传广告及准备工作。

（7）审查求职申请表，进行初次筛选。

（8）面试或笔试。

（9）相关测验和背景调查。

（10）录用人员体检。

（11）试用。

（12）正式录用决定，签订劳动合同。

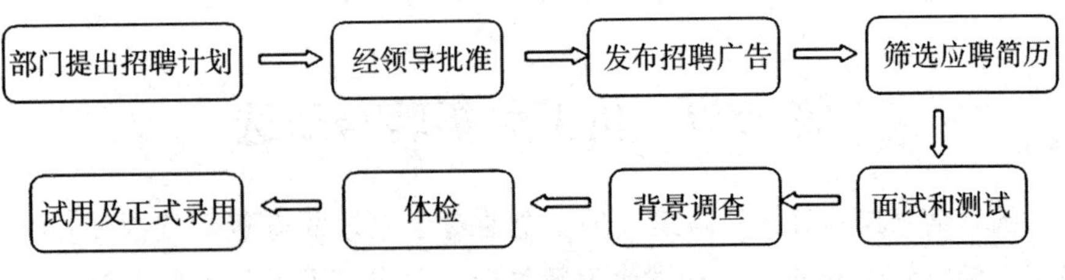

图 4-4　员工招聘录用的程序

如图 4-5 所示，新时期的人力资源获取的过程主要包括以下四项活动：

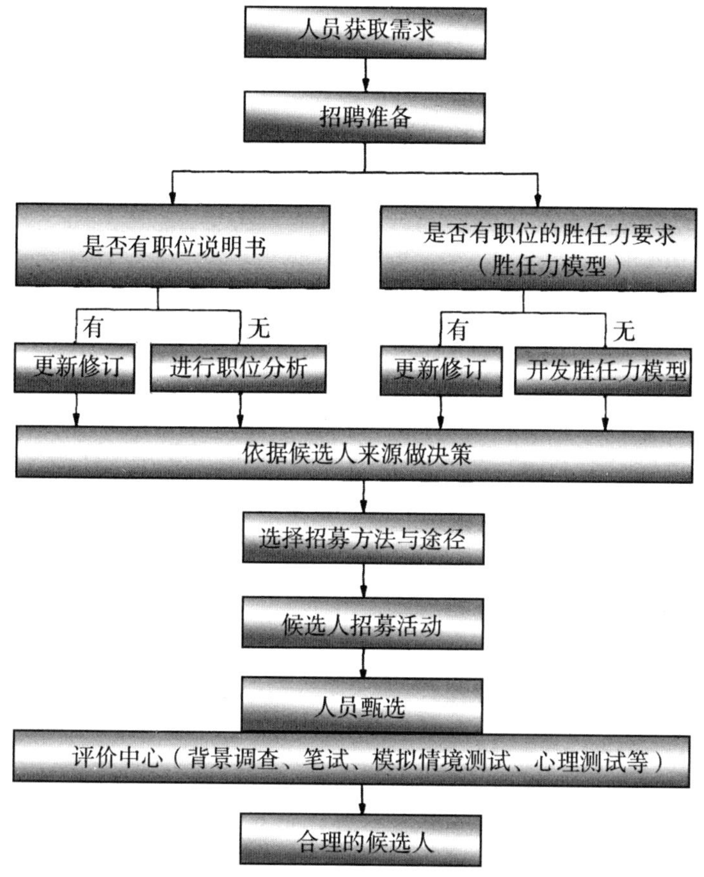

图 4-5 人力资源获取的过程

（1）定义需求。所谓定义需求，主要是定义人员需求的具体维度（如编制工作描述、工作规范以及胜任力模型等），确定甄选标准。

（2）招募候选人。此项活动包括招募渠道和策略，招募者选择，确定参与人员。

（3）甄选候选人。甄选候选人时要结合组织需要，并通过选择和使用合适的评估和选择方法，对候选人进行甄选。

（4）试用考评。进行试用并考评候选人的实际绩效是否符合企业的要求，确定其胜任力，最终决定是否录用。

员工招聘建立在人力资源规划和职务分析两项基础工作之上，主要是因为人力资源规划决定了需要招聘的部门、职位、数量、时限、类型等因素；而职务分析，则是对企业中各职位的责任和所需的素质进行分析，为招聘提供主要的参考依据，同时也为应聘者提供关于该职位的详细信息。

（二）招聘的职责分工

区别于传统的人力资源管理，在现代的人力资源管理中，录用决定权一般在用人部门，人力资源部则起组织和服务职能，职责分工见表 4-1。

表 4-1 招聘程序中人力资源部门与用人部门的职责分工

人力资源部的工作内容和职责	用人部门的工作内容和职责
负责招聘广告的审批手续办理	负责招聘计划的制定和报批
负责招聘广告的联系、刊登	负责招聘岗位要求的撰写
负责应聘信件的登记	负责新岗位工作说明的撰写
负责组织笔试和介绍公司情况	负责协助外地招聘信息的刊登
负责体格检查和背景调查	负责笔试考卷的设计
负责正式录用通知的寄发	负责应聘人员初筛
负责报到手续的办理	负责面试和候选人员的确定
负责入职培训	

（三）招聘的途径

一般情况下，根据招聘对象的来源，企业招聘的途径主要有内部招聘和外部招聘两种。

1. 内部招聘

在进行内部招聘时，主要来源有以下两种：

（1）竞聘上岗。竞聘上岗是指下级职位上的人员通过晋升的方式来填补空缺职位。这有利于调动员工的积极性并有助于他们个人的发展，但是容易造成“近亲繁殖”。

（2）工作调换。工作调换通常是指同级职位上的人员，通过工作调换或工作轮换的方式来填补空缺职位。这种方式有助于员工掌握多种技能，提高他们的工作兴趣，但却不利于员工掌握某一职位的深度技能，影响工作的专业性。

内部招聘的方法主要包括工作公告法和档案记录法两种，详述如下：

（1）工作公告法。工作公告法主要是通过工作公告（包括空缺职位的工作内容、要求、工作时间、薪资等信息）的形式向员工通报现有工作空缺，从而吸引企业内部有能力的员工来申请，这是最常用的一种内部招聘方法。工作公告在发布时，应置于企业内部人员都可以看到的地方并保留一定的时间，以便有资格的人员有机会申请这些职位。

(2) 档案记录法。档案记录法是企业通过对某些员工的个人资料档案进行分析，进而了解到哪些员工符合空缺职位的要求，在征求本人的意见后进行相应的调整。尤其是随着网络信息技术的发展，很多企业都通过建立人力资源信息系统，对员工的个人信息进行动态化和规范化的管理，这使得档案记录法的效率和效果有了大幅度提高。

内部招聘有利于提高员工的士气和发展期望，招聘的对象对企业工作的程序、企业文化、领导方式等比较熟悉，能够迅速地展开工作，并且对企业目标认同感强，辞职可能性小，有利于个人和企业的长期发展。另外，内部招聘风险小，对员工的工作绩效、能力和人品有基本了解，可靠性较高，节约时间和费用。

内部招聘的劣势在于容易引起同事间的过度竞争，发生内耗，竞争失利者感到心理不平衡，难以安抚，容易降低士气，而且新上任者面对的是“老人”，难以建立起领导声望。另外，内部招聘还容易出现“近亲繁殖”，思想观念因循守旧，思考范围狭窄，缺乏创新与活力等问题。

2. 外部招聘

外部招聘的来源相对比较多，其主要来源有学校、失业者、退伍军人等，详述如下：

(1) 学校。学校招聘也称校园招聘，具体是指企业直接从应届学生中招聘企业需要的人才，因为针对性强，企业可以自主选择相应的学校、专业以及其他专长等。而且，校园内大部分学生还没有任何工作经验，因此比较容易接受企业的理念和文化，适宜进行战略性人才选择和储备部分优秀人才。另外，学生的可塑性较强，接受能力强，如果培养得当，对于企业的忠诚度较高。

(2) 失业者。失业者也是企业招聘的一个重要来源，因为他们失业的经历，会使他们在重新就业后，工作更加努力，对企业的归属感也比较强。

(3) 有经验的老年群体。老年群体的体力可能有所下降，但是他们却具有丰富的工作经验，而且对薪资待遇要求也不高，这些对企业都非常有利，是企业招聘的一个宝贵来源。

(4) 退伍军人。退伍军人纪律性强，个人品质可靠，具有灵活、目标明确以及身体健康等特点，很多企业都十分重视。

外部招聘的优势在于选择的范围比较广，可以招聘到优秀的人才，能为企业注入新鲜的“血液”，能够给企业带来活力，并且能有效避免企业内部相互竞争所造成的紧张气氛。同时，通过外部招聘还能给企业内部人员以压力，激发他们的工作动力。

外部招聘也存在一定的劣势，因为外部招聘对内部人员是一个打击，会使内部人员感到晋升无望，进而影响他们的工作热情，而且外部人员对企业情况不了解，需要较长的时间来适应。另外，由于企业对外部人员不是很了解，不容易做出客观的评价，可靠性会比较差，并且外部人员不一定认同企业的价值观和企业文化，会给企业的稳定造成影响。

（四）招聘的方法

如何让企业外部的应聘者及时获知企业的招聘信息，最重要的就是招聘方法的选择。一般情况下，外部招聘的方法主要包括广告招聘、外出招聘、中介招聘和推荐招聘等。

1. 广告招聘

广告招聘主要是通过广告（如报纸、杂志、广播电视、互联网、印刷品、微信等）形式发布招聘信息，是企业进行外部招聘时最常用的一种方法，常用的广告媒体主要有以下几种：

（1）报纸。报纸招聘的优点是成本低，版面大小可以灵活选择，发行广泛，分类广告便于查找。其缺点是制作质量比较差，对象没有针对性，容易出现招聘竞争，容易被忽视。报纸招聘主要适用于潜在的应聘者集中在某一地区，并且通常阅读报纸找工作的情况下。

（2）杂志。杂志招聘的主要优点是印刷质量好，保存时间长，针对性比较强，版面大小也可以灵活选择。其缺点是发行时间较长，发行地域广，见效期较长。在招聘的职位比较专业，或时间没有限制，或招聘的范围比较大的情况下比较适用。

（3）广播电视。广播电视招聘的优点是容易引起注意，灵活性强，传递信息更为直接和主动。其缺点是费用高，传递的信息简单，持续时间短，不能选择特定的应聘者。在需要迅速引起人们的注意，或无法使用印刷广告，或某一地区有多种类型的潜在应聘者的情况下比较适用。

（4）互联网。互联网招聘的主要优点是费用低，速度快，传播范围广，信息容量大。其缺点是信息过多，容易被忽略，有些人不具备上网条件，容易出现竞争。适合全球范围的招聘。

（5）微信。微信招聘的优点是费用低，速度快，传播范围广，形式新颖，有吸引力。其缺点是制作有一定的难度与要求，只能针对特定的人群。适合关注企业公众号或朋友圈的人群。

（6）印刷品。印刷品招聘的主要优点是容易引起应聘者的兴趣，并引发他们的行动。其缺点是宣传力度有限，有些印刷品可能会被人丢弃。在特殊场合较适用，如展会、招聘会等。

需要注意的是，由于现代网络技术的成熟与发展，更多的企业青睐于网络招聘。网络招聘主要有两种形式，第一种是在企业自身网站上发布招聘信息；第二种是与专业招聘网站合作，通过专业网站进行招聘。网络招聘没有地域限制，受众量大、覆盖面广且时效长，一些企业也在采用微博、微信公众号等社交软件进行招聘信息的发布。

2. 外出招聘

外出招聘是指由企业的招聘人员直接外出到学校（校园招聘）或参加各种招聘会来进行招聘。需要注意的是，外出招聘的费用比较高，在时间上也有很多限制。

3. 中介机构招聘

借助职业中介机构进行招聘，可以使招聘活动更有针对性，而且可以为企业节省大量的时间。相对的，这些机构的收费往往比较高，会增加企业的招聘成本。

4. 推荐招聘

推荐招聘主要是通过企业的员工、客户或者合作伙伴的推荐来进行招聘。这种招聘方法的成本比较低，推荐人对应聘人员比较了解，离职率比较低。但是，这种方法选拔的范围比较小，并且容易在企业内部形成小团体。

（五）成功招聘的意义

人力资源是企业最重要的核心竞争力，成功的招聘能确保录用人员的质量，提高企业核心竞争力，对于企业的发展有着重要的意义。

（1）招聘关系企业人力资源的形成，直接影响企业其他环节工作的开展。

（2）成功的招聘能在保证录用人员素质要求的同时，尽可能地降低招聘过程中的直接成本（如广告费、差旅费、测评费、办公费用等）、重置成本（重新招聘产生的费用）和机会成本（人员离职及新员工尚未完全胜任工作产生的费用）。

（3）成功的招聘能为企业注入新的活力（新的管理思想、新的工作模式），增强企业的创新能力。

（4）成功的招聘有利于人力资源的合理流动，实现人岗匹配，有利于个人潜能及能动性的发挥。

（5）成功的招聘能扩大企业知名度，树立企业良好形象。

（6）成功的招聘能减少离职，增强企业内部凝聚力。

二、员工甄选

甄选（*Selection*）是指企业通过运用一定的工具和特定的方法对候选人进行评价，区分他们的人格特点与知识技能水平，预测他们未来的工作绩效，从而最终挑选出企业所需要的、恰当的职位空缺填补者。

（一）员工甄选的依据

员工甄选的客观标准和依据主要体现在职位分析和胜任力模型的构建之中，所以说，胜任力模型的思想和职位分析的思想是互为补充的，其主要表象如下：

（1）通过职位分析，我们得到的最终结果包括职位描述和职位规范（任职资格）两个部分。其中，职位规范部分比较具体，对应人员甄选过程中的显性特质部分，即职位要求的基本生理/社会特征（如性别、年龄、户籍等）和知识/技能特征（如学历、专业、工作经历、专业资格证书等）。

（2）由于企业的人员甄选更注重任职者的心理特征（各种胜任力、人格、兴趣偏好等），虽然有些职位分析中也涉及此项内容，但远远不如采用胜任力模型全面。胜任力模型不但清晰地界定了对于任职者心理特征的要求，还确定了职位所需要的胜任力类型等级，为企业的人员甄选提供了系统的科学依据。

（二）员工甄选的流程

一般情况下，员工甄选工作的程序大致如图 4-6 所示。从程序图可以看出，整个员工甄选过程是由六个步骤组成的，即评价应聘者的工作申请表和简历，进行选拔测试和面试，审核应聘者材料的真实性，进行体检，试用期考察以及正式录用。其中，简历筛选的要点如下：

（1）考察应聘者简历的内容（包括个人基本信息、受教育的经历、工作经历、性格特征和求职意向等）是否完整。

（2）考察应聘者简历中的专业背景和工作经历是否满足空缺职位的需求。

（3）考察应聘者简历是否存在有疑问的地方。

（4）考察应聘者简历的结构是否合理、设计是否美观以及能反映求职者性格和习惯的其他因素（如字迹、兴趣等）。

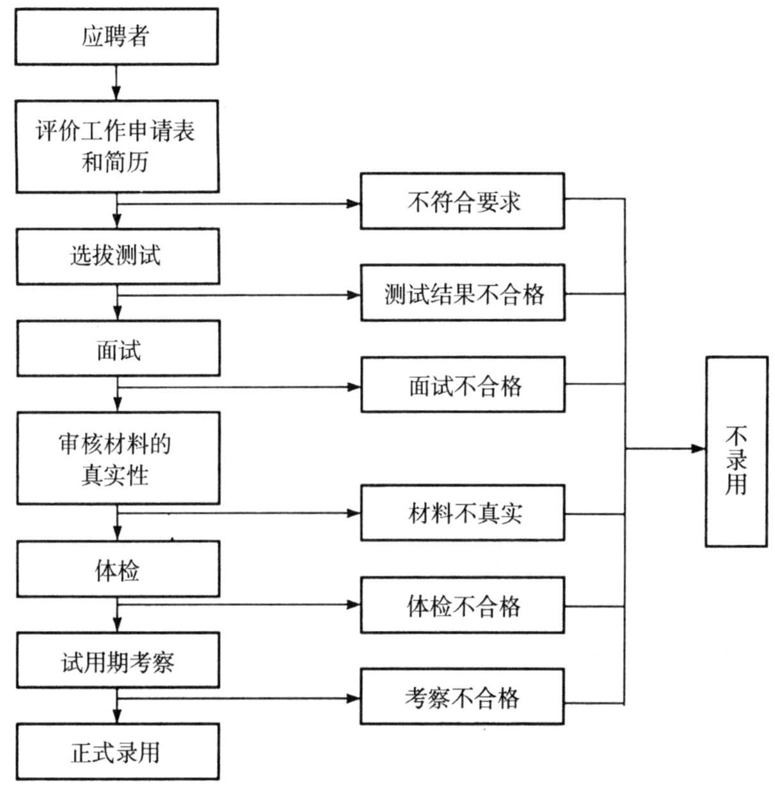

图 4-6　员工甄选程序示意图

员工甄选的六个步骤，每一项都是一个决策点，招聘者应该根据每个决策点的标准，结合应聘者的具体表现决定其是否可以继续参加之后的选拔。需要强调的是，对于员工甄选过程中的每一个被淘汰的应聘者，企业都应该当面或以书面的形式向落选者解释清楚原因，正确地对待、妥善地处理与这些人的关系。

（三）员工甄选的标准

企业进行员工甄选的主要目的是希望通过对求职者的准确预测，进而能够尽可能准确地判断出哪些求职者满足企业的需要。这要求企业在采用任何一种甄选方法对求职者进行筛选时，都应当具有较好的信度和效度，这也是对甄选方法最基本的要求。所以，招聘者在人员甄选的任何一个步骤中，对应聘者的决策都必须遵循以下几个通用标准：

（1）信度。信度是指一种测试手段不受随机误差干扰的程度，它反映了一个人在反复接受同一种测试或等值形式的测试时所得到的分数的一致性程度或稳定性程度，这也是对甄选方法中任何一种测试工具的最基本要求。一般在其他条件不变的情况下，招聘者可以通过测试的信度结果的差异性对应聘者做出相关决策。通常可以用重测信度、复本信度、内部一致性信度和评价者信度等几种不同类型的信度测试方式，来评估某一项测试的信度（或一致性程度）。由于本书篇幅有限，此处不再进行详细介绍，有兴趣的读者可参考相关资料文献。

（2）效度。效度是指一种测试的有效性问题，它反映了一种测试工具对于它所要测量的内容或特质进行准确测量的程度。测量工具的有效性对人员甄选的最终结果有很大影响，因此在进行人员甄选时，需要更多地关注测试工具的效度。一般情况下，一项测试的效度主要包括内容效度、效标效度和构想效度三种。其中，内容效度和效标效度与人员甄选最相关。

（3）普遍适用性。普遍适用性是指在某一背景下建立的甄选方法的效度同样适用于其他情况（不同的处境、不同的人员样本以及不同的时间段）的程度。

（4）效用。效用是指甄选方法所提供的信息对于企业的基本有效性所起到的强化作用的大小，即甄选方式的成本与企业收益的相对大小。甄选方法的信度越高、效度越高、普遍适用性越好，其效用也就越大。

（5）合法性。甄选方式必须满足合法性的要求，不应涉及候选人的隐私问题和非法歧视，企业应避免因甄选工具的使用而引起不必要的法律纠纷。否则，可能会给企业带来诉讼费及仲裁费等损失，还会对企业的形象和信誉造成负面影响。

总体来说，前四项标准是相对一体的，任何前面一项标准都是后面一项标准的必要条件，充分理解前四项标准有助于员工招聘的顺利进行。

（四）员工甄选的方法

虽然在现代企业甄选中使用的员工甄选方法有很多，但就其综合评价性能来说，更多的企业选择使用评价中心甄选方法。评价中心是一套侧重情境的综合评价体系，它采用综合测评方法对被试者进行全面的观察和评价，主要包括个性投射测验、背景信息、调查反映、面谈、资格考试成绩、个人情境模拟练习、小组情境模拟练习等方法。测试人员根据具体职位需求设置各种不同的模拟工作场景，让候选人参与，并考查他们的实际行为表现，以此作为人员甄选的依据。这里，我们主要就评价中心体系中的背景调查和笔试、面试、模拟情境测试、心理测试四部分内容，结合实践经验进行深入探讨，具体如下。

1. 背景调查和笔试

背景调查主要包括身体能力测试和个人背景问卷等常规调查。笔试主要用于测量应聘者的基本知识（包括专业知识和管理知识）、综合分析能力（如智力测试）以及文字表达能力等方面的差异。由于背景调查和笔试方法花费时间少、效率高、成本低，考查信度和效度较高，成绩评价比较客观，至今仍在许多用人单位的人才招聘中广泛使用。

由于背景调查和笔试对于求职者的工作态度、品德修养以及其他一些隐性能力不能做到全面的考察，所以在人才招聘过程中，背景调查和笔试往往需要结合其他人员甄选方法。

2. 面试

面试是指被测试者口头回答面试者的提问，以便了解被测试者的心理素质和潜在能力的一种测试方法，主要是为了收集信息和评价求职者是否具备职位任职资格。面试是招聘甄选的一个重要环节，也是在各种企业中应用最为广泛的一种甄选方法。通过面对面的交流和沟通，使双方都能加深了解，并能获得更多真实的信息。

因为不同的岗位的需求不同，面试的内容需要根据具体的岗位来确定，但一般情况下，面试的内容大致可分为以下几个部分：

（1）工作意愿。如求职者申请工作的动机、对该职位的了解程度、资格条件等。

（2）工作状况。如求职者当前的职务、申请新工作的原因等。

（3）工作经历。如求职者最近的工作单位、地点、职务、职责待遇、离职的原因等。

（4）教育背景。如求职者的教育程度、参加的培训等。

（5）特长爱好。如运动、听歌等。

（6）个人问题。如是否喜欢出差、自己的优缺点等。

按照不同的标准，面试可以划分为不同的类型，详述如下：

（1）按照结构的划分。

1）结构化面试。结构化面试主要是指提前准备好各种问题和可能的答案，要求应聘者在问卷上选择答案。结构化面试的优点是所有的被面试者都要回答同样的问题，有统一的评分标准，便于分析和比较，一般适用于初次面试。其缺点是缺乏灵活性，很难做到因人而异。

2）非结构化面试。非结构化面试是指没有固定的格式，没有统一的评分标准，所提的问题因人而异，根据现场情景设计开放性问题的一种面试方法。其优点是可以根据应聘者的陈述内容灵活地提问和面谈，有利于更加全面地了解应聘者的情况。但是，由于主观性较强，没有统一的标准，面试的信度和效度可能会受到一定程度的影响。

3）半结构化面试。半结构化面试是介于结构化面试和非结构化面试之间的一种面试方法。其主要特征是提问和回答可以不按固定的格式和程序进行，一部分问题是可以探讨的非固定问题，一部分则是事先设计的一系列固定的问题。半结构化面试通过将前两种面试方法有机地结合起来，在一定程度上能有效地避免它们的缺点。

（2）按照面试的组织方式划分。

1）一对一面试。这是一种比较常用的面试方法，主要是面试考官和应聘者两个人单独进行面谈。

2）集体面试。集体面试是由多个面试考官对多个应聘者同时进行面试的一种面试方法。这种方法一方面有助于了解应聘者在参加集体活动时的人际关系能力，另一方面也可以节省面试的时间。

3）小组面试。小组面试是由几个面试考官同时对一个应聘者进行面试。小组面试的优点是节省了大量的时间和精力，但是会给应聘者带来额外的压力，影响应聘者水平的发挥。

（3）根据压力的大小划分。

1）行为性面试。行为性面试是对职位所需的关键胜任特质进行清晰的界定，然后在应聘者过去的经历中探测与这些关键胜任特质有关的行为，进而对应聘者做出评价的一种面试方法。通常是根据应聘者过去的工作经历，预见应聘者到公司后的表现。

2）压力面试。压力面试主要是指考官在不触碰应聘者隐私及法律规定的前提下，故意制造紧张的气氛或话题，通过问一些让应聘者比较难堪的问题或者针对应聘者不愿回答的某一问题做一连串的发问，以了解应聘者在有外界压力的环境下的反应。这种办法对应聘者的灵活应变能力、情绪控制能力及心理素质等方面的考察比较有效。

3. 模拟情境测试

模拟情境测试是根据应聘者可能担任的职位，编制一套与该职位实际情况相似的测评项目，将应聘者安排在模拟、逼真的工作环境中，要求应聘者对各种可能出现的问题进行模拟处理的一种测试方法，其目的是为了测评应聘者的心理素质、实际工作能力、潜在能力等。这种测评方法的优点如下：

（1）可从多角度全面观察、分析、判断、评价应聘者，为企业提供最佳人选。

（2）由于应聘者被置于其未来可能任职的模拟工作情景中，并且重点测评应聘者的实际工作能力，所以通过选拔的人员可以直接上岗，或只需对其进行一些有针对性的培训即可上岗，这可为企业节省大量的培训费用和时间。

这里我们主要对工作情景模拟测评中的角色扮演法、公文处理模拟法和无领导小组讨论法进行论述。

（1）角色扮演法。角色扮演法主要是要求应聘者扮演某种特定的管理角色来处理日常的管理事务，以此观察被测评者的表现，了解其心理素质和潜在能力。有时可以由主考官主动给应聘者施加压力（如工作时不合作），以此来对应聘者的心理活动以及个性特点进行分析和了解。

（2）公文处理模拟法。也称文件筐测试，主要是让应聘者扮演某一管理角色，并为其设计一套关于管理者在真实环境中需要处理的各类文件，要求应聘者在规定时间内，站在所指派角色立场，去处理上述文件。通过这种方法可以考察应聘者的自信心、组织能力、分析能力、书面表达能力、决策能力、敢担风险倾向与信息敏感性等方面的能力，具有较高的信度和效度。

（3）无领导小组讨论法。此方法是把几个应聘者组成一个小组，在不参加讨论，不布置议题与议程，更不提要求的前提下，通过派发一个简短案例，其中隐含着一个或数个待决策和处理的问题，以此引导小组展开讨论。根据每人在讨论中的表现、行为及所起作用，测评者对应聘者的主动性、宣传鼓励与说服力、口头沟通能力、组织能力、人际协调团结能力、精力、自信、创新力、忍耐力等予以评分。

4. 心理测试

一般情况下，常用的心理测试方法主要包括个性测试和职业性向测试，具体如下：

（1）个性测试。个性测试的目的是寻找人的内在性格中某些对未来绩效具有预测效用或是工作与之相匹配的特征，以此作为人员甄选的依据。人格测试经过长期的发展，已经发出了大量的人格测试方法，主要可分为以下两种类型：

1）自陈式测验。自陈式测验的资料来源主要是依靠应聘者提供的关于自己个性的回答。这种方法最大的缺点在于应聘者诚信度无法事先获悉，应聘者可能会美化自己的人格特征，这对于测试的结果会造成一定的影响。典型的代表有16*PF*测验、艾森克人格问卷（*EPQ*）、加州心理调查表（*CPI*）等。

2）投射法测验。这种方法一般利用某种刺激物（包括图片、词语、物品等），要求应试者根据刺激物进行联想描述，以此来探究他们的心理状态、动机、态度等个性特征。通过这种方法可以对应试者尚处于潜意识中的欲望、需求和动机等方面进行探求。主要包括罗夏克墨迹测验和句子完成测验等。

限于本书篇幅，其他类型的个性测验方法此处不再一一赘述，有兴趣的读者，可参考相关资料文献。

（2）职业性向测试。职业性向测试主要是揭示人们对具有不同特点的各类职业的偏好和从事这一职业的愿望，即应试者喜欢从事什么样的职业。这对于员工在职位上的绩效和离职率有很大的影响。

这里，我们主要就招聘选拔中经常使用的霍兰德职业性向测试方法进行论述。霍兰德职业性向测试方法主要包括六个测量维度，即现实型、调研型、艺术型、社会型、企业型和常规型，如图 4-7 所示。

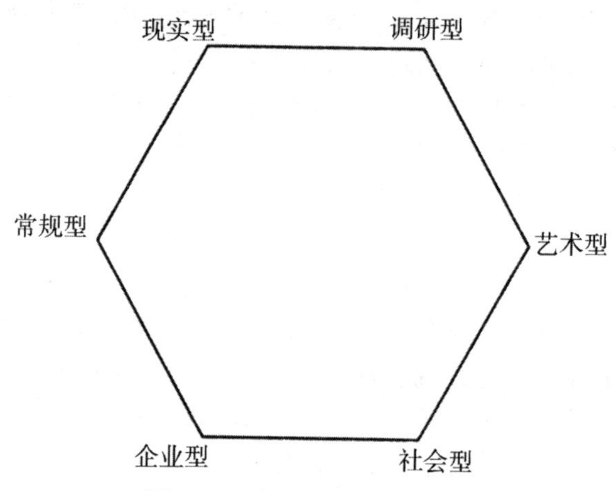

图 4-7 霍兰德职业性向维度

霍兰德认为人格是决定个体选择何种职业的一个重要因素，通过职业性向的测试，可以大致反映出个体选择的方向，具体内容见表 4-2。

表 4-2 霍兰德职业性向维度与职业类型匹配

如果你在这些职业性向上得分很高，请考虑选择下面的职业：	
现实型	综合农业、企业管理人员、木工、电器技师、工程师、农场主等
调研型	生物学家、化学家、工程师、地理学家、数学家、医学技术人员等
艺术型	广告管理人员、艺术教师、艺术家、广播员、英语教师、室内装修员等
社会型	汽车推销商、辅导咨询专家、家庭经济指导人员、精神健康工作者、公使
企业型	综合农业企业管理人员、汽车推销商、工商管理人员、采购员、教师
常规型	会计、汽车推销商、银行职员、簿记员、工商管理人员、信贷管理人员等

事实上，在人员甄选的实际操作中，企业会综合采用更多的人员甄选方法，以便更多地了解应聘者的各种特质。因此，这里就对背景调查和笔试、面试、模拟情境测试、心理测试四种方法进行系统地对比，具体的甄选方法的差异性见表4-3。

表4-3　人员甄选方法评价

方法	信度	效度	普遍适用性	效用	合法性
背景调查和笔试	高	背景调查需要核实，笔试效度较高	高	高，成本较低，而且能广泛应用于企业内各项甄选工作	背景调查需要注意合法性
面试	当面试为非结构性时以及当所评价的是不可观察的特征时，信度较低	如果面试为非结构性、非行为性的，则效度较低	一般适用于管理类和专业技术类职位	高，成本适中	应注意避免询问过于隐私的问题
模拟情境测试	高	中等水平	较高，可对大多数工作进行预测，最适合复杂的工作	高，成本适中	高
心理测试	高	中等水平	高	适中，成熟的量表成本较低且使用广，开发的特定量表成本高	高

第三节　人才简历的筛选与面试问题的设计

一、人才简历的筛选

个人简历作为求职者进入企业的敲门砖，是企业对应聘人员进行初步遴选的依据。其主要可分为以下两种类型：

（1）细致型简历。细致认真的书面准备一般暗示着求职者的一些心理信息（如态度、创新思维等），企业可以对这些信息加以分析和挖掘，初步确认求职者是否适合企业。当然，过于华丽的简历也需要企业对其原创性加以鉴别，因为这可能意味着脱离实际。

（2）平淡型简历。平淡如水的简历则难以突显员工的创新思维，这也侧面反映了求职者的心态。

对个人简历的了解和筛选，要着重去看应聘者对自己过去所取得的进步的介绍，了解应聘者在过去的职业生涯中取得过哪些进展，并应该深入地分析判断应聘人员是否是一个敢于迎接挑战并善于迎接挑战的人。例如，从应聘者的介绍中看出应聘者所受的教育与其工作经历间的关系，而其工作表现也证实了其所受到的教育确实为其工作提供了所需的技能。随着应聘者承担职责的不断扩大以及挑战性任务的加重，由此可以判断出其整个职业发展呈现出向上的走势。相反，如果应聘者做过多份工作，但是却没有迹象表明其所承担的责任呈正增长，企业即须谨慎，或许这是因其缺少魄力和雄心，不愿意承担更多、更重要的责任，担负更多的压力。另外，本着“宁愿多给应聘者一个机会，也不错失一个人才”的观点，面试者不要急于在这个阶段下任何结论。

二、面试问题的设计

科学合理的面试问题，能有效地反映应聘者的人格特点，所以对于面试问题的设计，也是企业在招聘时应该考虑并加以重视的一部分。

（一）面试问题的设计方法

现代企业大部分都希望能招聘到创新型人才，为此也产生了多种多样的招聘方法。这里为大家提供一个很简单的方法，便于大家判断一个人是否愿意迎接挑战，从而推断其能否成为创新型人才。

面试官应告知应聘人员本企业的薪资制度有两种方式供其选择：

（1）方案一。固定基薪但无绩效奖金的薪酬方式，假设该职位新员工的薪酬为5000元/月，而没有其他的薪资与奖金。

（2）方案二。低基薪、高绩效奖金的薪酬方式，假设该职位新员工的薪酬为2000元/月，但其可以享有与业绩挂钩的6%的提成，如果做得好，月入可以远远超过5000元。

注意：这里的假设条件应根据企业自身的具体情况具体制定。

通过应聘者的选择一般主要会产生以下三种情况：

1）应聘人员选择方案一，则说明他可能对自己将来的业绩信心不足，这可能源于以下几个方面的原因：①自认为能力欠佳；②对方案一很满意，没有追加的意愿；③就是准备来企业“养老”的。

无论是哪种情况，都说明该应聘人员的进取心不是很强，不是企业所需要的，否则至少应该追问企业的业绩体系与指标考核的问题。

2）应聘者略做思考即接受方案一，企业还是小心为妙。

3）应聘者爽快地选择了方案二，并有意识地向招聘人员询问企业的产品信息、市场销售状况及有关管理数据，说明这是一位善于理性思考、乐于迎接挑战，并且有信心在工作中去实现目标的人。

（二）典型面试问题举例

使用上述方法能有效判别应聘者是否具有创新精神、乐于迎接挑战，可以满足企业对创新型人才的初步甄选需求。为了选准、选对创新型人才，企业还要设计更为完善的面试问题。下面就几种简单的实例进行论述。

1. 你觉得你适合什么工作

通过这个问题，我们可以考察应聘人员的职业定位及其性格趋向。职业生涯的选择一般都是从理想与现实能力两方面考虑的，二者都得到满足的才是最佳选择，但现实中往往不可能都得到最大化的满足。许多人对于工作性质的了解，甚至对自身的了解都流于表面，认为善于交流就可以左右逢源并取得管理上的成功，沉稳的人只适合搞研究。

实际上，无论员工的交际能力如何，如果不能踏实工作，都不适合成为管理者。相对而言，那些被认为只配埋首研究的员工，往往由于爱动脑筋反而更有创新的可能，只是他们的创新有着更多的自发性。这就需要企业在平衡不同类型员工的管理投入时，要有所侧重。对性格外向与内向的甄别较为容易，但企业需要对外向人员或内向人员进一步进行区分。

（1）外向人员的区分。

1）作风轻浮、不着边际的外向人员。

2）思路活跃、触类旁通的外向人员。

（2）内向人员的区分。

1）唯唯诺诺、不知所云的内向人员。

2）矜持稳健、大智若愚的内向人员。

为此，在招聘面试时面试官可以考虑问一些开放性问题，通过观察求职人员如何回答这样的问题，进一步了解求职人员的性格、谈吐，从而选择思维活跃者。若求职人员表现得唯唯诺诺、支支吾吾等，企业就需要慎重考虑了。

2. 你能为我们公司带来什么呢

这个问题主要是通过考察应聘者的长处，给予其“自夸”或自我展示的机会，再结合个人简历，就可以较为容易地过滤掉空泛论者。当然，这也是一个能够很好地发现人才的机会。企业用人的目的是要做到人岗动态调配，发挥个人所长，这就要求企业必须在新员工入职时，就掌握该员工的长处。

3. 你和其他求职者有什么不同

这个问题主要是考察求职人员的特点。通过对这一问题的回答可以判断应聘人员是不是以自我为中心、自以为是或者团队精神较差。当然也可以借此发现应聘人员中的优秀人才。多元化的员工意味着创新基座的提升，企业在市场中也是以变求胜。所以，只要员工有特色、有与众不同之处，就可以成为企业创新的原动力。

类似于以上这种类型的问题还有很多，如“你的目标及前途的打算”等，这些都需要企业按照自己的具体需求进行相关的研究及设定。

第四节　人力资源再配置

随着信息时代科技的不断更新，现代企业正处于一个不断变化的环境中，而企业本身也在悄悄地发生着一定的变化，而大多数时候，企业成员的变化是积极而隐蔽的，大量被大材小用或未受重用的人才需要企业重新审视，这要求企业应该实时对人力资源进行盘点，进而发现这些变化的性质和结果。

一、人力资源再配置的原因

人力资源再配置是企业根据在实际工作中员工与职位的匹配程度或是员工个人因素，对员工进行重新评价、重新配置的过程。

人力资源再配置有多种表现形式，一般情况下，企业进行人力资源的再配置，主要原因如下：

（1）根据绩效考核或任职资格考核，发现人事不匹配（高于或低于职位要求）。

（2）员工在选择企业或职位时的盲目。

（3）员工经过培训和锻炼，其能力超越了职位本身的要求。

（4）员工职业生涯发展需要。

（5）职位空缺，从企业内部招聘。

（6）企业业务、形态发生变化等。

二、人力资源再配置的方法

在实际操作中，人力资源再配置常用的方法主要有工作轮换、晋升或降职以及竞聘上岗等。

（一）工作轮换

工作轮换（*Job Rotation*）是企业内部有组织、有计划、定期进行人员职位调整的一种方法。对企业来说工作轮换有主动和被动两方面的驱动因素，详见表 4-4。

表 4-4　工作轮换的驱动因素

主动因素	被动因素
员工胜任力、能力多样化要求 职业生涯发展	提高适岗率 防止腐败、山头主义

对于员工来说，工作轮换可以使得员工具有多种岗位的工作经验，有利于增强员工对企业的适应性以及工作绩效的提升。根据员工职业生涯发展规划的需要，合理安排员工在企业内部的工作轮换，是帮助员工实现自我、提高员工满意度的重要途径，也是企业义不容辞的责任。另外，对于企业来说，实行工作轮换制度，也有很多助益，主要表现在以下几个方面：

（1）通过实行工作轮换制度，可以给企业员工带来工作的新鲜感和挑战性，又没有带来太大的组织破坏，是一项成本较低的企业内部调整和变动。

（2）通过实行工作轮换制度，企业可以发现员工的优点和不足，以及员工适合企业中的何种职位，使企业重组后更具效率。

（3）通过实行工作轮换制度，可以在一定程度上缓解企业组织中晋升岗位不足的压力，减少员工的工作不满情绪。

（二）晋升或降职

作为企业内部优化人力资源配置的一条重要途径，企业通过职位升降可以实现以下几个目的：

（1）优化企业内部人力资源配置。

（2）引入竞争淘汰机制，激发员工潜力。

（3）奖励高绩效员工。

（4）为员工职业生涯建立发展通道。

（5）激励员工参与培训，提高任职资格水平。

对企业成员进行职位的晋升或降职，必须在企业内部公开、公平、公正的考核评价体系的支撑下进行，所以企业必须为职位升降建立一套客观公正的评价体系，以保证职位升降的相对公平。企业对员工的认识与评价主要通过绩效考核以及任职资格评价来实现，因此对员工工作绩效的考核以及对员工行为能力的考核就构成了职位升降的客观依据，其具体关系如图 4-8 所示。

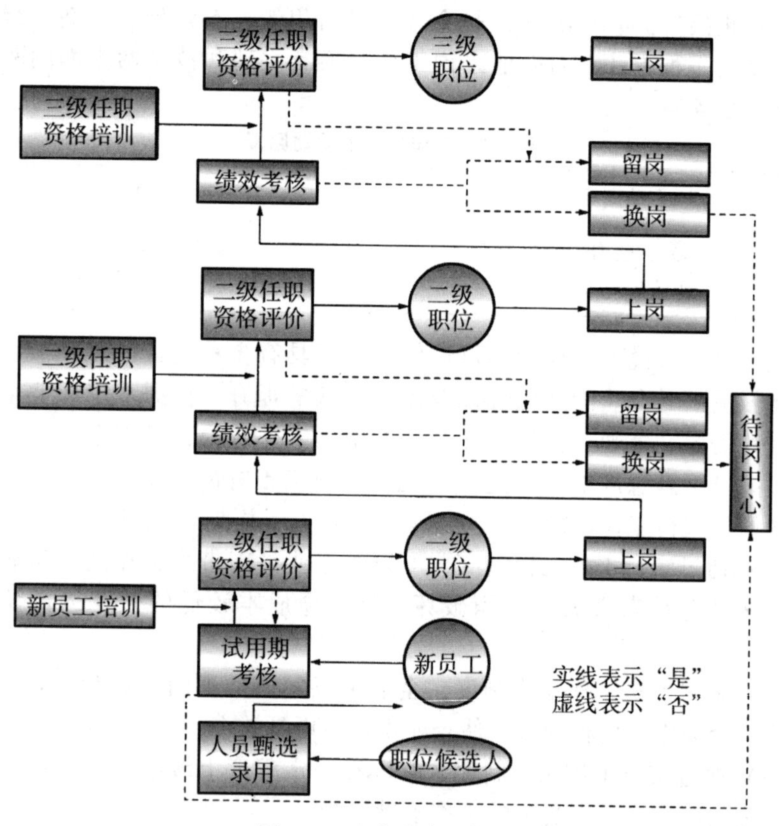

图 4-8　职位升降的依据

（1）绩效考核。职位升降的前提就是绩效考核，只有绩效考核优良的员工才有职位晋升的资格，成为组织培养的对象。而对于绩效考核等级为差的员工，可能是其能力、胜任力与现有岗位不匹配，应考虑调换岗位，甚至辞退。企业通过绩效考核，形成对员工在现有职位上的绩效评价，才能确定员工是否具备职位升降的资格。

（2）任职资格评价。任职资格评价是对具备晋升资格的员工（现有工作的绩效考核优秀）在进行一系列培训后进行的资格认证，以此来确定员工的知识、技能以及胜任力板块的特征能否胜任新职位的要求。这对于企业的正常运行和员工的未来发展都有着很大的影响。

一般情况下，职位升降的基本实施过程如图 4-9 所示。

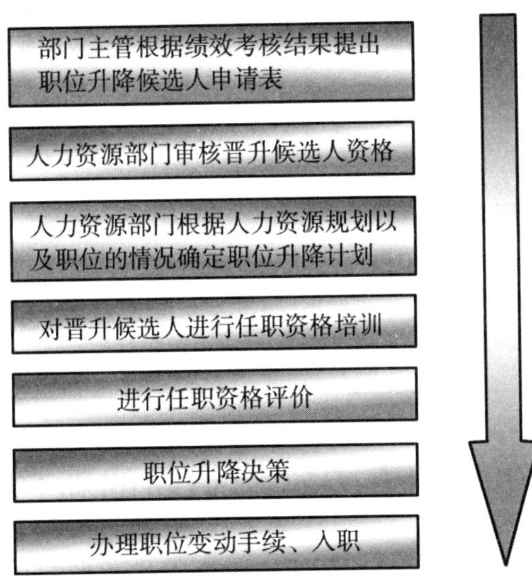

图 4-9　职位升降的基本流程

在职位升降过程中有以下两个方面需要注意：

（1）企业应清晰、及时地传递组织期望和要求，积极主动做好与候选人的沟通交流，减少员工对组织的不信任感。

（2）对于降职或辞退的员工，企业应及时向员工阐明组织做出这一决策的理由和依据，并就员工今后职业生涯发展的安排进行积极磋商，减少操作过程中的摩擦和误解，避免为企业带来负面影响。

（三）竞聘上岗

竞聘上岗主要是在调整组织结构的基础上，发布岗位空缺和任职资格的要求，通过将全体人员放在同一起跑线上，重新接受组织的挑选和任用的人力资源再配置方法。竞聘上岗的优点主要表现在以下两个方面：

（1）通过竞聘上岗，企业内部所有候选人在共同的平台上进行公开、公平、公正的竞争，可以避免或降低部分人不平衡的心态。

（2）通过竞聘上岗，企业可以采取各种有效的测评方法，这也为企业进一步了解员工的内在潜质、获取企业需要的核心人才提供了条件。

竞聘上岗实质上类似于企业的人员甄选，但是它和一般的招聘形式仍有所区别，具体见表 4-5。

表 4-5　竞聘上岗与一般招聘的区别

比较项	特点	形式	适用范围	评价人员
竞聘上岗	·考查综合胜任力和领导能力 ·对抗性强 ·费用较高 ·影响面大，定期 ·以内部员工为主	·个人胜任力测评 ·公文处理 ·无领导小组讨论 ·竞聘会	·选拔中高层 ·专业人员转为管理人员	·企业高层 ·内外部管理专家 ·竞聘会的员工观众
一般招聘	·重点考查专业胜任力 ·以外部招聘为主 ·运作简便	·个人胜任力测评 ·面试 ·专业测试	各类专业人员和事务人员及工人	·人力资源部 ·提出招聘需求的部门主管

第五节　新时期人力资源招聘的新趋势与创新

随着信息技术的高速发展，企业能否获得优秀的知识型创新人才，已经成为企业构建核心竞争力的重要前提。作为员工进入企业的主要渠道，人力资源招聘方法需要在传统的招聘基础上进行一定程度的创新，以满足新时期人力资源招聘的需求。

一、新时期人力资源招聘的趋势

在新时期人力资源管理的不断研究和实践中，为了适应企业的发展和需求，传统的招聘工作正在发生巨大的变化，主要趋势表现在以下几个方面：

（1）战略化招聘。由于新时期企业的战略化转移，招聘工作也在向着战略化方向发展。

（2）网络化招聘。随着互联网、移动通信等技术的高速发展，网络化招聘在实际应用中越来越普遍，尤其是结合手机移动端的使用，成为现阶段招聘的重要趋势。

（3）招聘的下移。为了能够更好地结合企业各部门的需求，保证各部门招聘到更专业、更合适的人才，招聘的具体工作正慢慢下放到企业的各个职能和专业部门。

二、新形式下招聘渠道的创新

在招聘渠道上的创新是新时期企业提高招聘效率和质量的一条重要途径。这里主要就校园招聘创新、招聘会创新及设立推荐选才奖三种创新思路进行详细讨论。

（一）校园招聘创新

根据企业的需求，可以将原有的校园招聘改为举办校园创意大赛，通过综合比较各参赛选手的表现来遴选创新意识较强的优秀学生。通过邀请高校教师做评委，并针对大赛成果进行后期深加工，可以巧妙地借助高校的科研优势助推企业进步。另外，类似的有奖征文、课题招标等，都可以成为企业招聘、引进创新人才的有效途径。

（二）招聘会创新

对于招聘会创新的思路主要表现在以下几个方面：

（1）在展台上可以放映公司的宣传片，吸引目标受众。

（2）公司的宣传品和登记表格摆放一旁，任由领取。

（3）通过发放印有公司标志和网址的笔、鼠标垫、钥匙扣等小的纪念品，将会更受应聘者的青睐。

（4）将宣传资料放在制作精美的纸袋（可根据公司需求，印制相关信息或图像）里面，达到延伸招聘渠道的目的。

（5）在展位的一角设置较安静的区域，主管人员可以和有必要进行较为详细交谈的应聘者谈话。

（三）设立推荐选才奖

设立推荐选才奖主要是运用星探式的选才推荐方法，寻找引进企业需要的人才，具体办法如下：

（1）员工或外部人员推荐的候选人不符合空缺职位要求，推荐人不享受任何奖励。

（2）员工或外部人员推荐的候选人符合空缺职位的要求，且已通过最终面试，但没有被公司录用，推荐人将获得通报表扬，并给予纪念品。

（3）员工或外部人员推荐的候选人被公司录用并顺利通过试用成为正

式员工，推荐人可获得通报表扬和相应的奖金。

这里需要注意的是，推荐人为被推荐人的直接、间接主管或人力资源部工作人员的情况除外。

三、“互联网+”背景下的招聘模式创新

“互联网+”是互联网与社会经济各个领域深度融合而产生的一种新兴经济形态，它所带来的商业环境变革给企业人力资源招聘工作带来了颠覆性的影响，如何开展与“互联网+”环境相匹配的员工招聘活动，确保企业人才的稳定性与持续性，成为现代企业招聘的重要创新课题。

（一）利用多种网络渠道发布招聘信息

“互联网+”环境下，企业有多种不同的信息传播平台可供选择，充分利用不同平台渠道进行招聘信息发布，可以大大提高招聘信息的覆盖率与影响力，帮助企业从众多应聘者中物色到最出众、最符合岗位要求的优秀人才。目前，主流的互联网招聘渠道有以下几种：

（1）专业的招聘网站。这类网站以智联招聘、应届生、前程无忧等为佼佼者。

（2）内含招聘版块的综合型服务网站。如近年来比较火热的赶集网、58 同城等均属于这一类。

（3）企业自身网站。即在企业自身网站中增设招聘模块，定期发布相关招聘信息。

（4）微博、微信、贴吧等社交平台。通过社交平台途径投放招聘广告，具有定位精准、传播迅速等优点。如 2017 年华为公司通过百度贴吧发布实习生招聘广告，只要贴吧留言中出现实习生、就业、求职等关键词，就会激活贴吧触点推广账号，自动在帖子中插入实习生招聘信息，达到了广泛且精准的招聘宣传效果。

（二）利用在线简历筛选系统提高工作效率

互联网招聘平台受众广、简历投递方便，企业发布招聘信息后，可轻松收获成百上千封应聘简历，如果通过人工方式对这些简历进行一一筛选，十分耗时耗力。对此，企业可以利用平台提供的在线简历筛选功能，设置好相应的查询条件，如年龄、学历、专业、居住地、婚姻状况、计算机等

级、英语口语流利程度等，利用后台程序自动筛选，从而快速、准确地筛选出企业所需的应聘人员，这在一定程度上可以大大提高招聘工作的效率和质量。

（三）通过规范招聘管理树立企业良好形象

“互联网+”环境下，企业招聘信息可通过各平台渠道快速向外传播，但由于网络监管机制的缺失，企业招聘信息在经过纵、横向多个维度的反复传播后，可能出现信息失真的情况，导致应聘者接收到的信息与企业真实情况存在较大出入。对此，一方面国家应尽快制定网络招聘法规制度，对招聘信息的发布传播进行严格审核，打造规范、有序的网络人才市场；另一方面，企业必须树立形象保护意识，依法依规开展招聘工作，根据企业战略需要进行人力资源的管理和规划，确定企业真正亟须的招聘岗位。在发布招聘启事时，切忌盲目夸大美化公司情况，而应切实保证招聘信息的真实性、完整性、透明性。在对待应聘者时，应当以诚待人，保持充分的尊重，对于应征信件第一时间进行阅读和回复，同时积极做好已发布招聘信息的管理、维护和更新活动，确保招聘信息的新鲜性、有效性。

（四）及时更新评测技术及评测试题

由于互联网信息的高度透明性，应聘者可以通过互联网分析企业往年的笔试及面试问题，通过对这些信息的仔细研究，应聘者有可能预测出企业当年的评测内容，从而提前进行模拟和准备，以便在面试中取得优异的成绩。更有甚者，会通过对企业历年来心理测验环节的分析，来刻意培养和训练自己的性格，最终达到与应聘岗位的“完美”匹配。为防止以上现象的发生，企业应加强评测技术管理，不断开发新的招聘评测方法，通过实时更新保持评测试题的新鲜性，避免招聘人员“有备而来”，真正发挥招聘评测的人才检验与区分作用，确保招聘人才的质量。

（五）利用网络前沿术语提高招聘吸引力

“互联网+”环境下，人们的语言习惯出现了不同程度的“互联网化”，诞生了大量的网络前沿术语，这些网络术语不但反映了人们的话题焦点，而且一定程度上体现了人们的价值观念。在招聘工作中，这种“互联网化”的影响也是显而易见的，很多求职人员在评判企业的薪酬待遇时会采用互联网上的一些价值标准，如更多地考虑企业工作的软环境，而不仅仅是经济报酬。因此，企业在发布招聘公告、设计评测内容时，应紧跟时代潮流，灵活运用一些招聘者喜闻乐见的网络前沿术语，如某热水器产品广告词：“别只看本品价高，若购买便宜的热水器，会使你陷入水深火热之中。”此类招聘术语亲切而风趣，有助于树立人性化的公司形象，从而提高招聘吸引力，帮助企业物色到更多的优秀人才。

第五章　人力资源培训机制与创新

随着新时期知识的爆炸式增长和科学技术的高速发展，知识和技能都处于快速更迭阶段，为了不断地适应新形势的发展要求，如何提高企业员工的技能和素质，成为了企业谋求发展的重要前提。为了提高企业经营管理效益，以及为了企业能在国内外激烈的市场竞争中始终保持人力资源的优势，使自己永远立于不败之地，企业必须对员工进行深度的培训和人力资源的开发。这对于现代企业的生存和未来发展来说，是一项根本性的战略任务。

第一节　人力资源培训与开发

对企业员工的培训和开发是对人力的投资，也是人力资源管理的重要组成部分。作为员工知识和技能增长的有效途径，培训与开发对于现代企业组织获取竞争优势的重要性毋庸置疑。

培训（*Training*）和开发（*Development*）是企业通过各种方式对员工工作所必需的知识和技能进行加强，改善员工在现有或将来职位上的工作业绩的一种计划性和连续性的活动。它们实施的主体都是企业，两者的出发点是一样的，都是通过一定的方法和方式，提高员工的能力和工作业绩，进而提高企业的整体绩效，两者使用的方法在一定程度上也是相同的。但是，两者之间也存在一定的区别，详述如下：

（1）培训关注现在。培训通常是一种具有短期目标的行为，是一种滞后的弥补行为，目的是使员工掌握当前所需的知识和技能。培训的内容多与现在的工作内容相关，对于工作经验要求更多，而且有些培训活动是员工必须参加的，带有一定的强制性。

（2）开发关注未来。相对于培训来说，开发更多的是一种具有长期目标的行为，与员工的职业发展存在更多的联系，其目的是使员工掌握将来所需的知识和技能，以应对将来工作所提出的要求。开发的内容可能与现在的工作内容联系并不紧密，主要针对新的工作，对经验要求较少，与员工的发展意愿相关，一般不强制参加。

企业有针对性地进行系统地管理培训，主要是为了使企业领导人拥有更高的战略方向及使命感，使员工拥有健康的心智模式和积极行动力，使企业拥有共同价值导向，并建立高效的管理运行平台。另外，企业有针对性地进行系统地管理培训，也能让员工的职业生涯规划得到完善。

一、培训与开发的意义

培训与开发是新时期企业获取竞争力优势的有力武器，对于企业的生存和发展有着非常重要的意义，主要表现在以下六个方面：

（1）提高组织的应变能力。随着现代社会科技的日新月异，企业之间的竞争也日益激烈。培训与开发有助于提高企业的应变能力和构筑自己的竞争优势，这样，企业才能在竞争中谋求生存和发展。

（2）提高企业的绩效。员工个人绩效的实现是企业绩效实现的前提和基础，有效的培训与开发工作能帮助员工提高他们的知识、技能，改变他们的态度，增进他们对企业的理解，提高他们的工作积极性，从而有助于改善他们的工作绩效。这在一定程度上，可以对企业的绩效起到一定的改善作用，这可以说是培训与开发最重要的意义。

（3）强化员工的忠诚度。培训是组织提供的最好的福利，是组织关心员工个人成长和发展的体现。成功的培训能提高员工的知识技能，有效地减少工作压力并增加工作的乐趣。同时，成功的培训提高了职工对自身价值的认识，对工作目标有了更好的理解，能有效减少员工的流动率和流失率，既有助于强化员工的敬业精神和对企业的忠诚度，又有助于降低劳动力成本和管理成本。

（4）激发员工的积极性。企业对员工的培训开发是一项重要的人力资本投资，同时也是对员工的一种有效的激励方式。如果员工通过培训开发感受到自己的价值并得到了组织的认可，在工作中受到重用，就会大大增强他的工作责任感、成就感和信心，使之更加主动地应用和发挥所学知识并施展其创造力，为企业作出更大的贡献。所以说，培训开发有助于激发员工的积极性。

（5）培养组织文化。对于新时期的企业而言，组织文化的建设和培养必不可少，是企业的灵魂所在。良好的组织文化对员工有着强大的吸引、导向和激励作用。组织文化是组织成员共同遵守的价值观念和行为准则，需要得到全体人员的认可和宣传，将组织文化和组织形象的建设转化为具体的学习活动，是一种很有效的学习和宣传手段。通过相关培训可以造就一批训练有素、德才兼备的员工，而员工良好的行为表现能使顾客满意度提高，并让顾客感受到企业优秀的组织文化。

（6）吸引优秀人才。优秀的人才是新时期企业获得竞争优势的重要保障，而知识型员工更加看重自身发展的机会和进步，因此他们十分关注企业能否提供合适的培训机会。企业如果能够给他们提供相应的培训与开发，就能满足他们的需求，留住这部分员工，并对外部的优秀人才产生较强的吸引力。

二、培训与开发的类型

在实际操作中，因企业的侧重点不同，培训与开发的类型也多种多样，对这些类型的辨别将有助于我们加深对培训与开发的理解。按照侧重点的不同，培训与开发可以划分成以下几种类型：

（1）按照培训对象的不同，可以将培训与开发划分成以下两类：

1）新员工培训。新员工培训是指对刚刚进入企业的员工进行培训，一般情况下，新员工的培训内容相对来说比较简单。

2）在职员工培训。在职员工培训是指对已经在企业中工作的员工进行培训。按照员工所处的层次不同，在职员工培训又可以继续划分为基层员工培训、中层员工培训和高层员工培训三类，对他们的培训与开发要区别对待，企业应根据具体情况和需要，采取不同的方法。

（2）按照培训内容的不同，可以将培训与开发划分为以下三类：

1）知识性培训。知识性培训主要是指以业务知识为主要内容的培训。

2）技能性培训。技能性培训是以工作技术和工作能力为主要内容的培训。

3）态度性培训。态度性培训是以工作态度为主要内容的培训。

相比于其他培训，这三类培训具有非常重要的意义，企业应该给予足够的重视，因为这三类培训的结果会在一定程度上影响员工个人的绩效以及企业的绩效。

（3）按照培训性质的不同，可以将培训与开发划分为以下两类：

1）传授性培训。传授性培训可以使员工掌握自己本来所不具备的能力。

2）改变性培训。改变性培训可以使员工本来已具备的能力得到一定程度的改变。

（4）按照培训形式的不同，可以将培训与开发划分为以下两类：

1）在岗培训。在岗培训主要是指员工不离开工作岗位，在实际工作过程中接受培训。

2）脱产培训。脱产培训是指员工离开工作岗位，专门接受培训。

在实际操作中，这两种培训形式比较常见，企业需要根据实际情况来选择。

此外，按照其他的标准，培训与开发还可以划分成其他不同的类型，限于本书篇幅，此处不再进行详细介绍，有兴趣的读者，可参考相关资料文献。

三、培训与开发的系统模型

经过大量实践研究表明，培训与开发的系统模型主要有以下几种：

（1）戈德斯坦三层次模型。该模型最大的特点就是将培训需求分析看成了一个系统，进行了层次上的分类，通过将组织、工作、人员的需求进行整合，使得培训需求更加全面化，分析结果更加科学化。戈德斯坦三层次模型将培训需求分析分成了三个部分，具体如图 5-1 所示。

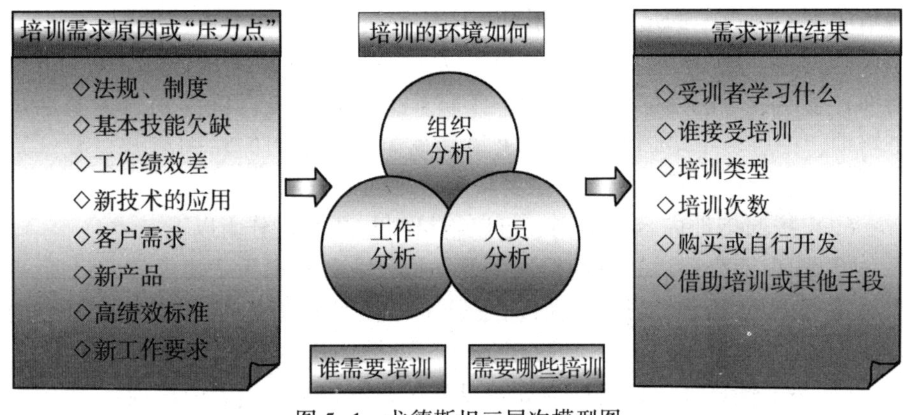

图 5-1　戈德斯坦三层次模型图

（2）培训需求差距分析模型。该模型主要是通过理想绩效与实际绩效之间的差距发现问题所在，然后对问题加以分析，并有针对性地对员工进行相关方面的培训，具体如图 5-2 所示。

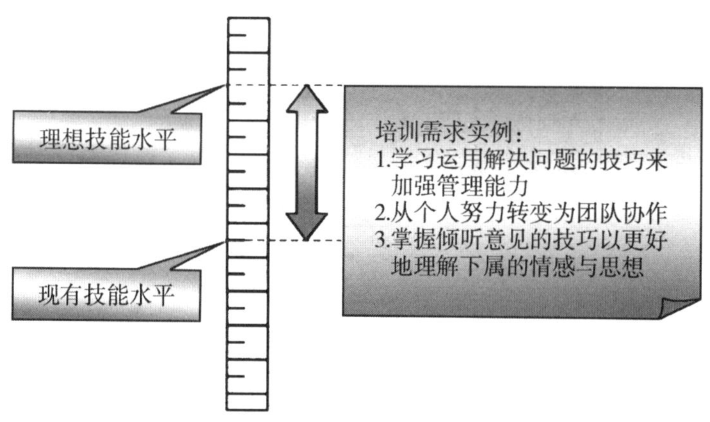

图 5-2　培训需求差距分析模型图

（3）前瞻性培训需求分析模型。该模型是建立在未来需求的基点之上，通过有效结合组织的发展前景、战略目标和个人职业生涯规划，为组织和个人的发展提供一个合理的结合点，同时可以达到激励员工的目的，使培训工作由被动变为主动，具有一定的“前瞻性”。前瞻性培训需求分析模型如图 5-3 所示。

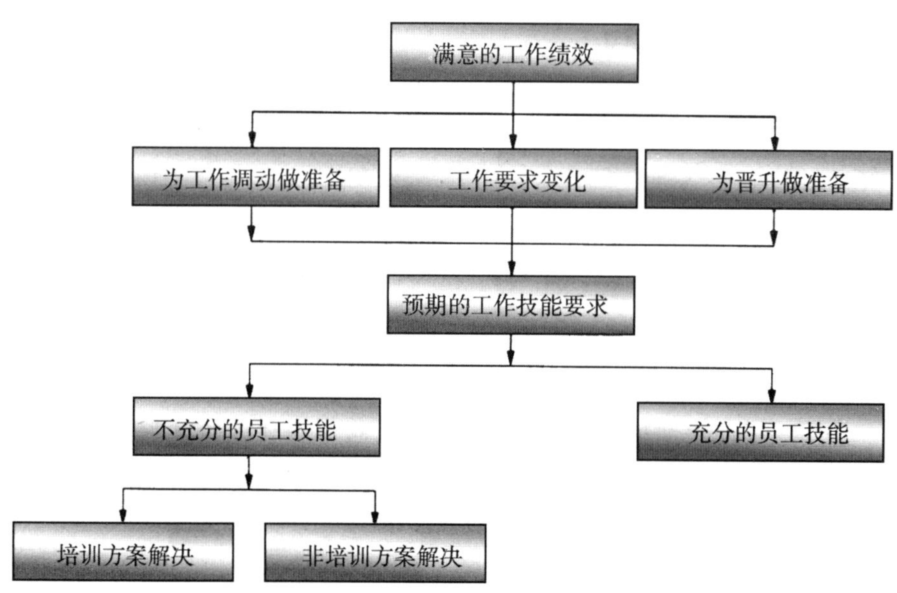

图 5-3　前瞻性培训需求分析模型

（4）以企业文化为基础的培训需求分析模型。该模型主要是通过对企业文化的梳理，明确企业目标，进而明确企业培训的目标，如图 5-4 所示。

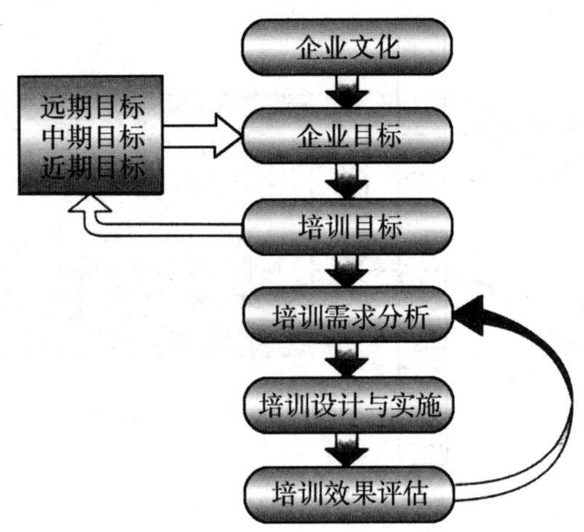

图 5-4　以企业文化为基础的培训需求分析模型

（5）基于胜任力的培训需求分析模型。该模型主要是通过对比企业关键岗位的胜任素质模型和员工的能力水平现状，找出培训需求所在，如图5-5所示。

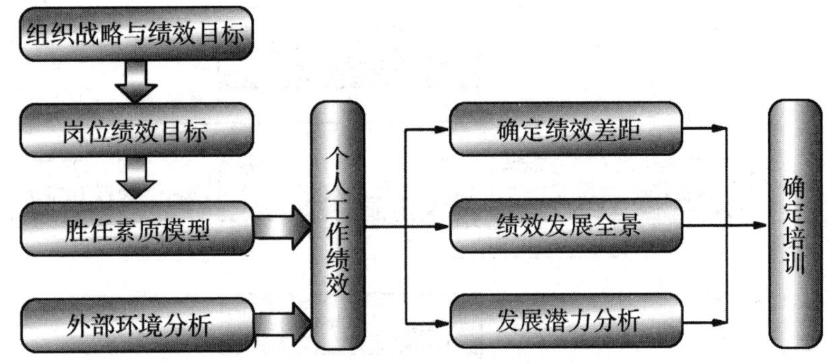

图 5-5　基于胜任力的培训需求分析模型

此外，关于培训与开发的系统模型还有很多形式，如以职业生涯为导向的培训需求分析模型（图 5-6）等，限于本书篇幅，此处不再进行详细介绍，有兴趣的读者，可参考相关资料文献。

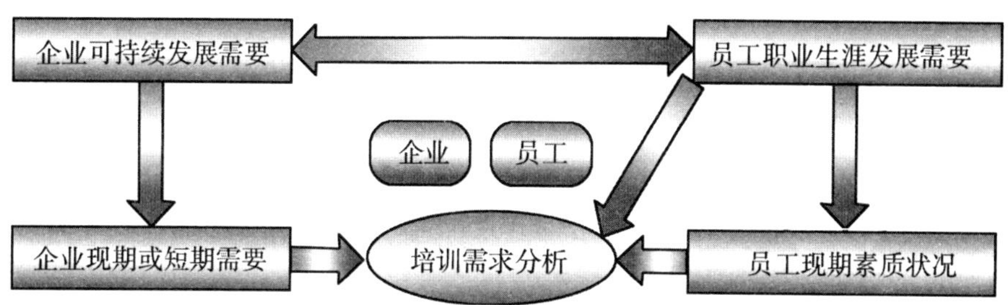

图 5-6　以职业生涯为导向的培训需求分析模型

第二节　企业人力资源培训与开发系统的构建和管理

一般来说，企业人力资源培训开发系统的构建流程有多个阶段，需要根据企业具体情况确定，这里主要把企业人力资源培训开发系统的构建流程分为三个阶段，如图 5-7 所示。

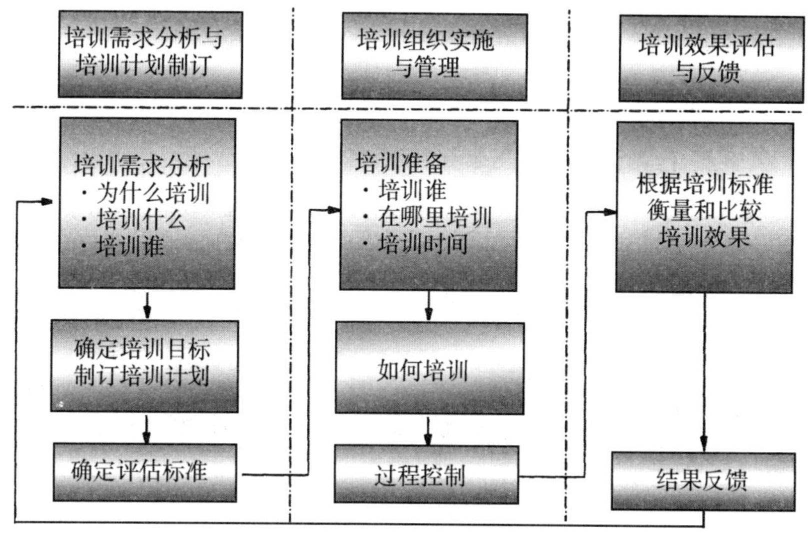

图 5-7　培训开发系统的构建流程

一、需求分析

需求分析作为现代企业构建人力资源培训开发系统的首要环节，主要是通过对组织及其成员的目标、技能、知识、态度等的分析，来确定个体现有状况与应有状况的差距以及组织与个体的未来状况。企业发展战略、潜能评价与胜任力模型的结果、任职资格标准以及绩效考核结果等因素是我们进行培训需求分析需要关注的重要方面，如图 5-8 所示。所以，在一般情况下，现代企业人力资源培训开发的需求分析主要包括人员分析、工资与任务分析和战略分析三个层次，其主要作用如下：

（1）企业发展战略明确指出了企业对员工的要求，为培训开发战略的确定指明了方向。

（2）通过对人员与绩效的分析，对企业了解培训对象以及培训原因提供了依据。

（3）通过对工作与任务的分析，对重要任务的确定及培训中需要加以强调的知识、技能和行为方式等内容提供了有效依据。

一般情况下，培训需求分析采用的方法主要包括现场观察员工工作、使用调查问卷、阅读技术手册及其他文献、采访特定项目专家等。这几种方法都有其特点，限于本书篇幅，此处不再进行详细介绍。

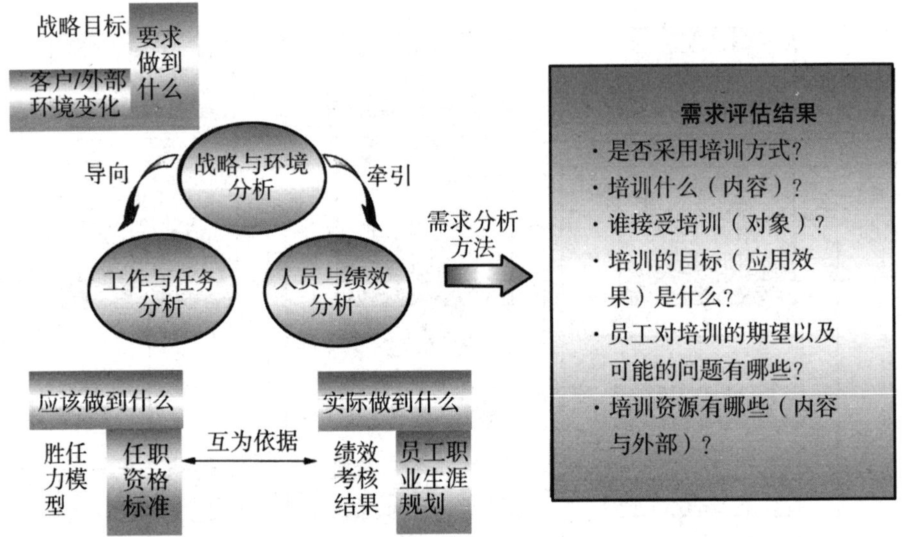

图 5-8　培训需求分析模型

二、培训计划制订

结合培训需求的分析结果，下面需要进行培训计划的制订。培训计划的主要工作包括以下几个部分：

（1）培训目标。培训目标具体是指培训活动所要达到的目的。一般情况下，主要包括知识的传授、技能的培养以及态度的转变等方面。

（2）培训对象。人力资源开发的培训对象，一般可分为以下两种类型：

1）阶层级别（垂直的）。阶层级别大致可分为普通操作员级，主管级及中、高层管理级等。

2）职能级别（水平的）。职能级别的培训可分为生产系统、营销系统、质量管理系统、财务系统、行政人事系统等项目。

（3）培训内容。结合培训需求的分析结果，培训内容的制订，一般主要包括开发员工的专业技术、技能和知识以及改变员工工作态度的企业文化教育等。

（4）培训形式。培训形式包括岗前培训、在职培训、脱产培训等，培训形式选择得恰当与否对于培训的实施和培训的效果具有非常重要的影响，企业需要结合实际情况有针对性地进行选择。

（5）培训预算。培训计划中还应该编制培训预算，以保证培训的顺利实施。培训预算主要包括培训的教材费、培训的授课费、场地租用费和培训设备费等。

（6）培训者。培训者的来源一般有两个渠道，即外部渠道和内部渠道。两个渠道各有利弊，具体见表 5-1。

表 5-1　两个渠道选择培训者的利弊比较

渠道	优点	缺点
外部渠道	·培训者比较专业，具有丰富的培训经验 ·没有什么束缚，可以带来新的观点和理念 ·与企业没有直接关系，员工比较容易接受	·费用比较高 ·对企业不了解，培训的内容可能不实用，针对性不强 ·责任心可能不强
内部渠道	·对企业情况比较了解，培训更有针对性 ·责任心比较强 ·费用比较低 ·可以与受训人员进行更好的交流	·可能缺乏培训经验 ·受企业现有状况的影响比较大，思路可能没有创新 ·员工对培训者的接受程度可能比较低

由表 5-1 可以看出，通过这两个渠道选择培训者都存在一定的优点和问题，这就需要企业根据培训的内容、培训的对象等具体情况，来选择恰当的培训者。这里需要强调的是，培训计划必须获得各级员工直接主管的

支持与认可，要让员工及其主管承担培训效果转化的最终责任。

三、组织培训实施与管理

在实际培训过程中，按照培训的类型，一般分为室内授课类型和室外培训类型两种，限于本书篇幅，这里主要就室内授课类型进行详细阐述。一般情况下，室内授课的主要步骤包括以下几个部分：

（1）接待培训师，培训师最好能够提前做好准备，这样可以使授课过程更加从容。

（2）请参加培训的员工在签到表上签字。

（3）由工作人员向学员简要介绍培训师和培训项目，帮助大家从整体上把握培训，有助于增强培训效果。

（4）发放相关材料，也可以提前让员工自行准备培训材料。

（5）培训师开始授课。

（6）工作人员需要在培训课程结束前，向学员发放问卷，并在学员填完问卷后进行回收，用作培训效果评估的依据。

（7）收尾工作。收尾工作主要包括向培训师支付培训费用、卫生打扫、设备整理等。

这里需要注意的是，培训工作人员在培训过程中要随时准备处理各种突发状况，并且要做好课间的服务工作等，耐心解答学员的各种疑问。

为了企业的长期发展，现代企业人力资源部门应该就培训师资方面进行开发与管理，建立一套行之有效的讲师遴选与培养计划，这样才能保证工作的有效性。其中，内部讲师理应成为企业培训师资队伍的主体，其主要原因是内部讲师能够以员工欢迎的语言和熟悉的案例故事诠释培训的内容，能够总结、提炼并升华自身和周围同事有益的经验和成果，能够有效地传播和扩散企业真正需要的知识与技能，从而有效实现经验和成果的共享。同时，内部讲师制度也是对某些有着个人成就需求的员工进行激励的一种有效方式，为其职业生涯发展开辟了更广阔的道路。因此，企业应大力提倡和鼓励内部优秀员工担任培训讲师。

企业人力资源部门在着力培育内部讲师队伍时，要特别重视选拔与培养工作。作为企业人力资源管理工作的专业职能部门，人力资源部应制定切实可行的内部讲师选拔与培养制度（如明确选拔对象、选拔流程、选拔标准、上岗认证、任职资格管理、培训与开发以及激励与约束机制等具体工作）。

四、培训成果转化

培训开发的主要目的是要提升员工的工作绩效，进而提高企业绩效。这就需要员工在实际工作中要将培训中学到的知识加以应用，这样培训才有意义。所谓培训成果转化，就是将在培训中学到的知识、技能和行为应用到实际工作中的过程。

经过大量实践研究表明，工作环境对培训成果的转化有着很大的影响，包括转化的气氛、管理者的支持、同事的支持、运用所学能力的机会、信息技术支持系统以及受训者的自我管理能力等诸多方面。

（1）转化氛围。转化氛围是指员工将在培训过程中获得的技能或行为，运用于工作实践中时，在组织中所感知到的有助于或有碍于自己的各种工作环境特征的总和。培训成果转化氛围的主要特征主要包括以下几个方面：

1）上级和同事对自己运用培训内容的支持程度。

2）在组织中是否存在运用所学技能或行为的机会。

3）运用这些技能之后可能会产生的效果等。

研究表明，员工受训后在行为方面是否表现出积极变化与培训成果转化的氛围显著相关。

（2）管理者的支持。管理者的支持主要是指员工的上级管理者能够认识到让员工参加培训项目的重要性，同时要重视并督促员工将在培训中学到的内容运用到他们的实际工作中。

在实际工作管理中，上级管理者的支持程度越高，越利于培训成果的转化。其中，允许员工参加培训是上级管理者能够提供的最低层次的支持。相对而言，最高层次的支持则是以一名指导者的身份亲自参与培训。在作为指导者参与员工培训的情况下，管理者更有可能提供一些支持性的功能。

为了协调培训成果的转化，管理者还可以与员工共同制定行动计划，或者对员工进行追踪，以评价员工在培训内容运用方面所取得的进展。另外，组织应该向员工的上级管理者解释培训的目的，让他们积极鼓励员工参加培训、为员工提供实际练习和运用培训内容的机会，确保培训成果的转化。

（3）同事的支持。同事的支持主要是要在员工之间建立一种支持性的网络，以便于培训成果的转化。这种支持性的网络，主要是由两名或两名以上的员工自愿组成的一个小群体，他们同意通过定期会面来讨论在培训成果转化方面取得的进展。会面的方式包括面对面的会议讨论和电子邮件进行的沟通等，具体选择哪种方式视情况而定。

(4) 运用的机会。运用的机会是指员工在一定程度上得到了或努力找到了运用新知识、新技能以及新行为（培训中得到的）的机会。通过较多机会应用所学内容的员工，能够对所学的内容保持得更为长久。另外，员工是否愿意承担培训成果转化的责任，是否愿意积极寻找能够运用刚刚获得的新技能的机会，也是培训成果转化的影响因素之一。

(5) 自我管理能力。员工本人应当明白，在运用培训内容的过程中，难免会遇到一些困难，不能轻易放弃转化培训成果的努力。而且，在很多时候，同事或上级也不能对员工运用培训内容的行为给予奖励或提供反馈，这时员工就需要创建一个自我奖励机制或要求同事和上级提供一定程度上的信息反馈。

最后，企业应该通过一系列的方式方法来提高培训成果的转化效果，如采取下列措施：

1) 鼓励员工使用培训中获得的新技能和行为方式。

2) 企业应关注那些灵活应用培训内容的员工。

3) 对使用从培训中获得的新技能和行为方式的员工，即使出现不当之处，也不要轻易惩罚。

4) 成功应用从培训中获得的新技能和行为方式的员工应受到物质方面的奖励或精神方面的奖励。

另外，还可以采取示范、模拟、实操机会等方法来营造有利于培训成果转化的工作环境，具体选择哪种方法，企业可视具体情况而定。

第三节　人力资源培训效果评估

所谓人力资源培训效果评估，主要是从员工的培训结果中收集数据，并将其与整个组织的需求和目标联系起来，以确定培训项目的优势、价值和质量，其实质是通过运用科学的理论、方法和程序，对培训信息进行效益评价的过程。

一、人力资源培训评估的实施流程

一般情况下，人力资源培训评估的实施流程如图 5-9 所示。

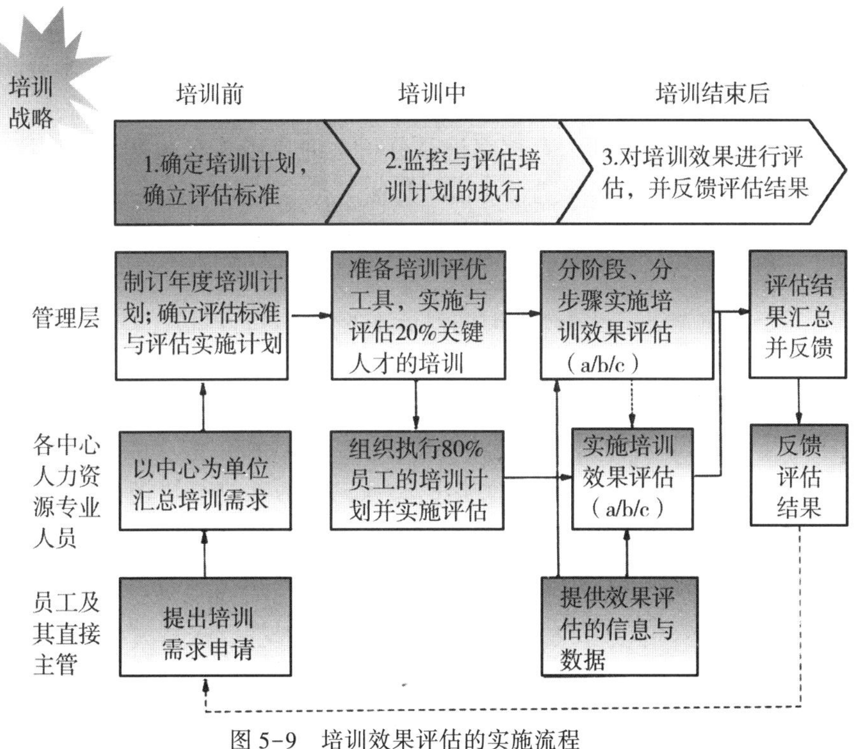

图 5-9　培训效果评估的实施流程

二、人力资源培训评估的方法

经过长期的研究和发展，培训评估的方法有很多种，这里主要对几种常用的人力资源培训评估方法进行对比，企业可根据实际情况和需求进行选择。

（1）访谈法。访谈法主要是指和一个或多个人进行交谈，以了解他们的信念、观点和其他情况。其优点是灵活、可以进行解释和澄清、能深入了解某些信息。缺点是访谈法所引发的反应在很大程度上是回应性的、成本很高、面对面的交流有障碍、需要花费很多人力、需要对观察者进行培训等。

（2）问卷调查。问卷调查是用一系列标准化的问题去了解人们的观点和工作中观察到的现象。其优点是成本低、可以在匿名的情况下完成、匿名的情况下可信度较高、填写问卷的人可以自己掌握速度、有多种答案选项。缺点是数据的准确性可能不高、问卷填写过程很难进行控制、不同的人填写问卷的速度不同、无法保证问卷回收率等。

（3）直接观察法。直接观察法主要是对一项或多项任务的完成过程进行观察和记录，是用于测量行为改变的极好的途径，不会给人带来威胁感。缺点是可能会打扰当事人、可能会造成回应性的反应、可能不可靠等。

（4）档案记录分析法。档案记录分析法即使用现有的资料，如档案或报告等，来对培训的效果进行评估。其优点是与工作绩效关系密切、可靠、客观。缺点是要花费大量的时间、对现实进行模拟往往很困难、开发成本很高。

基于上述方法，可在不同时间对员工的改变进行评估。

三、培训效果评估方案

得到培训结果并不意味着工作的结束，因为在进行培训评估后，企业需要根据评估结果来审视整个培训过程，并判断培训目标是否已经有效达成。另外，还应进一步对受训员工的改变进行评估，以确定这个改变是否是培训产生的结果。因此，可以采用下列两种培训效果评估方案来判明培训的真实效果。

（1）培训前后评估。在企业实际操作中，培训前后评估是最普遍的做法，只要员工在受训前和受训后的工作表现（X1 和 X2）有显著不同，就证明培训（T）有效，如图 5-10 所示。

图 5-10　培训前后评估

（2）培训前后对照评估。培训前后对照评估主要是通过将员工随机抽样分成两组（主要是为了证明两组原先并无特定差异），一组为对照组，另一组为实验组。通过只对实验组进行培训，然后再对两组进行评估，最后比较评估结果。只有当实验组改变而对照组没有改变时，才能证明受训员工的改变来自培训，如图 5-11 所示。

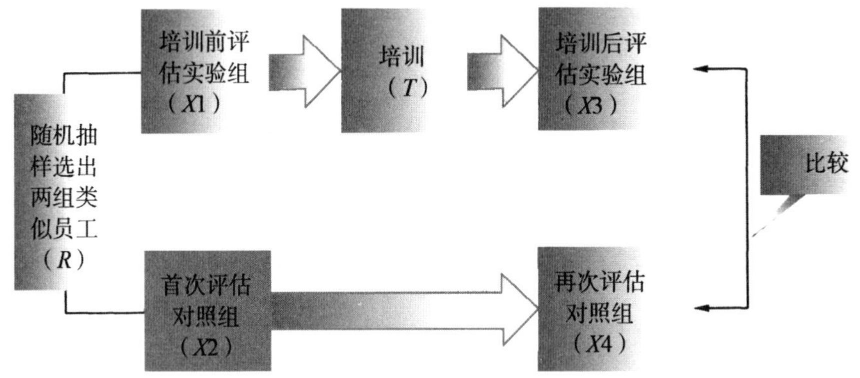

图 5-11　培训前后对照评估

此外，还有很多有关培训效果评估方案的设计，如培训后对照评估方案等，都能有效对培训效果进行评估。

第四节　新时期人力资源培训模式创新

随着新时期企业对知识与人才的竞争日益激烈，科学的培训管理成为了企业培养人才、获取竞争优势的有效途径。而新时期企业的深入改革，也使得企业的经营、管理、人员方面发生了很大的改变，传统的培训已经不能满足企业发展的需要。所以，做好新时期企业人才的培训工作需要我们在传统培训的基础上进行一定的创新，以满足新时期企业发展的需要。这对于企业在未来发展中获取竞争优势至关重要，其主要表现有以下几个方面：

（1）推动企业生产的主要因素是人力的发展。企业通过对人力资源的培训，可以对企业获取市场竞争力提供一定的助益，是企业在未来经济市场生存和发展的重要基础。另外，对人力资源的培训也有助于职工的未来发展。

（2）通过培训能够直接提高职工的综合素质。企业管理水平的高低直接影响到企业产品的生产质量和生产效益，这一切因素的根源都是因为人是企业生产发展的执行者、管理者和整个机制改革的运行者，这在一定程度上对于新时期企业的发展有着决定性的作用。

（3）新时期企业对人才的有效培训，是企业在经济市场能够获取竞争优势、保持核心竞争力的重要途径。企业只有应用先进的培训模式加强人力资源方面的培训，提高企业人才的质量，才能满足新时期企业生存和发展的需要。

所以说，新时期企业的培训创新对于企业的生存和发展至关重要。这里，我们主要结合现代科技以及互联网等技术的广泛应用，对新时期企业培训模式创新的思路进行详细探讨，具体如下：

(1) 多媒体教学。多媒体教学主要是由计算机驱动，使各种类型的文本、图表、图像和声音信息交互性交流的系统。各种形式的多媒体相互结合，在打破了时间、地域限制的同时，还可以保证使用者以多种不同的方式获得不同的培训内容，学习进度能够自由掌握。其主要优点表现在以下几个方面：

1）培训内容能及时更新。

2）成本更小，培训时间和课程难度等选择比较自由，使培训更加个性化。

3）员工能够自由地分配学习时间，制订专属的培训计划，使员工个性化的自主学习和交互式合作学习相得益彰。

4）课程内容可以反复学习观看，为终身学习技术提供支持和物质基础。

5）有利于企业压缩时间和成本。

(2) 网络远程教学。网络远程教学主要是一种通过声音和信息的交换，使身处不同地方的受训者与培训者可以进行实时互动的培训形式。

(3) 导师动态化。导师动态化就是要让导师“动”起来。在员工受训于某导师一定期限后轮换其导师，或者让员工同时受训于不同的导师，即实行交叉导师制。通过这种培训方法，员工能够在不同的业务方面接受至少两名资深员工的指导，使员工在面对更多问题的同时产生更多的思考，这样才更有可能诞生创新的思路和想法。

(4) 标杆调研。标杆调研是针对某一特殊环境或事件，有计划、有组织地安排员工到标杆单位参观访问，进行实地的考察和了解，让员工追逐热点并向标杆看齐的一种具有跟随性质的培训方式。通过这种有针对性的参观访问，会对员工产生以下几个方面的影响：

1）可以从其他单位得到启发，巩固自己的知识和技能。

2）可以开阔视野，丰富实践经验，接受形象化的启迪和教育。

3）结合标杆企业的真实情况，以及理论与实践，可以帮助员工了解自身与标杆之间的差距，能使员工的工作有方向性地进行改变。

另外，对于员工在培训后的掌握情况，企业也需要通过一些新的方法来进行了解，具体如下：

(1) 技能 *PK*。技能 *PK* 主要是根据一定的标准和制度，在员工之间开展相关工作技能和方法等方面的竞赛和评比，最后对优秀的个人和团体予以奖励的竞赛活动。从本质上讲，技能 *PK* 是一种间接的培训，它通过竞赛引导员工与新工艺、新技术发展保持一致，提高员工掌握现代化生产技术的能力，利于营造“学技术、练技能、比技艺”的氛围。通过这种方法，可以对员工及企业产生良好的影响，具体阐述如下：

1）可以激励员工和团体的工作热情，增强其荣誉感、责任感和进取心。

2）提高员工工作技能和效率。

3）提升员工钻研技术、锤炼技能的主动性。

4）提升企业绩效。

（2）模拟演练。模拟演练主要是把学习经历迁移到模拟情境中去，将员工置于模拟的情境下，通过员工身临其境地进行仿真的分析、决策与运营，进而提高员工自身的适应能力和实际的工作能力。模拟演练可以训练员工系统思考问题的能力，不仅适用于新入职的员工，而且对能力缺乏的在职人员也同样适用，并且不受环境和时间的限制。

第六章　绩效及薪酬管理与创新

在企业中，绩效与薪酬是员工最关心的部分，是员工自身价值的直接体现，本章主要对绩效的概念、绩效的管理、薪酬的设计与管理策略以及新时期绩效薪酬模式的创新进行详细论述。

第一节　绩效与绩效管理

广义的绩效包括组织绩效和个人绩效两个方面，本书主要是对个人的绩效进行研究讨论。下面首先来了解一下绩效的概念和特点。

一、绩效的概念

因为关注的侧重点不同，关于绩效的概念也不尽相同，其主要的侧重点有三种，即结果论、过程论和能力论。经过深入地对比研究，本书认为，所谓绩效，就是指员工在工作过程中所表现出来的与组织目标相关的并且能够被评价的工作结果与行为。

一般而言，绩效可以从纵向分为三个层次，即组织绩效、部门与团队绩效以及个体绩效，而且在这三个层次中都有结果论、过程论和能力论的观点存在，由此可形成绩效的“三横三纵”层次。

二、绩效的特点

绩效的主要特点包括以下几个部分：

(1) 绩效的多因性。绩效的多因性主要是因为员工的绩效受员工个体的因素（如知识、能力、价值观等）和企业环境的因素（如组织的制度、激励机制、工作的设备和场所等）等多种因素的共同影响，如图 6-1 所示。

(2) 绩效的多维性。绩效的多维性是指员工的绩效往往体现在多个方面，不同的维度在整体绩效中的重要性是不同的。因此，必须要从多方面对员工的绩效进行评估。

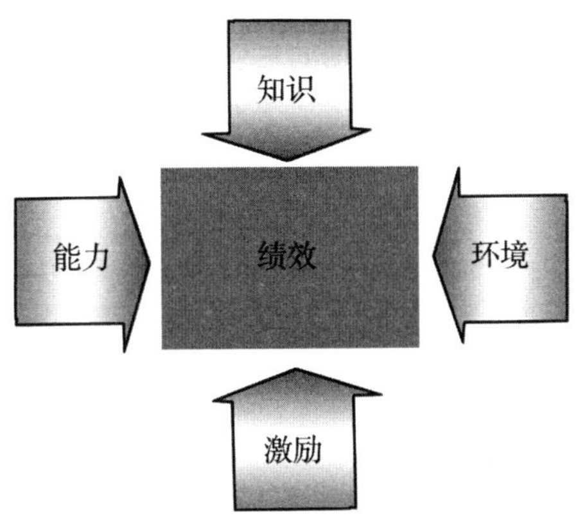

图 6-1　绩效的多因性

（3）绩效的动态性。绩效的动态性是指员工的绩效在主客观条件变化的情况是会发生变动的。这说明我们不能以主观僵化的观点看待员工绩效，而应该以发展的眼光来评估员工的绩效。

三、绩效管理

绩效管理是通过制定员工的绩效目标，并收集与绩效有关的信息，定期对员工的绩效目标完成情况作出评价和反馈，以确保员工的工作活动和工作产出与组织保持一致的管理手段与过程。完整意义上的绩效管理是由绩效计划、绩效监控、绩效考核和绩效反馈这四个部分组成的一个系统，如图 6-2 所示。

（1）绩效计划。绩效计划的制订包括工作承诺、绩效目标与标准等内容，是整个绩效管理系统的起点，往往会随着绩效周期的推进而不断做出相应的修改。这里主要就绩效目标的确定和考核标准体系的构建进行详细阐述，具体如下：

1）绩效目标的确定。绩效计划的制订是双向沟通的过程，管理人员与员工必须经过充分的交流，对员工在本次绩效期间内的工作目标达成共识。在设定目标的时候要注意使每个目标尽可能具体，将每个目标同工作或结果联系起来，且明确规定出结果的时限和资源使用的限制，使每个目标简短、明确和直接。

2）考核标准体系的构建。在绩效目标已经确定的前提下，还需要对绩效考核标准体系进行构建。在制定绩效考核标准体系时要注意绩效考核标准必须是具体的、容易理解的，以保证其明确的牵引性；绩效考核标准必须是可衡量的，必须有明确的衡量指标；绩效考核标准应具有一定的难度，

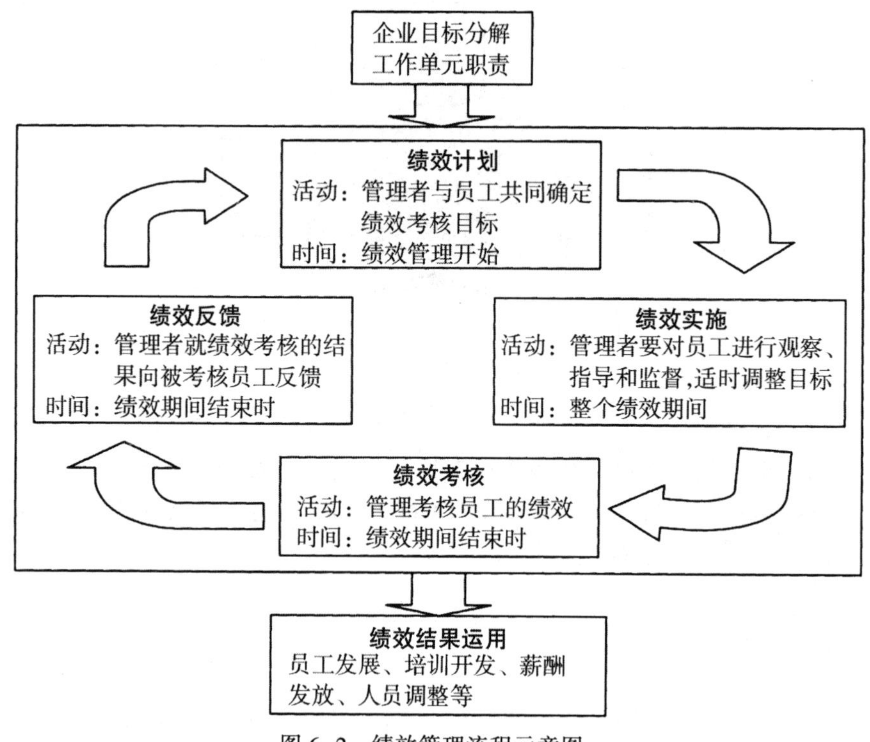

图 6-2　绩效管理流程示意图

但经过努力是可以实现的，否则很容易使员工产生挫折感；绩效考核标准必须与企业的战略目标、部门的任务及职责相联系；绩效考核标准必须有明确的时间要求。

（2）绩效监控。绩效监控是通过上级和员工之间持续的沟通，管理者要对员工的工作进行观察、指导和监督，对整个绩效期间内发生的各种问题及时予以解决，并根据实际情况对绩效计划进行调整的过程，其主要步骤可分为以下两步：

1）绩效信息收集。绩效信息收集是一种系统地收集有关员工工作活动和企业绩效的方法，主要是通过综合运用观察法、工作记录法、他人反馈法等各种方法，收集与绩效有关的信息，包括工作目标或任务完成情况的信息、来自客户积极或消极的反馈信息、工作绩效突出的行为表现、绩效有问题的行为表现等。绩效信息收集的目的是为了提供员工的工作情况记录，为绩效考核及相关决策提供依据，让管理者及时发现员工存在的问题，纠正绩效偏差。

2）绩效沟通。绩效沟通是指在整个考核周期内，上级就绩效问题持续不断地与员工进行交流和沟通的过程，其目的是给予员工必要的指导和建议，帮助员工实现确定的绩效目标。在达成绩效目标的过程中，持续的绩效沟通能保证管理者及时对计划进行适应性调整，为员工提供工作所需要的资源、支持和帮助，并根据绩效计划对工作进度情况对员工进行跟踪辅导。有效的绩效沟通一方面能够帮助个体绩效目标的实现，另一方面也能使企业实现有效的管理和控制，及时纠偏，从而推动企业绩效的实现。其中，绩效沟通的主要内容和信息取决于管理者和员工的关注点。一般情况下，管理者和员工在绩效实施的过程中，主要是试图就下列问题进行持续而有效的沟通：

a. 工作进展情况。

b. 运行情况。

c. 紧急处理措施和应急方案的准备情况。

d. 工作顺利与否。

e. 工作中的困难或障碍。

f. 必要的相关调整。

g. 行动支持等。

一般情况下，绩效沟通的方式主要是正式沟通，包括书面报告、全体会议、小组会议、管理者与员工的面谈等。其中，书面报告是绩效管理中比较常用的一种正式沟通的方式，包括工作日志、周报、月报、季报、年报等，主要是指员工定期或不定期地以文字或图表的形式向管理者报告工作进展情况的一种报告方式。通常可以辅之以面谈，使信息传递更为丰富和准确。

（3）绩效考核。绩效考核又称为绩效评价、绩效评估、绩效考评等，主要是指在考核周期结束时，通过选择相应的考核主体和考核办法，并依据相关的信息和指标体系，对员工完成绩效目标的情况进行评价的过程。其主要目的是促使员工行为改善和绩效改进，是绩效管理中的一个重要环节。

（4）绩效反馈。绩效反馈是指在绩效周期结束时，由上级通过绩效考核面谈，将考核结果告知员工，指出员工在工作中存在的不足，并和员工一起制定绩效改进计划的过程。绩效反馈前要做好充分的准备，主要包括以下几点：

1）时间的确定。管理者和员工通过商议，确定双方都有空闲的时间，而且保证这段时间不受干扰。

2）地点的确定。通常，可以选择较为舒适的场所，如管理者的办公室、小型会议室或类似咖啡厅等休闲场所，使双方都感觉轻松。

3）资料的收集、整理。反馈前，上级要充分了解被面谈员工的情况，包括教育背景、家庭环境、工作经历、性格特点及业绩状况等。

4）面谈程序的确定。如面谈的内容、面谈的流程等。

5）通知准备事宜。通知准备事宜主要是要让员工事先知道面谈的时间、地点、目的等。

另外，为了保证绩效反馈的效果，在反馈时应注意绩效反馈的及时性，要指出具体的问题及问题出现的原因，以及说话的技巧等。

第二节　薪酬设计与管理策略

薪酬设计与管理属于企业管理规章制度、管理理念的一部分，是现代企业人力资源管理工作中的重点之一。有效的企业薪酬制度能够有效提升人力资源价值，激发员工的工作热情，同时可以对员工的工作态度、行为和绩效产生正面的影响。本节主要就薪酬的概念、薪酬设计与管理策略进行详细论述。

一、薪酬的概念

在实际生活中，人们经常容易把薪酬与报酬混淆。这里先对两者之间的关系进行系统地论述。

报酬是指员工从企业那里得到的作为个人贡献回报的他认为有价值的各种东西，一般可以分为内在报酬（通常是指员工由工作本身所获得的心理满足和心理收益，如参与决策、个人成长、工作自主权等）和外在报酬两大类。其中，外在报酬通常是指员工所得到的各种货币收入和实物，包括直接薪酬、间接薪酬和非财务性报酬三种类型，如图 6-3 所示。

薪酬是报酬的一部分，主要是指员工从企业那里获得的各种直接和间接的经济收入。一般情况下，薪酬主要包括固定薪酬、可变薪酬、津贴和福利等几种基本形式，如图 6-4 所示。

（1）固定薪酬。固定薪酬是企业根据员工所承担的工作或者所具备的技能而支付给他们的较为稳定的经济性报酬（通常包括基本工资、岗位工资或职位工资等），是员工收入的主要部分。固定报酬多以时薪、月薪、年薪等形式出现，国内企业目前主要是以月薪的形式为主。

（2）可变薪酬。可变薪酬是薪酬系统中直接与员工的工作绩效挂钩的部分，随员工实际工作绩效的变化而上下浮动，有时也被称为浮动薪酬或激励薪酬。根据奖励的侧重点和目的的不同，可变薪酬又可分为绩效工资和激励工资两种类型。

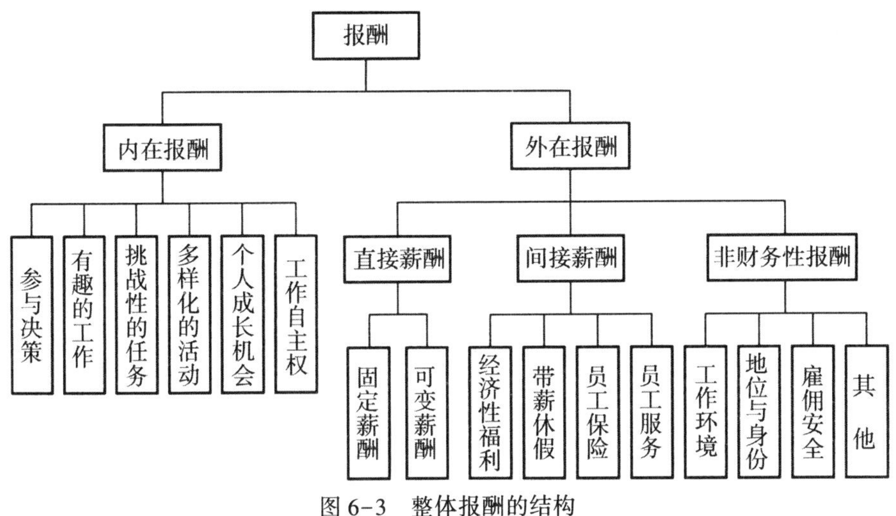

图 6-3　整体报酬的结构

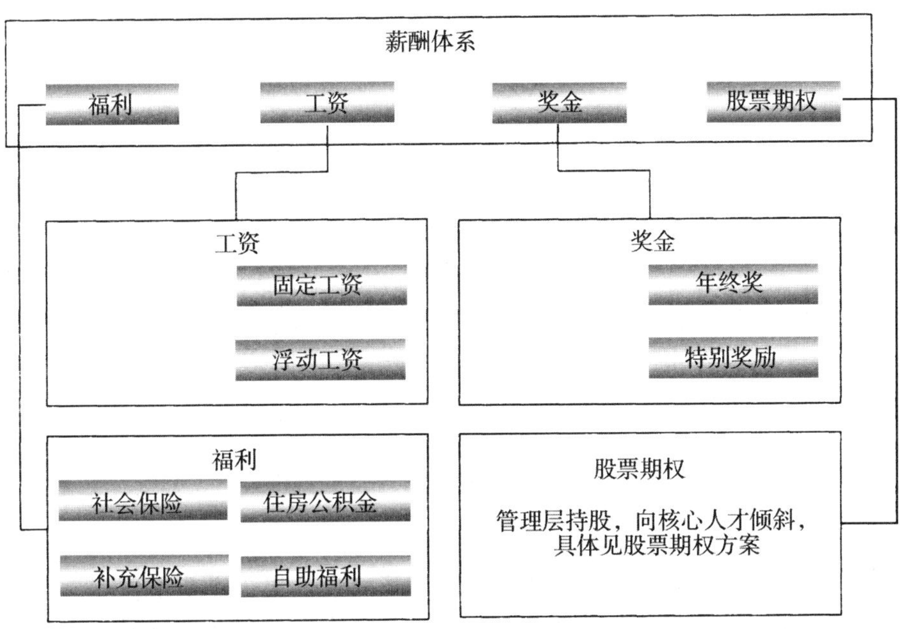

图 6-4　薪酬的要素结构

绩效工资是对过去工作行为和已取得成就的认可，常常与员工的绩效考评结果挂钩。激励工资往往针对的是员工未来的业绩，通过支付工资的方式影响员工将来的行为。衡量的标准有成本节约、产品数量、产品质量、投资收益、利润增加等。

可变薪酬可以是短期的，也可以是长期的，可以是与员工个人绩效挂钩的，也可以与团队甚至整个企业的绩效挂钩，这对员工具有很强的激励性，对企业绩效目标的达成起着非常积极的作用。

（3）津贴。津贴主要是对劳动者在特殊条件下的额外劳动消耗或额外费用支出给予补偿的一种薪酬形式。津贴发放的唯一依据是劳动所处的环境和条件的优劣，而不与劳动者劳动的技术业务水平及劳动成果直接对应和联系。津贴的形式有很多，主要包括地区津贴、高温津贴、职务津贴、野外作业津贴等。

（4）福利。与固定薪酬和可变薪酬不同，福利的支付与员工个人的工作和绩效并没有直接的关系，一般情况下并不以货币的形式直接支付，而多以实物或服务的形式，向员工提供的一种补偿性、调和性的间接薪酬，如带薪休假、廉价住房、子女教育津贴等。其主要目的是为了给员工创造良好的工作条件，方便员工生活等。图 6-5 为某企业的福利构成。

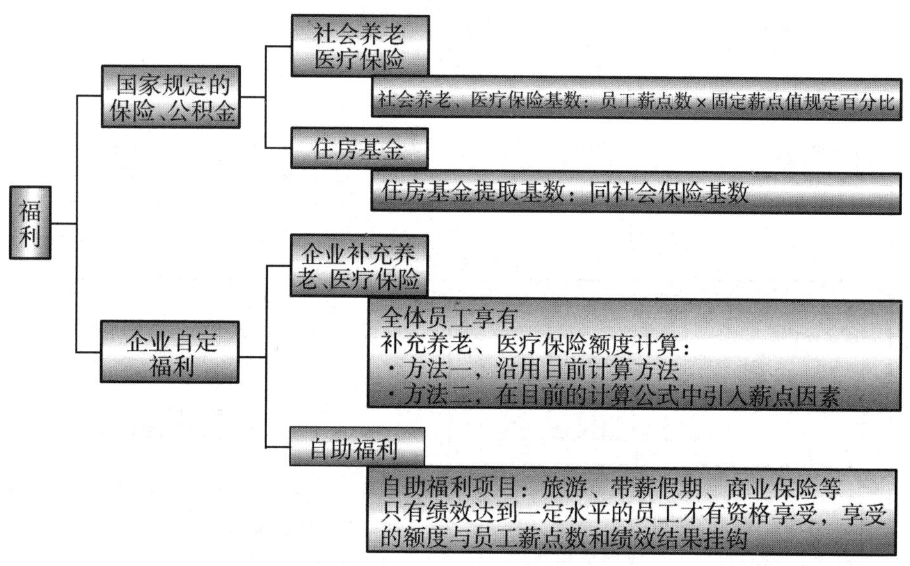

图 6-5　某企业福利构成

在许多现代企业中，一种新兴的福利形式逐步成为企业留住和激励员工的重要手段，这种福利形式主要是根据员工个人偏好而进行设计的自助餐式福利。

福利的种类有很多，按照奖励对象的不同，福利可分为以下几种类型：

1）全员性福利。全员性福利具有普遍性，是企业对所有员工发放的福利。

2）特困补助福利。这种福利主要是为有特殊困难的员工提供的福利，如工伤残疾、重病补助等。

3）特种福利。特种福利是针对企业中的特殊人才或具有专门技能的高级专业人员等设计的福利，是对这类人员的特殊贡献的回报，包括股票优惠购买权、高级住宅津贴等。

站在企业的角度来看，薪酬的功能主要表现在以下几个方面：

（1）提升企业竞争能力。作为企业综合实力的最直接体现，保持一种相对较高的薪酬水平，对员工（包括内部和外部）有着一定程度上的吸引力，这将是企业在劳动力市场上获得竞争优势的重要保障。

（2）改善经营绩效。合理公正的薪酬制度，可以让员工了解哪些工作行为、态度以及绩效是受到鼓励的，这在一定程度上对员工的工作行为和工作态度起到了引导作用，使其最终的绩效朝着企业期望的方向发展。

（3）塑造、强化企业文化。科学合理的薪酬制度，能正确引导员工的工作行为和态度，有利于企业塑造良好的文化氛围，进而对企业文化的塑造起到积极的强化作用。

而站在员工的角度来看，薪酬的功能主要包括以下几点：

（1）经济保障功能。薪酬是员工以自己的付出为企业创造价值而从企业获得的经济上的回报，在一定程度上对员工及其家庭成员起着重要的保障作用，这是其他任何保障手段所无法替代的。所以说，员工薪酬水平的高低对于员工及其家庭的影响是非常大的。

（2）心理激励功能。大量实践研究表明，满足员工合理期望的薪酬会影响员工的工作行为、工作态度以及工作绩效，从而对其产生激励作用。反之，则会造成员工满意度低、流动率高的现象。

（3）价值实现功能。作为员工在企业内部价值和层次的直接反映，薪酬的提升在一定程度上反映了员工在企业中的地位的提高，这种价值的实现有助于激发员工的工作热情。

二、薪酬的战略视角

基于现代人力资源管理战略的需求，薪酬体系和薪酬制度的设计，直接关系到人力资源的竞争力，进而影响组织经营战略的实现。

成功的薪酬体系，能满足企业的经营战略，能承受周围环境中来自社会、竞争以及法律法规等各方面的压力，最终使企业赢得竞争优势，实现企业经营的战略目标。薪酬的战略视角如图 6-6 所示。

由图 6-6 可知，由于企业战略目标的不同，各企业的薪酬体系也有所不同，它是随着经营战略的改变而改变的。企业的经营战略包括公司层战略（公司的总体战略目标、计划等）和业务单元战略，业务单元战略的确定是基于公司总体战略确定的前提下，针对每项业务的竞争战略，包括每项业务的战略目标和竞争策略等方面。

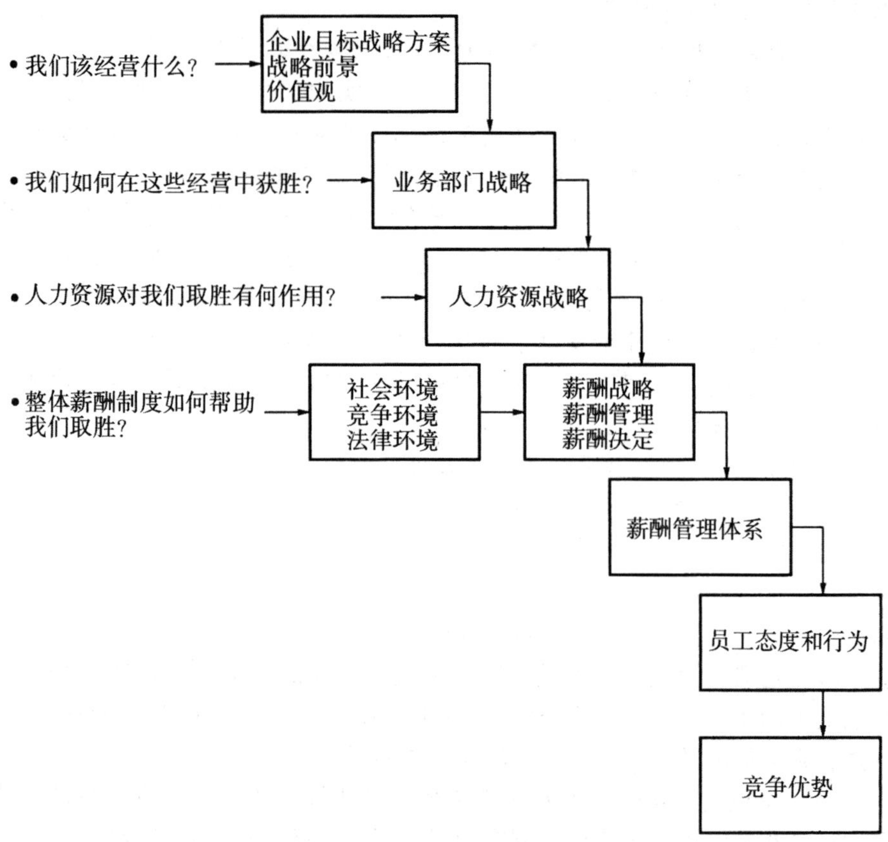

图 6-6　薪酬的战略视角

只有在确定了公司层战略和业务单元战略后，企业才能对人力资源战略进行安排，确定人力资源在企业战略规划中的作用。薪酬战略是人力资源战略的一个重要组成部分，是人力资源系统设计中的一个子系统。最后，在薪酬战略确定后，就需要对薪酬系统进行设计构建，进而对员工的态度和行为方式进行有效的引导和改变，并使其与组织的战略相配合。根据几种典型的企业战略，这里给出了几种典型的薪酬设计，如图 6-7 所示。

（1）成本领先战略。成本领先战略主要是通过降低成本、鼓励提高劳动生产率、详细而精确地规定工作量等方式，以效率为中心，强调“少用人、多办事”的一种战略。

（2）产品差异化战略。产品差异化战略不再过多地重视评价和衡量各种技能和职位，而是把重点放在激励工资上，以此鼓励员工大胆创新，缩短从产品设计到顾客购买产品之间的时间差，强调的是创新。

（3）市场焦点战略。此战略是以顾客为核心，强调按顾客的满意度付给员工薪酬。

总之，根据企业经营战略要求的不同，薪酬制度的设计也会有所不同，应视企业的具体情况和要求来确定。

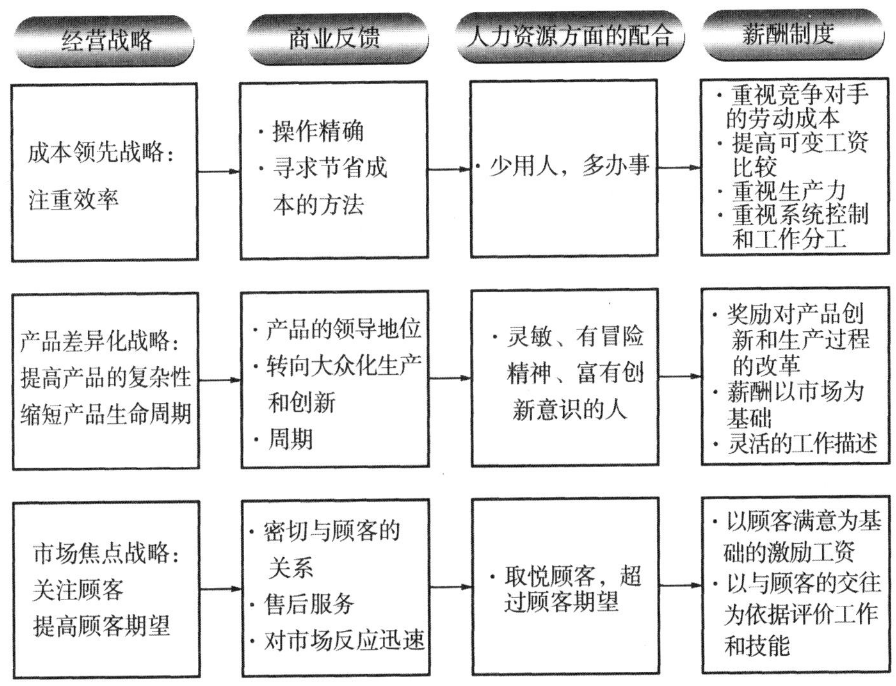

图 6-7　不同的企业战略对应的薪酬战略

三、薪酬设计的框架

薪酬设计的基本框架如图 6-8 所示。由图可知，薪酬设计的实质（理论和技术）是围绕企业的战略层面、制度层面和技术层面三个层面展开的。

（1）战略层面。战略层面是构建薪酬设计与管理体系的整体思想指导。首先，必须通过对企业的使命与战略进行分析与明确，并据此确定公司人力资源的整体战略；然后，在考虑企业所面临的社会与行业环境及法律环境的前提下，还要对如何使薪酬战略与企业战略相匹配的问题进行考虑；最后，结合以上需求，最终确定薪酬设计与管理体系的构建。这样就能保证企业的薪酬体系是与战略一致的，并为企业战略目标的实现提供支撑。

（2）制度层面。制度层面主要是要依据企业的薪酬理念与策略确定企业的薪酬结构，并进行薪酬评价，然后建立完善的薪酬管理制度，是薪酬设计与管理体系的具体内容。薪酬管理制度在确保薪酬的内部公平性和外部竞争性的同时，也体现了员工的贡献和价值，并且使得企业的综合竞争力得到了提升、组织持续成长得到了促进，为企业战略目标的最终实现提供了有效保障。

（3）技术层面。技术层面包括构建薪酬设计与管理体系所涉及的一些具体技术方法（如外部薪酬调查和职位评价）等方面，是薪酬体系设计的基础部分，也是不可忽略的重要组成部分。

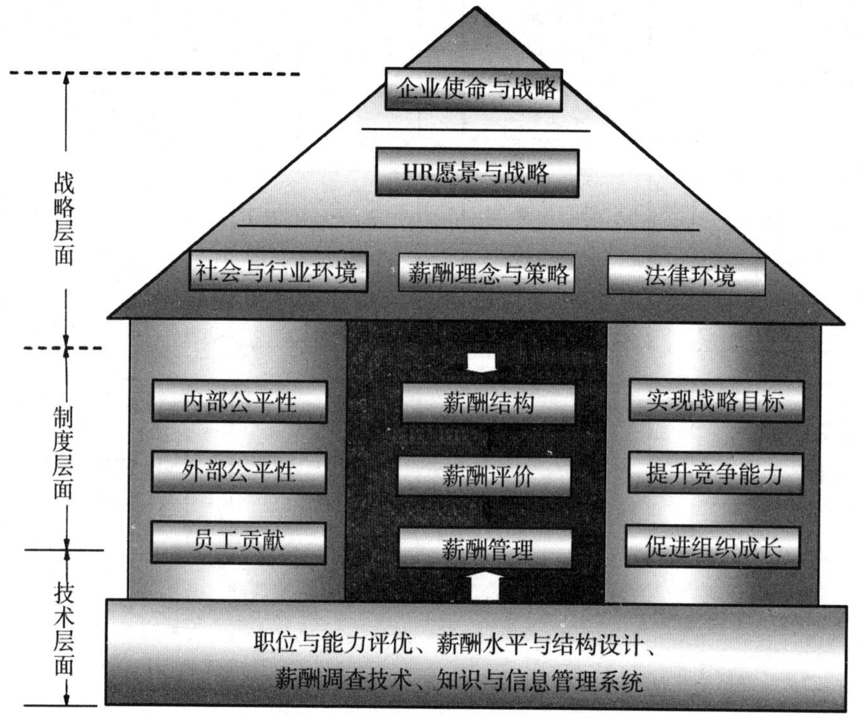

图 6-8　薪酬设计的基本框架体系

虽然这三个层面在整个薪酬体系中的作用不同，但每一层面都不可或缺。如果想要薪酬体系与企业战略相一致，必须通过三个层面各项工作的有机结合才能形成，这对激发员工的工作积极性，确保企业绩效目标的达成，实现企业的战略目标都有很重要的影响。

研究表明，在现代企业中比较通行的基本薪酬体系主要有以下两种：

（1）基于职位的薪酬体系。基于职位的薪酬体系是一种传统的基本薪酬制度，主要是通过对职位本身的价值做出客观的评价，然后根据评价的结果来赋予任职员工相应薪酬的一种基本薪酬制度。

（2）基于技能或能力的薪酬体系。基于技能或能力的薪酬体系主要是指企业根据一个人所掌握的与工作有关的技能、能力以及知识的深度和广度来支付基本薪酬的一种薪酬制度。其主要优点如下：

1）基于技能或能力的薪酬体系，能有效激励员工不断开发新的知识和技能。

2）基于技能或能力的薪酬体系，能使拥有较高技能水平的员工对企业的理解更加全面，从而更好地提供客户服务，进而对企业战略目标的实现产生助益。

3）基于技能或能力的薪酬体系，在员工配置方面为企业提供了更大的灵活性。这是因为员工的技能区域扩大使得他们能够在自己的同伴缺勤的情况下替代他们的工作，而不是被动等待。

基于技能或能力的薪酬体系的缺点是培训方面的投资要相对更多，而且比职位薪酬体系复杂，企业需要有针对性地组建一个更为复杂的管理结构，来对每一位员工在技能方面取得的进步进行记录。

事实上，两者的主要差别在于企业在确定员工的基本薪酬水平时，是依据员工从事的工作本身的价值，还是依据员工自身的技能水平或依据员工所具备的胜任能力。企业采用何种薪酬制度最终还是取决于管理层对于员工的看法。职位薪酬体系与技能/能力薪酬体系的区别见表 6-1。

表 6-1 两种基本薪酬体系的区别

项目	职位薪酬体系	技能/能力薪酬体系
薪酬基础	以员工承担的工作为基础	以员工掌握的技能/能力为基础
价值决定	以员工担任的职位的价值为依据	以员工掌握的技能/能力的价值为依据
管理者关注的重点	工作对应薪酬，员工与工作匹配	员工对应薪酬，员工与技能/能力相连
员工关注的重点	追求职位晋升，以获得更高报酬	寻求技能/能力的增多或提升，以获得更高报酬
程序	职位分析、职位评价	技能/能力分析，评价技能/能力
工作变动	薪酬随着职位变动	薪酬保持不变
培训作用	是工作需要而不是员工意愿	是增强工作适应性和增加报酬的基础

续表

项目	职位薪酬体系	技能/能力薪酬体系
员工晋升	需要职位空缺	不需要职位空缺，只要通过技能/能力测试
优点	清晰的期望，进步的感觉	鼓励员工持续学习，便于人员流动
缺点	潜在的官僚主义，灵活性不足	对成本控制能力的要求较高

四、薪酬设计的过程

本书主要讨论基于职位的薪酬体系。如图 6-9 所示，薪酬设计的主要流程由以下几个环节或步骤构成。

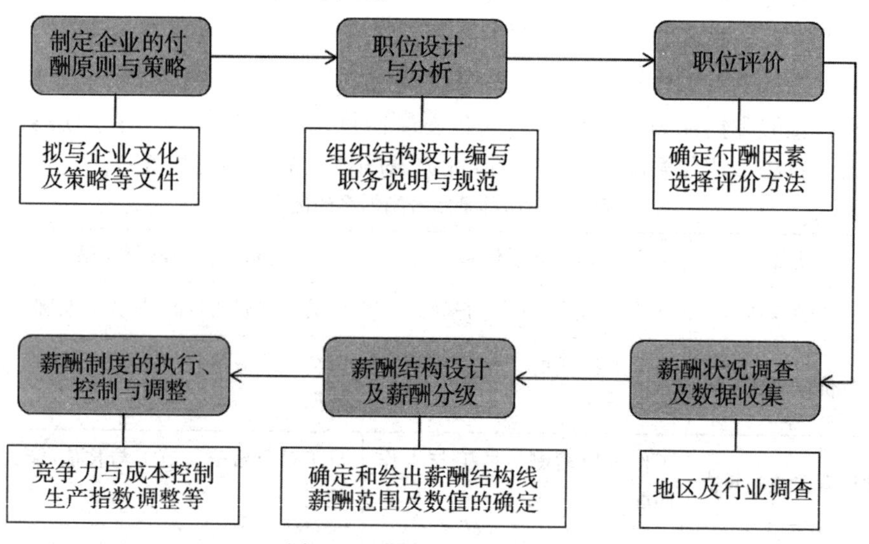

图 6-9　薪酬制度的建立过程

（1）付酬原则与策略制定。作为企业制度的一部分，薪酬制度所体现出的思想应该与企业文化保持一致。因此，在进行薪酬设计之前，明确整个薪酬的指导原则至关重要，它既是整个薪酬设计的方向，也是企业向外界传达企业管理理念的重要途径，对企业留住和吸引优秀人才有很大影响。

（2）职位分析和设计。职位分析和设计是现代人力资源管理的一项核心基础职能，主要是以科学的方法对需要设立的不同职位进行分析，全面地梳理出不同职位的工作内容、工作权责、任职要求等要素，并以此作为付酬依据，使薪酬设计更为科学。

（3）职位评价。职位评价主要是通过对不同岗位在工作内容、权责、任职条件等方面进行全面系统的评估，区分出不同岗位对企业的相对价值。通过职位评价，不同岗位对企业的贡献的相对价值得以呈现，并据此为不同职位定薪，保证了企业薪酬制度的内在公平性。所以，企业进行薪酬设计是基于职位评价的前提下进行的，而且职位评价对于职位分析和薪酬设计之间的联系也起到了桥梁的作用。

（4）薪酬状况调查及数据收集。合理的薪酬体系的建立能为企业带来一定程度的竞争优势，这离不开企业对市场及业内薪酬水平的了解，这主要体现在以下两个方面：

1）对于员工来说，薪酬由于更直观，常常被用作评价企业好坏的重要因素。

2）对企业来说，能够支付富有竞争力的薪酬，在某种程度上，能够留住和吸引优秀的人才。

因此，通过薪酬调查了解自身薪酬结构内外竞争力，是企业进行薪酬设计必不可少的一个环节，对企业的可持续性发展有着十分重要的意义。企业进行外部薪酬调查应该与薪酬机构设计同步进行，在进行薪酬调查时需明确调查的内容和方法。调查的内容主要是参照同行业或同地区其他企业（尤其是竞争对手）的现有薪酬来调整本企业对应职位的薪酬，以便保证企业薪酬制度的外在公平性。进行外部薪酬调查的方式主要包括以下几种：

1）企业间互调。

2）委托中介机构或专业机构进行调查。

3）从政府部门或职介等机构的公开信息中了解。

4）从招聘中获得信息。

5）其他就业辅导机构广告等渠道。

（5）设计薪酬结构。设计薪酬结构是指企业的组织结构中各个职位的相对价值及其对应的实付工资间的关系。在企业实践的过程中，各种职位的相对价值与实付薪酬之间的关系，通常以更清晰、更直观、更易于理解、更易于分析和控制的“薪酬结构线”来表示。薪酬结构的设计主要是依据职位评价的结果，并通过薪酬结构线，将众多类型的职务薪酬归并组合成若干等级，形成一个薪酬等级系列，进而对企业内各职务的具体薪酬范围进行确定的过程。

（6）薪酬制度的执行、控制与调整。企业薪酬制度的实施，是一项复杂而长期的工作。同时，企业所建立的薪酬制度应能对企业的变化积极做出相应的调整，这要求薪酬制度要具有一定的发展性。

五、薪酬管理策略

在研究薪酬管理策略之前，我们首先需要对薪酬管理的概念有所了解。所谓薪酬管理，主要是指企业在经营战略和发展规划的指导下，综合考虑内外各种因素的影响后，确定企业的薪酬水平、薪酬结构和薪酬形式，明确员工所应得的薪酬，并进行薪酬调整和薪酬控制的过程。

1. 薪酬管理需注意的问题

对于薪酬管理含义的全面理解，有以下两方面的问题需要注意：

（1）薪酬管理的进行应基于企业经营战略的指导。作为人力资源管理的一项重要职能，薪酬管理必须服从和服务于企业的经营战略，并且其最终目的也必须是为了企业经营战略的实现。

（2）薪酬管理是一项非常复杂的活动，不仅仅只是给员工发放薪酬，使员工获得一定的经济收入，而且涉及确定薪酬水平、结构和形式等方面的决策，其主要目的是要对员工的工作行为进行正确引导，提高员工的工作热情和绩效，最终实现企业绩效。大量实践表明，有效的薪酬管理应遵循以下几项原则：

1）合法原则。薪酬设计要符合国家法律和政策的有关规定，如国家有关最低工资的规定、有关员工加班加点的工资支付问题等，企业必须严格遵守。这也是企业薪酬管理应该遵循的最基本原则。

2）公平原则。公平是薪酬管理有效实施的基础，包括内在公平和外在公平。这里需要对公平原则与平均原则的本质区别进行强调：①公平原则。所谓公平原则，也就是按劳分配，体现了劳动的差异性。因而，薪酬应当是有差异的，建立真正意义上的公平的薪酬制度是现代企业生存和发展的重要保障。②平均原则。平均原则强调绝对的平均，忽视了劳动的差别性，追求员工之间的平均报酬。许多国有企业的薪酬管理之所以出现问题，就是没有真正地贯彻好公平性原则。

3）竞争原则。事实证明，较高的薪资水平会对优秀人才产生较强的吸引力。当然，有的企业凭借良好的声誉和社会形象，在薪酬方面只要满足外在公平性的要求也能吸引一部分优秀人才。

4）经济原则。企业的薪酬设计要遵循经济原则，要计算人力成本的投入产出比率，把人力成本控制在一个合理的范围内。有效的薪酬管理应当在竞争性和经济性之间找到合适的平衡点。

5）激励原则。主要是根据员工的能力和贡献大小，通过适当地拉开收入差距，让贡献大者获得较高的薪酬，进而充分调动他们的积极性。

6）及时性原则。薪酬是员工生活的主要来源，薪酬能否及时发放势必会对他们正常的生活造成一定程度的影响，进而影响他们的工作。

2. 薪酬的管理策略

作为组织与员工之间十分重要的纽带和桥梁，薪酬的正确运用可以激励员工努力工作，提升工作绩效。薪酬的管理策略主要包括以下几个方面：

(1) 薪酬的治理与管控。薪酬的治理与管控主要是依据企业的战略制定科学、合理的薪酬管理决策程序、机制及管控模式。

(2) 薪酬的目的性倾斜。主要是依据企业战略和公司价值创造体系，来确定企业的薪酬重心向那些最能创造价值的员工倾斜。

(3) 薪酬决定的模式。通常是指薪酬的四种支付依据，即职位、能力、绩效和市场。

(4) 薪酬结构的动态调整。薪酬结构的动态调整主要是指随企业发展及内外部环境的变化，对薪酬结构进行动态地优化与调整的过程。

(5) 薪酬等级管理。薪酬等级管理是薪酬结构设计的基本思想，即等级化或扁平化。其主要目的是通过拉开不同员工之间的薪酬差距，从而发挥薪酬对员工的激励作用。

(6) 团队与个体薪酬管理。新时期企业内团队协作成为了一种新的工作形式，并得到了一定程度的应用。所以，需要对基于团队的薪酬进行管理，处理好个体薪酬与团队薪酬之间的关系。

(7) 薪酬的支付方式管理。主要是对使用哪种形式向员工支付薪酬进行策略选择（如短期薪酬或长期薪酬）。

(8) 薪酬的沟通管理。企业应在薪酬的公开与保密之间进行权衡，并选择合适的薪酬沟通管理方式。

(9) 薪酬的满意度管理。薪酬的满意度管理主要是确定企业是追求内部公平还是外部公平，并向员工传递公司薪酬文化的过程。

第三节　新时期绩效薪酬模式创新

新时期企业之间的竞争日益激烈，归根结底是对优秀人才的需要。作为求职者最关心的部分，绩效与薪酬模式的创新是企业获得市场竞争力的重要手段。薪酬管理与绩效管理是非常重要的工作，科学合理的薪酬管理与绩效管理可以有效地寻找到企业利益与技术人才利益、长远利益与现实利益之间的平衡点，并可对企业战略目标的顺利实施提供有效保障。

绩效管理就是按照一定的标准，采用科学方法对企业员工的思想品德、工作态度、工作能力、工作绩效进行综合检查和评定，为员工的薪酬调配、晋升、培训、辞退和工作生涯管理工作提供真实依据的一种管理方法。

随着社会节奏的不断加快和经济的快速发展，企业内部的工作节奏也越来越快，岗位竞争也随之愈加激烈。这些因素都对企业员工的心情、精神、信心等方面产生了不良影响，甚至出现了工作效率下降、士气低落、生产成本上升的现象，这对现代企业的发展非常不利。所以，企业需要通过科学、合理的考核方法来考核员工的业绩，并以此对员工、部门进行奖励和惩罚，这是改进人力资源管理部门工作，实施激励机制的重要依据。

科学、合理的薪酬管理，可以使企业充分发挥薪酬的激励效果，其具体表现为：有助于吸引和留住优秀人才，造就一支稳定、高效的员工队伍，进而为企业创造更大利润；可以使企业内部的组织得到有效平衡和稳定；公平、合理地确定企业内部各工作岗位的相对价值；可以与企业绩效管理挂钩，激励员工的工作动机；对企业的生存和可持续发展起着强大的推动作用，使企业具有强大的市场竞争能力。

因此，企业需要在传统的薪酬管理体系基础上，制定一套有竞争能力、可持续发展的薪酬管理体系，这样才能有效地吸引优秀人才进入企业之中，为企业增添新鲜血液，保持企业的竞争优势。现阶段，对于薪酬管理的创新思路主要有以下几个方面：

（1）按劳分配。按劳分配是指从企业的实际出发，确立管理能力、技术成果、劳动技能等因素参与薪酬分配的重要性，从而使以上要素充分迸发出创新活力。随着科学技术的不断发展，知识型、技能型、创新型的员工渐渐成为市场中重要的竞争对象，这决定了薪酬制度必须由简单的工资支付向系统的激励机制改进，确定以劳动、技术、管理和资本作为要素参与薪酬分配，从而形成多元要素参与薪酬分配的格局。这样才能发挥薪酬制度的激励约束功能，充分调动各类员工的积极性和创造性。

（2）实行申请加薪制度。这一制度的提出，主要是针对创新可能性高或创新期望值高的岗位，赋予员工申请加薪的权利。明确规定员工有自己申请加薪的权利，让他们在自助的基础上自动控制投入与产出，此举甚至可以省却企业的监控成本。实行加薪申请制度，人力资源部要打消员工的顾虑与观望心理，鼓励军令状式的薪酬挑战。只要企业严格考核，创新型人才将会更快地脱颖而出。

（3）薪酬的动态化调整。新时期的薪酬不应该是稳定不变的，而应该是具有一定挑战性并能激励员工工作动机的动态化薪酬。原则上须保证员工的期望收入无明显减少，并允许大额浮动。薪酬调整时有以下两点需要注意：

1）避免明显抵触。关键在于不让员工认为改革的目的是收入的减少，要让员工意识到，是机会的增加，而非失去。

2）施加激励效果。要让员工看到，只要努力工作，就有加薪的机会。

如此调整，员工的压力与动力就会被激发出来。另外，也可以在平时工资比较固定的基础上，以年终奖的形式兑现员工当期的奖金，对企业来说，这种方法收放自如，比较灵活，激励性也较强。

（4）呼唤透明。新时期的企业管理中，对于薪酬管理透明的呼声越来越高，幕后交易、暗箱操作是被广为诟病的行为。资源得到优化配置，并以最大效能发挥作用、创造效益，是各层管理者与被管理者的初衷。对被管理者来说，“透明”应该是被恪守的一大原则。透明是大势所趋，这不仅是员工私下沟通的结果，也是企业发展所要求的。明码实价的人力资源争夺战，是新时期的企业必将要面对的。

当然，新时期的企业在绩效薪酬模式上的创新思路还有很多，许多创新型的绩效薪酬模式也在不断地实践应用过程中，比较典型的有宽带薪酬、薪点工资制、自助式整体薪酬体系等，这些创新模式都有着其特有的优势和缺点，限于本书篇幅，此处不再进行详细介绍，有兴趣的读者可参考相关资料文献。

一、薪酬管理的创新途径

现阶段薪酬管理的创新，最好的策略就是让薪酬管理动态化，让员工的薪酬动起来。因为只有动态的薪酬管理，才能使物质指数与企业盈利变化相适应，才能吸引和留住人才。企业的薪酬管理创新可从以下三个方面入手：

（1）薪酬动态化。薪酬动态化是指根据市场经济与企业内部变化对员工的薪酬进行有效的动态调整。这要求企业人力管理部门要密切关注市场经济变化和企业内部利润变化，主要内容如下：

1）关注市场经济变化。企业要通过对市场薪酬的调查，了解各个企业内部关键岗位（研发技术人才、企业高中层管理人员和企业特定发展阶段的稀缺人才等）的薪酬水平。

2）关注物质指数变化。所谓关注物质指数变化，主要是根据物质指数升降调查企业内部的薪酬水平。物质指数的变化，在一定程度上影响着员工薪酬的水平及购买力，所以企业需要及时调整员工薪酬。

3）根据企业发展调整员工薪酬。随着企业利润的上升或下降，人力资源管理部门应对员工薪酬进行相应的上升或下调，通过调整薪酬将企业的利润与员工共同分享，这样就会提高员工的战斗力。需要注意的是，在下调前要做好耐心细致的思想工作，避免对企业造成不良的影响。

（2）薪酬人性化。薪酬人性化主要是指企业人力资源管理部门要根据企业实际情况以及员工的工作绩效、能力和工龄及时对员工的薪酬进行调整，主要内容包括以下四个方面：

1）对企业生产类、销售类的员工，通过绩效调薪，使绩效与员工的薪酬直接挂钩。采用这种方法可以让先进者获得嘉奖，后进者受到鞭策。

2）对职位价值发生变化的员工薪酬进行调整。对那些工作业绩突出或职位晋升的员工，要及时调整他们的薪酬，使员工所负的职责与薪酬挂钩，体现出多劳多得的原则。

3）根据员工工作能力及时调薪。主要是对那些经过自学获得学位或经过培训取得技术等级等荣誉的优秀员工，进行相应的薪资调整。这样做能更好地激励员工积极进取，还能稳定员工队伍。

4）根据工龄长短进行一定程度的薪资调整，可以鼓励员工安心为企业服务，有助于企业留住人才。

（3）根据薪酬结构纵向和横向进行调整。这一部分的调整主要包括以下两个方面：

1）增加薪酬等级。增加薪酬等级的主要目的是为了将企业内部的各种职位、岗位之间的差别进行细化，使全体员工明确企业是按职位高低、岗位是否重要的原则进行付薪的。

2）减少薪酬类别。减少薪酬类别是目前薪酬管理创新的一种流行趋势，主要是通过科学地减少薪酬类别，使每个类别包含更多的薪酬等级和薪酬标准。减少薪酬类别，能使企业在薪酬管理上具有更大的灵活性，能激发企业员工的积极性和创造性，这是它的先进性体现。

二、绩效管理的创新途径

随着市场竞争的日益激烈，对于企业绩效管理的改革和创新，对于企业的发展有着十分重要的影响。经过对大量成功案例的深入研究和总结，以及与相关专业人士的多次深入探讨，本书认为绩效管理的创新应从以下两个方面进行：

（1）设立人性化的绩效考核。随着新时期网络技术的不断发展和组织变革的兴起，在现代企业中，大部分员工都具有高度的自信心和责任感，也都对挑战环境、挑战自我以及获得相应的承认和认可，有着强烈的愿望。

因此，本书提出了以人为本、建立人性化绩效考核制度的观点。其主要内容包括以下几个方面：

1）设立综合考评制度。企业除了需要进行年度考评外，还应该坚持不定期地进行绩效考评。

2）设置考评结果反馈制度。由考评组成员代表企业领导对参加考评的员工进行面谈，将考评结果反馈到员工中，在肯定优点的同时指出不足之处，真正体现出“以人为本”的人性化绩效考评，让每一位员工在看到自己成绩的同时，也能看到自己的努力方向。

3）设立优胜劣汰的竞争机制等。

（2）创新绩效管理的注意事项。在绩效管理的创新过程中，有以下几点事项需要注意：

1）业绩考评指标要具体，要在公平公正的前提下进行。

2）尽量避免员工敏感问题，以稳定人心为前提。

3）绩效考评要选择科学合理的考评方法。

4）避免对员工造成心理负担。

5）绩效考评的方法和步骤的公开。

6）在遵守法律法规的前提下，绩效考评要结合企业的实际情况。

7）通过绩效考评建立激励机制，充分调动起员工的积极性。

8）根据绩效考核后的结果，企业领导应根据员工的兴趣、特长以及能力等因素对员工的未来发展进行展望，通过结合企业的战略目标，设立企业对员工的激励机制，充分调动起他们的积极性和创造性，让企业和员工一起为企业的未来而奋斗。

新时期薪酬管理和绩效管理的创新，是现代企业顺应时代发展的需要。通过薪酬管理和绩效管理的创新与有效应用，能够增加企业的竞争优势，彰显企业科学管理的特色，为企业吸引更多的优秀人才，进而为企业的生存和发展提供有效的保障，最终实现企业的整体战略目标。

第七章　劳动关系管理与创新

企业的稳定发展离不开企业内部劳动关系的稳定，所以对于劳动关系的管理关乎企业的生存和发展。劳动关系的管理和创新已成为新时期企业发展中一个极其重要的部分，是新时期企业谋求发展的重要前提。本章主要就劳动关系及其确立与终止、劳动关系的处理、劳动关系管理评价以及新时期劳动关系创新机制探究等方面进行详细论述。

第一节　劳动关系及其确立与终止

本节主要就劳动关系的基本概念及其特性进行简要论述，并对劳动关系的确立与终止过程进行具体探讨。

一、劳动关系及其特性

一般认为，劳动关系的概念需要从广义和狭义两方面来理解，具体阐述如下：

(1) 从广义方面来看，劳动关系是指企业、经营管理者、职工及其职工组织之间，在企业的生产经营活动中形成的各种权、责、利关系。

(2) 从狭义的角度来看，劳动关系主要是指企业作为用人单位，与职工及其组织之间，依据劳动法律法规而形成的劳动法律关系。

本书主要是基于狭义的劳动关系进行详细论述。劳动关系主要是由主体、内容、客体三个要素构成。这里主要对劳动关系中的主体与客体进行论述，具体如下：

(1) 主体。主体是指劳动法律关系的参加者。从狭义的角度来看，劳动关系的主体包括劳动者及劳动者的组织（工会）、用人单位（管理方）以及雇主协会组织。而从广义的角度来看，劳动关系的主体还应该包括政府，政府通过法律和行政权力对劳动关系进行调整、监督和干预。劳动关系的管理离不开用人单位、工会和政府三者之间的有效合作。

(2) 客体。客体主要是指主体的劳动权利和劳动义务共同指向的事务，如劳动时间、劳动纪律、劳动报酬、劳动环境、安全卫生、福利保险等。需要注意的是，在我国，劳动者的人格和人身不能作为劳动法律关系的客体。

在相关法律规定的前提下，劳动关系中的主体双方，依法享有的权利和承担的义务共同组成了劳动关系的主要内容，详述如下：

（1）劳动者依法享有的主要权利包括以下几部分。

1）平等就业权。平等就业权是指具有劳动能力的公民有获得职业的权利。

2）选择职业权。选择职业权是指劳动者根据自身的素质、能力、志趣和爱好以及市场信息，选择适合自己才能、爱好的用人单位和工作职位。选择就业的权利是劳动者劳动权利的体现，是社会进步的一个标志。

3）休息休假权。休息休假权是我国宪法赋予劳动者的一项重要权利。休息休假的法律规定既是实现劳动者休息权的重要保障，又是对劳动者进行劳动保护的重要内容。

4）劳动报酬权。劳动报酬权是指劳动者付出劳动，依照合同及国家有关法律获取劳动报酬的权利。劳动者取得劳动报酬是公民的一项重要权利。

5）职业培训权。职业培训主要是指对准备就业的人员和已经就业的员工，进行技术业务知识和操作技能的培训和训练。我国法律规定，公民有受教育的权利和义务，包括受普通教育和受职业教育两方面。

6）劳动安全卫生保护的权利。劳动安全卫生保护是劳动者在劳动中的生命安全和身体健康的重要保障，是对享受劳动权利主体切身利益最直接的保护，包括防止工伤事故和职业病等。

7）社会保险权。社会保险是劳动力再生产的一种客观需要，是对员工因各种原因失业后，提供物质帮助的一种社会保障制度，包括养老保险、医疗保险、工伤保险、失业保险和生育保险等。

8）劳动争议提请处理权。劳动争议提请处理权是指用人单位与劳动者发生劳动争议时，劳动者拥有依法申请调解、仲裁，或提起诉讼等权利。

劳动者依法应承担的主要义务包括保质保量地完成生产任务和工作任务；遵守用人单位的劳动纪律和规章制度；学习技术和业务知识（包括政治、文化、科学的学习等）；保守国家和企业的机密等。

（2）用人单位的权利主要为依法录用、调动和辞退职工；制定工资、报酬和福利方案；决定企业的机构设置；依法奖惩职工；任免企业的管理干部等。

用人单位的主要义务是依法录用、分配、安排职工的工作；按职工的劳动质量、数量支付劳动报酬；保障工会和职代会行使其职权；改善劳动条件，做好劳动保护和环境保护；加强对职工思想、文化和业务的教育、培训等。

劳动关系存在着一定的特性，主要表现在以下几个方面：

（1）平等性。劳动关系的平等性主要体现在劳动主体双方权利和义务形式上的对等。

1）劳动关系是劳动者和用人单位在平等协商的基础上建立起来的。

2）劳动关系是以劳动合同为保证建立起来的，而劳动合同是双方在没有外在干扰的前提下，自愿、平等签订的。

（2）利益性。劳动关系的利益性主要体现在以下两个方面：

1）劳动者让渡自己的劳动给用人单位。

2）用人单位向劳动者支付劳动报酬和福利。

双方体现出的经济利益关系是劳动关系的基本性质。

（3）隶属性。劳动者必须履行自己的义务，在劳动中听从管理者的调度和支配，双方形成管理与被管理的隶属关系。

二、劳动关系的确立

劳动关系的确立是指劳动者与用人单位之间为建立劳动关系，经过相互选择，就双方的权利义务协商一致，在平等自愿的前提下，依法签订劳动合同的法律行为。劳动合同的签订标志着用人单位与劳动者之间劳动关系的正式建立。

（一）劳动合同签订的原则

劳动合同签订的过程中，应该遵循以下几项主要原则：

（1）劳动合同的签订应当遵循合法性原则，即不得违反法律、行政法规的原则。劳动合同的合法性是劳动合同有效并受国家法律保护的前提条件。合法性原则的基本要求包括以下几个方面：

1）主体必须合法。签订劳动合同的双方当事人必须具备法律、法规规定的主体资格。作为劳动者，必须年满16周岁，具有劳动权利能力和劳动行为能力；作为用人单位，必须具有法人资格，个体工商户必须具备民事主体的权利能力和行为能力。用人单位招收未成年人，应当符合国家的有关规定。

2）目的必须合法。对于员工来说，签订劳动合同是为了实现劳动就业，获得劳动报酬，以维持生活和个人需要；对于企业来说，签订劳动合同是为了使用劳动力来生产劳动，最终获得利润。当事人不得以签订劳动合同的合法形式掩盖非法意图和违法行为。

3）内容必须合法。双方当事人在劳动合同中所设定的权利、义务、条款必须符合国家法律、法规和政策的规定。

4）程序必须合法。劳动合同的订立要按照国家法律、行政法规规定的步骤和方式进行，要约和承诺要符合法律规定的要求。

5）行为必须合法。双方当事人在签订劳动合同时，必须以自己的实际行动来体现劳动合同的合法性，不能存在合谋、欺诈等违法行为。

（2）劳动合同的签订应当遵循诚实信用原则。在签订劳动合同的过程中，用人单位与劳动者彼此双方都要诚实守信，严守诺言。

（3）劳动合同的签订应当遵循平等自愿原则。在签订劳动合同的过程中，双方当事人都应该以平等的身份出现，都有权选择对方并就合同内容表达各自独立的意志，不存在任何依附关系。所谓自愿，主要是指在签订劳动合同的过程中，双方当事人完全是出于自己的意志。劳动合同当事人在主张自己的权益时，任何一方不得将自己的意志强加给对方，也不允许第三者进行非法干预。平等是自愿的前提和基础，自愿是平等的表现，两者相辅相成，才能真正体现平等自愿的原则。

（4）劳动合同的签订应当遵循协商一致原则。在签订劳动合同的过程中，双方当事人应在充分表达自己意愿的基础上，经过平等协商，达成意见一致，再签订劳动合同。协商一致的原则，是维护劳动关系主体双方合法权益的基础。

（二）劳动关系的确立

劳动关系的确立主要是通过劳动合同这种法律契约的签订来实现的，也就是说劳动合同一旦签订，就确定了正式的劳动关系。一般情况下，劳动合同的签订程序主要可分为以下几个步骤：

（1）生成提议。生成提议一般发生在签订劳动合同前，主要是指劳动者和用人单位提出签订劳动合同的建议，称为要约。一般由用人单位提供拟定的劳动合同草案，并向劳动者介绍内部劳动规章制度，劳动者经过考虑后，有权对劳动合同草案的条款提出自己的意见和建议。

（2）约定协商。约定协商是指在步骤（1）完成的基础上，当事人双方就将要签订的劳动合同草案，包括意见、建议和需要补充的条款，进行认真磋商的过程。经过相互讨论、仔细研究、互相让步，最后达成一致意见，协商即告结束。

（3）签订合约。签订合约是指用人单位和劳动者在认真审阅合同文书，确认没有分歧后，双方签订劳动合同的过程。劳动合同由双方分别签字或者盖章，并加盖用人单位印章，劳动者一方不得由他人代签。如此，劳动合同书才具有法律效力，从而对员工和企业双方产生约束力。

三、劳动关系的终止

劳动关系的终止主要体现为劳动合同的解除和终止。也就是说，无论是劳动合同的解除，还是劳动合同的终止，只要任意一种情况发生，就意味着劳动关系的终止。当然，两者往往是其中一种情况发生的同时，另一种情况也随之发生，但两者发生的本质是有区别的。下面就分别对劳动合同的解除和终止进行详细论述。

（一）劳动合同的解除

一般情况下，劳动合同的解除可以分为法定解除和双方协商解除两种类型。其中，协商解除是双方在平等自愿的原则下，经过协商，达成一致，最终解除劳动合同的过程。限于本书篇幅，这里主要就法定解除的内容进行详细论述。

劳动者本人和用人单位都有权提出解除劳动合同的提议。但是，在法律保护的前提下，要满足一系列的条件。本书主要从用人单位和劳动者两者的角度来论述。

（1）劳动者单方面要求解除劳动合同。对于劳动者单方面要求解除劳动合同的情况，相关法律有以下几点规定：劳动者提前三十日以书面形式通知用人单位的；劳动者在试用期内，提前三日通知用人单位的；用人单位未按照合同约定提供劳动保护或劳动条件的；用人单位未及时足额向劳动者支付劳动报酬的；用人单位未依法为劳动者缴纳社会保险费的；用人单位的规章制度违反法律、法规的规定，损害劳动者权益的；法律、行政法规规定劳动者可以解除劳动合同的其他情形。劳动者需要在满足这些条件的情况下，才可以解除劳动合同。

另外，如果用人单位出现以暴力、威胁或者非法的手段强迫劳动者劳动的情形，或者由于用人单位的违章指挥、强令冒险作业等行为危及劳动者人身安全的，劳动者可以立即解除劳动合同，不需事先告知用人单位。

（2）用人单位要求解除劳动合同。根据有关法律规定，用人单位单方面提出解除劳动合同，则需要满足以下情形之一：

1）过失性解除。如严重违反劳动纪律或者用人单位规章制度的；严重失职，徇私舞弊，给用人单位造成重大损害的；被依法追究刑事责任的；劳动者同时与其他用人单位建立劳动关系，对完成本单位的工作任务造成严重影响，或者经用人单位提出，拒不改正的；因产生法律规定的情形致使劳动合同无效的。劳动者有上述情形之一的，用人单位可以解除劳动合同。

2）非过失性解除。劳动者有下列非过失性情况发生时，用人单位可以解除劳动合同。但要注意，用人单位应当提前三十日以书面形式通知劳动者本人，且要依法给予劳动者一定的经济补偿。

a. 劳动者患病或者负伤（非工伤），医疗期满后，无法从事原工作或另行安排的其他工作，或者不符合岗位规定，用人单位无法另行安排工作的。

b. 劳动者经过培训或者调整工作岗位后仍不能胜任工作的。

c. 劳动合同订立时所依据的客观情况发生重大变化，致使原劳动合同无法履行，经当事人协商又不能就变更劳动合同达成协议的。

（二）劳动合同的终止

劳动合同的终止主要是双方当事人已经履行完毕合同约定的所有权利和义务，或基于一定法律事实的发生，劳动合同中所设定的权利义务关系就此终止的法律行为。劳动合同的终止需要符合特定的情形，如劳动合同期满的；劳动者开始享受基本养老保险待遇的；劳动者死亡或者被人民法院宣告死亡或者宣告失踪的；用人单位被依法宣布破产的；用人单位被吊销营业执照、责令关闭、撤销或者用人单位决定提前解散的；法律、行政法规规定的其他情形。

对于某些非因期满终止劳动合同的情况，国家为了保障劳动者的权益，规定用人单位应当向劳动者支付经济补偿。有关法律规定，企业在某些特定情况下，解除或终止劳动合同时，应该向员工支付一定的经济补偿。支付经济补偿的标准根据劳动者在企业的工作年限，每满一年发给一个月的工资作为经济补偿金，六个月不满一年的，按一年算。限于本书篇幅，具体内容此处不再进行详细介绍，有兴趣的读者，可参考相关资料文献。

当劳动合同解除和终止时，劳动关系就不复存在，同时员工关系也就终止了。

第二节　员工关系的管理

员工关系的管理主要是企业针对内部员工在组织中的各种关系的管理，这些关系的存在在一定程度上影响员工对组织的认知，并影响员工的行为和绩效，最终对组织绩效产生一定的影响。对于这些关系，企业要建立一定的机制和决策对其进行管理，以实现企业发展的战略目标。本节主要就员工心理因素的管理以及几种主要的员工关系管理措施等方面进行详细论述。

一、员工心理健康管理

员工心理健康是指员工的一种持续良好的工作心态，这种心态可以使员工的认知活动、情绪反应和意志行动等都处于积极状态，而且具有正常的和适当的调控能力，能对其身心的潜能进行充分发挥。

一般情况下，按健康程度的不同，员工心理健康一般可分为正常、不平衡和不健康三种状态，详述如下：

（1）正常状态（也就是常态）。正常状态是指员工个体在没有较大困扰的情况下，心理正常的状态。个体的常态行为基本上与个人的价值观、道德水平、人格特征以及组织倡导的价值观相一致，这种状态一般称为心理健康。

（2）不平衡状态。员工在不平衡状态下，往往会表现出焦虑、倦怠、压抑、自责、后悔等心理。员工往往通过心理防御机制进行自我调节或借助外力进行疏导，以消除不平衡并恢复到正常状态。我们通常所说的员工心理健康问题一般是指员工处于这种状态中所表现出来的心理和行为反应。

（3）不健康状态。一般也称为心理疾病或精神疾病，主要包括神经症、人格障碍、精神分裂症等。这种状态下的员工已经不适合工作，需要辞退或休假，到医疗部门接受心理治疗和药物治疗。

（一）员工心理健康管理的目的

员工心理健康管理的目的在于提升组织文化，降低管理成本。一般主要是通过创造良好的工作环境，为员工提供愉悦的心理氛围，促进员工心理健康；同时针对员工的心理亚健康和不健康的状态采取一定的保护措施，通过一些缓解和治疗手段，帮助员工从职业心理焦虑中解脱出来，减少因工作带来的心理伤害，提升心理健康的水平。员工心理健康管理的目的大致可以概括为以下三点：

（1）提高劳动生产率。员工心理健康管理的实行，能缓解员工的工作压力，让其精力充沛，身心健康，进而提高企业的劳动生产率，增强企业的核心竞争力。

（2）减少人才流失。员工心理健康管理的实行，能够增加员工的工作热情和归属感，留住和吸引更多的优秀员工，进而使企业的核心资源更加稳固。

（3）预防危机事件。员工心理健康管理的实行，能够让企业随时了解到员工的压力状况，同时为员工提供一定的指导建议，有利于员工身心状态的调节，降低员工心理危机事件发生的可能性。

（二）员工心理管理的措施

随着新时期工作的强度、复杂性、竞争程度的增加以及来自生活中各方面的改变，使得员工个体长时间承受着巨大的压力，在得不到有效缓解的情况下，过高的工作要求，过重的工作任务等都将导致员工的心理和身体出现一定程度的问题，如心理疲惫、能力下降、态度冷淡等。员工的压力若长时间得不到缓解，会产生严重后果，如图 7-1 所示。

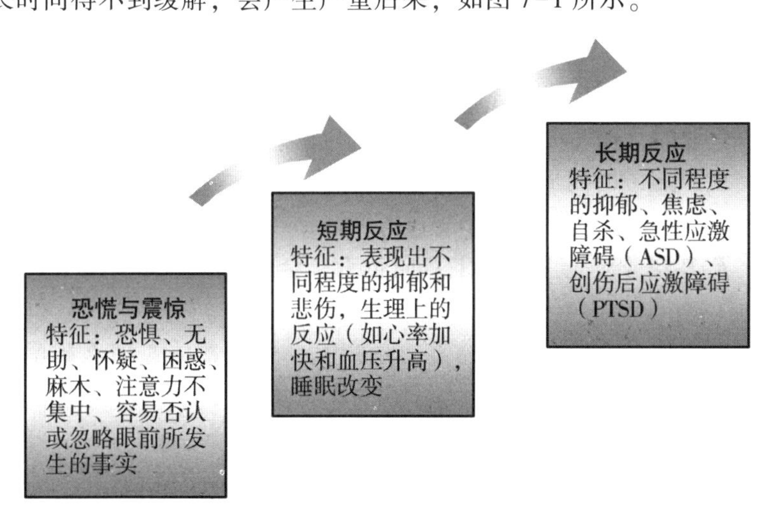

图 7-1　创伤影响的三个阶段

企业应充分关注、调查、分析使员工产生压力的根源及其类型，在组织层面拟定并实施各种压力减轻计划，以此来有效管理并减轻员工的压力。主要的解决途径包括以下几个方面：

（1）工作环境和条件的改善。企业需要创造良好的工作环境，严格控制对环境的干扰因素，为打造舒适的工作空间创造条件，减轻员工工作压力。另外，还要确保员工拥有做好工作所需的良好工具、设备。

（2）营造良好的企业文化氛围。企业应该鼓励并帮助员工提高心理保健能力，学会缓解工作压力的方法，自我放松。另外，企业还要对员工的成长与健康给予关注，这会使员工感受到关怀与尊重，从而成为一种有效的激励手段，激发员工提高个人绩效进而提高整个组织的绩效。企业可通过开设宣传专栏、定期邀请专家做讲座、配备健康指导员等形式普及心理健康知识，营造良好的企业文化氛围。帮助员工提高社会适应能力，缓解心理压力，保持心理健康。

（3）将员工的心理健康管理与企业人力资源管理的各个环节有机结合

在一起，在组织制度、程序上帮助员工减轻压力。

（三）员工援助计划

员工心理援助（*Employee Assistance Programs*，*EAP*），也称为员工帮助计划，是一种帮助企业员工解决健康、心理、经济等方面问题而提供的长期的、系统的援助与福利项目。*EAP* 有利于提高员工在企业中的工作绩效，也有助于管理人员提高管理效能，并且在一定程度上还可以为组织改进和完善管理体制提供建议和帮助。

员工心理援助计划的主要特点包括以下几部分：

（1）专业的 *EAP* 咨询机构具有很高的职业道德，绝不会将相关信息泄露，所以企业的管理人员和员工无须担心自己的隐私安全问题。

（2）*EAP* 服务时间灵活、方式多样，不仅有面对面咨询和 24 小时心理热线，还有分层次、分主题的小规模心理培训和大规模的心理讲座。

（3）*EAP* 服务对企业和员工双向负责，会同时参与、协调劳资双方的矛盾。

（4）*EAP* 服务会为来访者建立心理档案，并将整体心理素质反馈报告递交企业。

一般情况下，员工援助计划的运作模式可分为内部模式、外部模式、混合模式、联合模式和共同委托模式五种模式，详细阐述如下：

（1）内部模式。内部模式主要是指组织内部设置专门机构，由内部专职人员负责援助项目的策划和组织实施，这种模式的主要运作流程如图7-2所示。

内部模式的优点主要包括以下几个方面：

1）容易了解和掌握组织问题，使服务更具有针对性。

2）由于服务提供者主要是本企业人员，可以为服务对象创造信任和熟悉的环境，有助于服务的顺利开展。

3）成本较低。

4）项目设计和实施的弹性大，有利于在本企业推广。

内部模式的缺点包括以下几个方面：

1）专职人员在设计员工援助计划的过程中难免带有主观性。

2）因为员工的个人隐私问题影响服务质量。

3）组织投入成本较高。

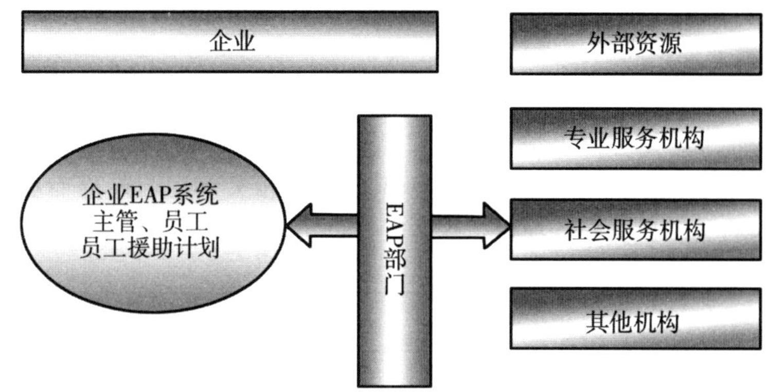

图 7-2 *EAP* 内部模式的运作流程

（2）外部模式。外部模式主要是指由外部具有社会工作、心理咨询和治疗知识及经验的专业人员或机构提供员工援助服务的一种模式。企业通过契约的方式将员工援助计划外包，所需的服务几乎全部由外部提供。企业主要是负责发现员工的问题，并根据问题的特点选择合适的外部服务机构，并对外部服务效果进行监控等任务。外部模式的主要运作流程如图7-3所示。

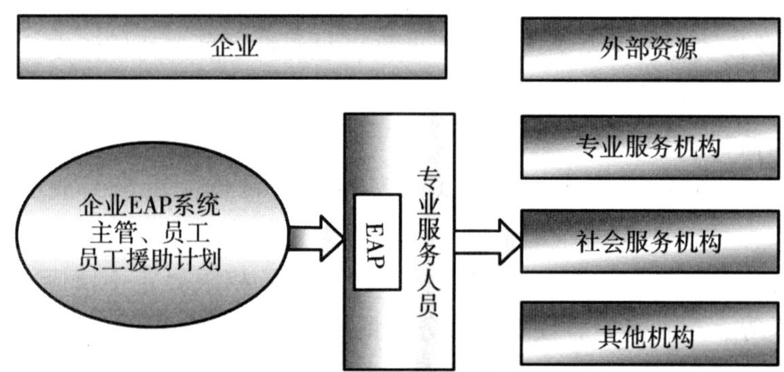

图 7-3 *EAP* 外部模式的运作流程

外部模式的优点主要表现在以下几个方面：

1）组织通过一定的费用就可以获得专业服务，不必设置专职服务人员和职位。

2）专职人员可以提供更专业化的服务。

3）提供的服务可以保持相对的独立性，不用顾虑隐私保护问题。

当然，外部模式的缺点也很明显，主要表现在以下几个方面：

1）外部机构对组织内部和员工了解较少，服务针对性不强。

2）服务费用相对较高。

3）服务提供商的选择存在风险。

研究表明，外部服务模式比较适合2000人以上的企业采用，不太适合规模小的企业，这一点也是企业需要注意的。

（3）混合模式。混合模式是指组织内部的相关部门与外部专业机构联合，共同为员工提供服务项目。这种模式的主要运作流程如图7-4所示。

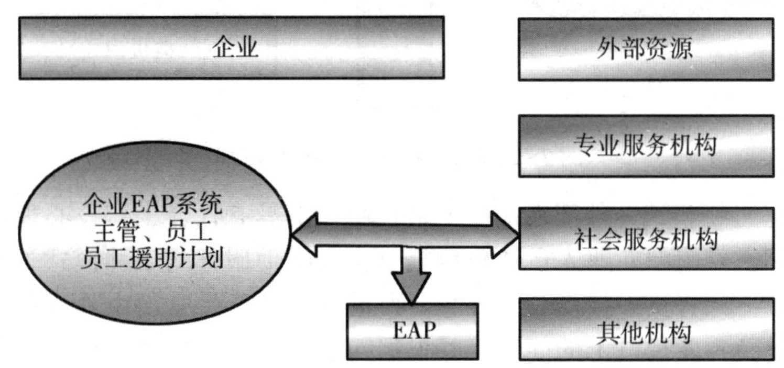

图7-4　*EAP*混合模式的运作流程

混合模式的优点主要表现在以下几个方面：

1）该模式保证了服务人员的专业性，也提升了员工的信任度。

2）内部人员的参与可以协助推进整体服务项目的实施，并对项目实施质量有效监督。

3）相比于外部模式，该模式的费用支出较低，适合一般的中小型企业。

混合模式的缺点主要是内部人员和外部人员权限界定不清晰、人员调配不顺畅等，这在一定程度上对服务质量有很大的影响。

（4）联合模式。联合模式主要是指几个组织联合成立一个由专人管理，聘请具有社会工作、心理咨询等知识和经验的专业服务人员，为各企业的员工提供服务的服务机构。这种模式的主要运作流程如图7-5所示。

联合模式的优点主要表现在以下几个方面：

1）最大限度地节省费用。

2）有利于促进组织之间的沟通与合作。

但是，由于国内企业对员工援助计划有明确要求的并不多，很难形成规模，而且组织之间容易在人员配置、职责权限、薪酬待遇等方面出现争端，所以这种模式在我国没有太大需求，很难实现。

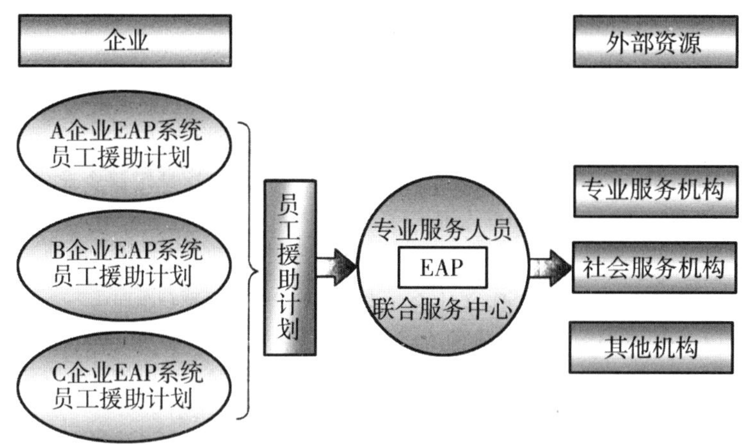

图 7-5　*EAP* 联合模式的运作流程

（5）共同委托模式。共同委托模式是指几个企业联合委托具有专业能力的服务人员与机构，为其提供员工援助计划服务。这种模式的主要运作流程如图 7-6 所示。

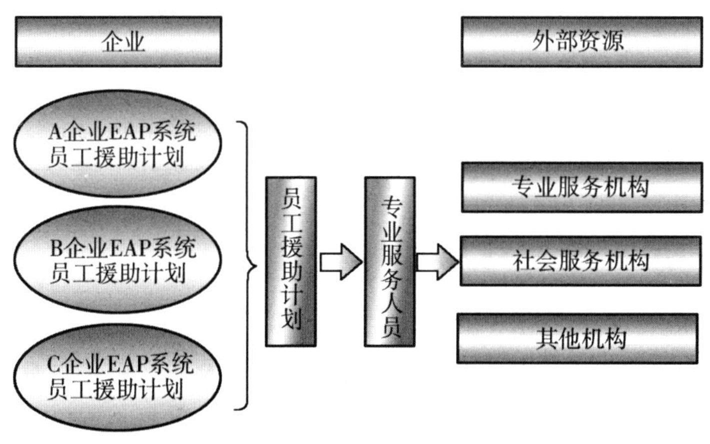

图 7-6　*EAP* 共同委托模式的运作流程

通过资源共享，*EAP* 共同委托模式比较适合规模较小的企业。但是，这种模式的要求比较高，适用范围比较有限。在具体实施中，只有所有的企业具备相似的产业背景和员工特色，才能发挥这种方式的最大效益。此外，为了满足多家企业的共同服务，这种模式对服务提供商的专业度和规模也提出了较高的要求。

综上所述，五种 *EAP* 运作模式的特点见表 7-1。

表 7-1　*EAP* 运作模式的比较

模式	特色	优点
内部模式	企业自行设置负责员工援助计划的部门，聘请具有社会工作、心理咨询等专业资格的人来执行	·了解企业内部组织文化 ·能较好配合其他部门业务 ·有弹性、量身定制企业内部所需的服务 ·随时帮助员工解决及时性问题
外部模式	企业付费由外部具有社会工作、心理咨询等专业资格的人员或机构，提供员工援助计划专业服务	·具有较强的专业性 ·保密性较好，员工较信任 ·易获得最新专业信息与技术服务
混合模式	企业内部已设置员工援助计划部门，需要与外部专业机构合作，共同为员工提供服务	·分担企业内部人员费用 ·灵活满足员工需要
联合模式	几个企业联合成立一个专门提供各企业员工援助计划的联合服务中心，并由具有社会工作、心理咨询知识和经验的专业服务人员提供帮助	·资源共享，比较经济 ·具有全面且深入的专业性服务 ·容易获得最新专业信息与服务
共同委托模式	几个企业共同委托具有专业能力的专业服务人员与机构，为员工提供服务	·资源共享，比较经济 ·整合企业意见，互相补充 ·容易获得最新的专业信息与技术服务

二、员工职业健康管理

在企业的经营过程中，由于某些意外的安全事故、工作场所的有毒有害物质、对健康不利的工作环境与动作等因素，都会对员工职业健康安全造成侵害。对于这些不安全和不卫生因素，劳动法规定了劳动者有获得劳动安全卫生保护的权利，以保障劳动者在劳动过程中的安全和健康。企业也需要结合自身的具体情况，建立起员工职业安全健康管理制度体系，通过一系列科学有效的措施，对员工职业健康进行管理，避免安全事故的出现，并为员工营造安全、健康、舒适的工作环境，从而保障员工的生命安全与身心健康，促进企业生产经营活动的正常进行。

在制度的建设方面，企业应严格遵守国家法律的相关规定，通过建立以下几种主要制度，进而形成系统完备的职业健康安全管理体系。

（1）建立安全管理责任制度。

(2) 建立安全卫生培训制度。

(3) 建立安全卫生检查制度。

(4) 建立安全卫生技术管理制度。

(5) 建立安全卫生设施管理制度。

(6) 建立安全防护用品管理制度。

(7) 建立伤亡事故与职业病统计报告处理制度等安全生产制度。

在管理的流程方面，企业可有机地将职业健康安全管理融入生产经营管理与人力资源管理的各个环节与阶段，实现企业系统化管理。主要表现在以下几个方面：

(1) 工作分析阶段。在这个阶段，应加入健康安全因素的分析。通过对特定岗位和职务工作所需的环境条件的分析确定，以及对员工健康安全造成影响的各项因素的分析确定，为提前采取相应预防措施提供技术支持，进而降低工作风险，并对员工工作中的健康、舒适程度进行有效提升。

(2) 安全管理计划的制定。职业健康安全管理计划的制定，应该基于企业的发展战略，并依据企业的未来发展规划进行，具体如下：

1) 结合企业的发展战略，对影响员工健康安全的内外部因素进行深度分析与挖掘。

2) 依据企业发展的需要与中长期规划，预测安全管理的成本效益。

3) 配合企业战略制定具体的员工健康安全管理措施，如员工培训、安全考核等。

(3) 招聘与录用阶段。在招聘与录用阶段，应依照职业健康安全管理计划，对应聘者进行严格筛选，从而确保录用者能够满足企业的健康安全生产要求。

(4) 员工培训阶段。在员工培训阶段，除工作所需的知识、技能与素质培训外，需有机地加入职业健康安全意识的宣传教育。而且，对企业领导、一线经理的相应培训也要提上日程，提高管理者对于员工职业健康安全问题的重视程度。

(5) 绩效考核阶段。在绩效考核阶段，可有机地引入关于职业健康安全行为的考核，对员工及各级管理者的职业健康安全行为进行评价，以督促管理者完成其安全管理职责，同时避免因员工个人行为导致的伤亡事故的发生与财产损失。

三、员工纪律管理

在现代企业中，良好的纪律能够保证企业自身的运作平稳有序地进行，并能在一定程度上对内部全体成员的正当权利提供有效保障。所谓纪律管理，主要是利用奖励和惩罚措施来纠正、塑造以及强化员工行为的过程，也是维持组织内部良好秩序的过程。通过规章制度的贯彻落实，能规范管理活动与员工行为，维护正常的工作秩序。在企业生产经营活动中，良好的纪律能够确保全体成员的利益，对侵害员工利益和权利的行为起到防范作用。因此，在组织中如何构建、维持良好的纪律就成了管理者的重要任务。

现代企业中的纪律管理，根据其功能和作用，主要可以分为以下两种类型：

（1）预防性的纪律管理。预防性的纪律管理强调采用积极有效的激励方法，鼓励员工遵守劳动标准和规则，鼓励员工自律、努力向上，以预防违规行为的发生。

（2）矫正性的纪律管理。矫正性的纪律管理主要是指当员工在工作中出现违规行为时，为了防止此类违规行为继续发生，通过采取某种形式的处罚，如警告、降职或暂停付薪等，使员工未来的行为符合标准规范而采取的管理措施。由此可知，矫正性的纪律管理较偏重惩戒方面。

企业进行纪律管理的前提是管理者首先要与员工进行沟通，确立纪律管理目标，并据此来评价、修正员工行为。纪律管理的目的是从积极方面促使员工自我约束，保护员工的合法利益与权利，促使组织内部良好秩序的形成。一般情况下，企业内纪律管理的主要流程可分为以下几个步骤：

（1）纪律管理目标的确定。管理者制定纪律法规的目标，主要是对员工的工作行为进行引导和规范，使之井然有序，并在保障员工个人合法权益的同时，促使企业生产力提高，进而达成组织目标。

（2）工作和行为规范的拟订。通常，纪律法规应当涵盖工作行为的各个层面，凡是直接或间接影响企业生产力或企业目标达成的事项，都应当拟订相关纪律法规，以规范员工的工作行为。纪律法规应当公平合理，简单明确，不能模棱两可、含糊不清，以免造成执行中的困难，引发员工的反感和抗议。

（3）沟通目标与规范。纪律法规的制定，最好能有员工参与，确保员工对规则的支持与实践意愿，必须获得员工对其目标和内容的了解，以此来保证纪律法规的切实执行和遵守。

（4）员工行为评估。随时对员工平时的工作表现进行记录并应用于绩效评估。而对于企业纪律政策及员工行为的检讨和评估，可作为管理决策的参考依据。

（5）员工行为的修正。在绩效评估之后，应对员工的不当工作行为予以提醒，并实施适当的惩戒措施使员工进行修正。

四、员工抱怨管理

1. 抱怨的特点

员工抱怨是指企业内员工将在工作中感受到的不公平或不公正，以非正式的方式表达出来的一种正常的心理宣泄。其主要特点包括以下几个方面：

（1）在一定程度上，员工抱怨的发生有助于缓解员工心中的不快，但可能导致工作效率降低、拒绝执行工作任务，甚至破坏企业财物等过激行为的发生。

（2）员工抱怨具有一定的传染性，个别员工的抱怨可能发展为群体抱怨。

（3）员工抱怨也是一种反馈。

（4）员工抱怨与员工的性格有关，与事件的相关性不大。

2. 抱怨的原因

通常，员工可能会对很多事情产生抱怨，这里主要对几种比较典型的问题进行讨论，具体如下：

（1）薪酬与待遇。薪酬与待遇的问题，主要涉及组织在员工薪酬的分配与支付方面的公平、公正和公开程度，以及员工职位的晋升、培训和嘉奖等方面。如果员工发现在这些方面与其他公司或公司内其他同事存在差距，就容易产生抱怨情绪。

（2）工作环境或工作条件。对于工作环境或工作条件的抱怨几乎涉及工作的各个方面，小到公司信笺的质量，大到工作场所的地理位置等。

（3）同事关系。对同事关系的抱怨主要是由于各种原因导致员工与同事之间较难相处。

（4）部门关系。部门之间的利益冲突或者工作衔接不畅，也会导致员工抱怨情绪的产生。

（5）上下级关系。这方面的抱怨主要是员工对上级的管理方式或领导行为不满而产生抱怨。

3. 处理抱怨的办法

一般情况下，主要是依据企业的制度、规则和良好的沟通反馈机制，以耐心、诚心的态度，通过娴熟的人际关系处理技巧等来对员工抱怨进行处理，其处理步骤大致包括以下几部分：

（1）乐于接受，善于倾听。抱怨是一种情绪发泄，对于管理者来说，不带偏见地耐心倾听，往往能得到员工的信任，有助于平复员工的情绪，是构建良好员工关系的基础部分。

（2）了解原因，积极沟通。企业管理者要积极了解员工抱怨背后的原因，首先要认真听取抱怨者的心声，再结合其他员工的意见，与抱怨者积极沟通，对抱怨者提出的问题做认真、耐心的解答，并且对员工不合理的抱怨进行友善的批评。

（3）敢于面对，果断处理。对于由公司的管理或工作问题导致的员工抱怨，管理者要敢于面对，依据工作流程、岗位职责、规章制度等，及时采取相应的措施来处理，尽量做到公正严明。在规范管理制度时，应坚持民主、公开、公正的原则。这里要注意的是，在处理员工抱怨时，管理者要保持积极、公正、冷静和担当的态度，不忽视、不偏袒、不回避、不发火。

五、员工离职管理

企业中的员工经常会由于各种原因而离职，虽然组织对于员工主动离职的行为采取了各种方法和手段进行规避，但仍有部分员工的离职难以避免。这种情况下,企业需要有相应的制度、规范和流程，把员工的离职给组织带来的损失降至最低。一般情况下,员工离职的流程如图7-7 所示。

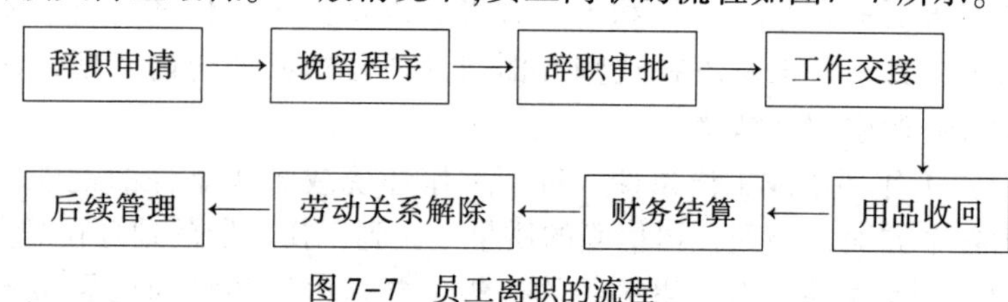

图 7-7 员工离职的流程

（1）辞职申请。组织必须具有有关员工辞职事项（如提交辞职报告的时间、辞职报告接收人和辞职报告的基本内容等）的具体规定，使员工的离职程序有章可依。

（2）挽留程序。员工的直接主管应当与辞职员工进行沟通，对于工作称职、业绩良好的员工进行挽留，并了解其辞职的原因，寻找解决的方法，减少组织因员工流失而造成的损失。如果直接主管挽留无效，则可由再上一级主管人员决定是否需要挽留，并根据实际情况进行挽留谈话，还可以为员工提供收回辞呈的机会，最大限度地挽留人才。

（3）辞职审批。基于对员工挽留无效或没有必要挽留的前提下，员工的辞职申请可以进入辞职审批流程，并按照组织相关程序进行审批。完成审批流程后，应将有关书面文件交至人力资源部门进行确认。

（4）工作交接。人力资源管理部门收到书面审批文件后，应通知有关部门主管进行辞职员工的工作交接。

（5）用品收回。组织要检查办公室桌椅是否完好，收回工作证、名片、工服、钥匙和非低值易耗办公用品等与组织相关、所有权为组织的物品。

（6）财务结算。组织应与离职员工做好借款、贷款等应收款项结算；工资、奖金、福利结算；违约金、承诺合同期未满的补偿费用的结算等事宜。

（7）劳动关系解除。组织应为离职员工出具工作证明或离职证明，办理退工手续，转调人事关系、档案和保险关系等。

（8）后续管理。员工与组织解除劳动关系后，从法律角度而言，不再是组织的员工，组织对员工的管理可以结束了，但是离职的员工（尤其是主动离职的员工）对组织依然具有价值。因此，进行离职员工的后续管理不仅可在员工离职时规避许多风险，在社会上树立良好的组织形象，还可以让他们今后成为组织重要的社会资本。

这里有一点需要指出，员工在离职之前，企业的相关人员有必要与其进行面谈。从组织的角度讲，离职面谈有以下几个优势：

1）离职面谈可以使组织了解员工离职的原因，并促使企业对其管理进行改进。

2）离职面谈也是企业将离职人员的知识和经验转移给其接任者的一次机会。

3）离职人员往往比在职人员更加坦率、客观，他们的意见也更富有建设性。

所以，企业可以根据具体情况，对递交了离职申请的人员进行离职面谈。离职面谈的主要流程如图 7-8 所示。

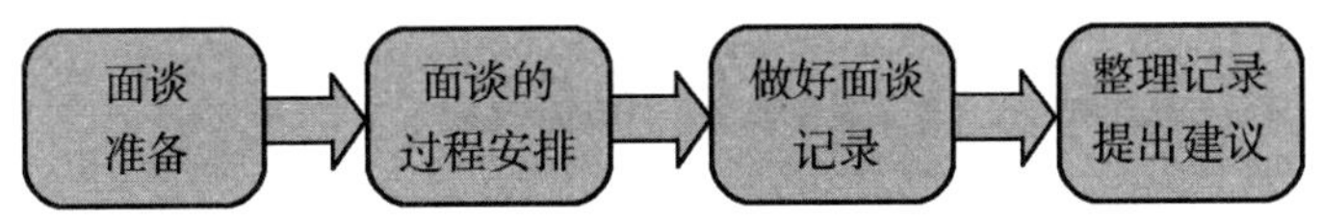

图 7-8　离职面谈的主要流程

另外，员工关系的管理还应该包括员工申诉管理、员工参与管理、劳动争议处理、裁员管理等诸多方面，限于本书篇幅，此处不再进行详细介绍，有兴趣的读者可参考相关资料文献。

第三节　员工关系管理评价

员工关系管理评价就是通过对企业的员工关系政策、管理制度、管理项目、管理行为的效果进行评定，为进一步改进员工关系提供决策参考。

大量应用与实践表明，员工关系管理评价主要包括以下三种典型的常用方法：

(1) 横向方法。横向方法就是把员工关系管理评价指标放在企业人力资源管理综合评价指标之下，这可以充分反映员工关系管理对人力资源管理、企业战略目标实现的支持程度。

(2) 纵向方法。纵向方法主要是采用专门的员工关系管理评价指标体系进行评价。通过这种方法，可以充分体现员工关系管理本身的职能及特点。针对员工关系管理的评价要素，主要包括企业的员工关系管理政策、员工关系价值取向、员工关系管理体系、员工关系管理项目、员工关系改进机制、员工关系管理能力等。

(3) 替代方法。替代方法根据企业管理的需要，通过对一些单项指标的调查分析（根据企业管理的需要），对员工关系整体状况或者某些方面的好与坏进行推断，进而反映企业员工关系管理的效果。

员工关系管理评价是人力资源管理活动中的持续过程。它既是员工关系管理的终了环节，又是新一轮员工关系管理的起点环节。其主要表现为：

1）在起点环节，员工关系管理评价通常采用员工满意度调查和员工关系诊断的方式进行评价。

2）在终了环节，除了进行员工满意度调查和员工关系诊断以外，还要对企业一定时期以来的员工关系进行综合评价，并对未来的员工关系提出合理的改进计划。

一、员工关系管理评价的模型

员工关系管理的效益是人力资源管理系统的协调、效率与效果以及员工满意度的综合体现，贯穿人力资源管理实践的各个方面。一般情况下，员工关系管理评价的指标框架，主要是从适应性、执行性、有效性三方面来构建的，如图 7-9 所示。

(1) 适应性。适应性是对员工关系管理系统内外部协调的反映。

1）外部协调。员工关系管理系统的外部协调主要包括以下几个方面：

a. 员工关系政策与相关法律的符合性。

b. 员工关系政策与企业发展战略的相容性。

c. 员工关系政策与经营理念的相容性。

d. 员工关系政策与企业文化的相容性。

e. 员工关系管理系统和企业其他子系统的协调与配合等。

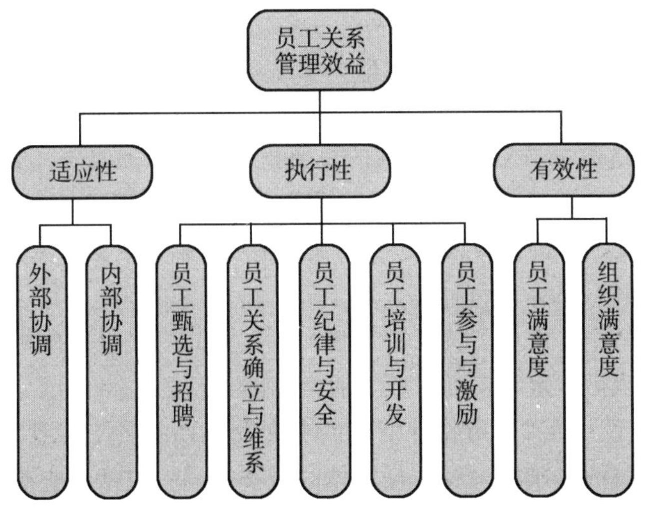

图 7-9　员工关系管理评价的模型

2）内部协调。内部协调主要是员工关系管理、人力资源管理各职能之间的协调，以及员工关系管理者、人力资源管理专业人员和一线管理人员之间的协调与配合。

（2）执行性。执行性反映企业员工关系管理系统的内部运作情况，主要是从时间、成本和质量角度反映员工关系管理活动的效率。

（3）有效性。有效性主要反映员工关系管理活动的效果。员工对组织的满意度是人力资源管理系统满足员工个人目标的结果，部分地反映了员工关系管理的成效。而员工关系管理系统对组织目标实现的贡献程度，主要是通过以下几个方面来反映：

1）员工关系改进。

2）员工参与管理。

3）降低缺勤率。

4）提高劳动生产率等。

因此，满意度调查是员工关系管理评价的重要方面。

适应性、执行性和有效性的基本构架包含了员工关系管理系统的协调以及内部运作的效率和效果，能够比较系统和全面地评价员工关系管理的效果。

二、员工满意度调查

员工满意度是企业经营管理的一项重要指标，主要是指员工对所从事工作的感受或情感体验，反映了员工对其工作或工作经历评估的一种态度。员工满意度是衡量员工关系管理的重要指标之一。通过员工满意度调查，可以适时了解员工工作状态以及企业管理上的成绩和不足。

一般情况下，员工满意度调查的流程主要包括以下五个步骤：

（1）明确目的，制订计划。对于员工满意度的调查，其主要目的是通过调查来了解企业中员工关系的现状和存在的问题，通过分析这些问题产生的原因，随后制定相应的对策。通常，调查目的主要可以分为每年一度的员工满意度调查和针对特殊情况或者突发事件的员工满意度调查两类。在确定调查目的基础上，应制订具体的调查计划，包括调查对象、调查内容、实施人员以及时间和方法等。

（2）选择方法，实施调查。根据事先拟订的调查计划，为了完成规定的调查任务，管理者可以灵活地选择不同的调查方法，如访谈法、问卷法、抽样法等。调查要在公司高层的支持下进行。

（3）分析结果，改进措施。通过对问卷和调查报告进行有效的检验、归类和统计，使之形成可用文字、图表表达的调查结果，并根据调查结果，对现存问题进行总体评价分析，提出改革的具体措施，最终提交综合报告。需要注意的是，改进措施要综合考虑问题的严重程度、关键程度、企业的承受能力、可行性等方面。在企业人、财、物有限的情况下，企业要衡量各种解决方法所需的成本和未来的效益，从中选择最优方案去改善关键问题。

（4）制订行动计划，实施改进措施。改进措施确定后，还需要得到有效的执行，这样员工满意度调查才能充分发挥其应有的效用。在实施改进措施时，应该动员全体员工参与制订行动计划。行动计划必须完善、细致、具有可行性。通常包括问题报告、目标、建议的行动、时间限制和跟踪的程序等关键信息。管理人员在负责制订计划的同时，还要负责执行、指导和监督，这样才能将改进措施真正落实，满足员工的需求，从而提高员工满意度，改进员工关系，为企业经营绩效的实现提供有效保障。

（5）跟踪反馈效果。在提出改进措施并实施整改之后，应该进行阶段性的跟踪反馈调查，可通过对企业的销售收入、利润率和员工出勤率、离职率等指标进行考核，以评价改进措施的经济性和实用性。这有利于评价整个调查活动及改进措施的实施效果，也有利于发现新的问题，使员工满意度得到提高。

第四节　新时期劳动关系创新机制探究

随着社会经济的快速发展，我国企业的经济制度也在逐渐地发展，尤其是企业内部的劳动关系正在不断地发生着改变，这使得和谐的劳动关系的建立成了我国企业现阶段的重点人力研究方向。

企业的长期稳定发展离不开完善的人力资源体系，而在人力资源体系建设过程中，和谐的劳动关系的建立是重中之重。但当前企业的劳动关系管理体系中仍然存在一定的问题，因此我们必须对这些问题进行分析与整理，以便为研究构建和谐劳动关系的创新性举措指明方向。现阶段，企业劳动关系存在的主要问题包括人员稳定性欠佳、沟通协调性欠佳、组织凝聚力欠佳、劳动关系的多元化、劳动力的单向流动较强、企业内部人员队伍的层次化明显、企业对待内部员工的态度不一致等问题。

基于上述问题，企业和谐劳动关系的构建应当根据企业的实际情况而定，绝对不能一蹴而就、照搬照抄。经过对大量实践应用的深入研究，本书认为，构建企业和谐劳动关系的创新举措主要包括以下几个方面。

一、建立现代企业组织的机构

由于传统的企业组织管理模式具有一定的行政性色彩，已经不适合新时期劳动关系的管理，所以新时期的劳动关系要在打破传统的基础上，进行科学有效的创新，才能适应时代的需求与发展。首先，应该加强企业市场意识的教育，针对企业内部的领导干部层级进行科学民主的管理，保证能够进行合理的决策。其次，在企业内尽力建构扁平化的组织模式，有效减少企业内部层级的管理，能够加快企业内部信息的传递速度，进一步扩大企业内部信息的交流，减少冗长的企业内部管理层级，也能够有效增加决策的透明度，以及加强对企业内部领导干部的监督管理能力。

二、加强企业文化建设

作为新时期企业内部稳定的重要保障，新时期企业文化的建立必不可少。企业文化属于企业可持续发展的根本，在维护和谐稳定劳动关系，塑造良好企业形象中至关重要。各级领导干部需对企业文化的建设高度重视，注重细致规划，严抓落实。首先，企业文化建设需和企业发展战略保持一致，和企业经营发展以及日常工作密切结合；其次，企业需要注重对企业精神的挖掘，注重整体价值观的培养；再次，还需要注重对高层领导整体素质的提升，以增强领导的正确决策、规划办事能力；最后，还要以企业职工为核心，塑造企业和员工共同的价值观，提高员工的主人翁意识，使得员工在自己的岗位上努力拼搏，共同走向成功。

三、沟通协调要积极

企业的长久发展需要和谐稳定的内部环境，最为重要的是需要保持职工高度的组织凝聚力，从而增强企业的核心竞争力。和谐劳动关系的创建，需要企业、工会共同与劳动者进行积极的沟通协调，努力达到“预防劳动关系问题发生，发生问题及时妥善解决”的创建目标，切实提升组织的凝聚力。

企业内部应建立畅通的沟通渠道，增设相关领导的信箱，以便于员工对企业发展中的各项意见和建议及时与领导沟通。企业一方面可以借助微信、*QQ* 群等交流工具成立员工交流群，对企业内的新情况、通知等及时在群里公开；另一方面还可利用员工交流群进行生产任务、安全须知等的公布，保障员工的知情权，为和谐劳动关系的建构奠定良好的基础。

四、关注国家政策

企业需要注重对政府责任主体地位的强化。和谐劳动关系的建构离不开政府的引导和支持，借助国家在劳动关系方面的干预调控力量，科学地进行劳动关系各方地位与利益的调节，才能积极推进企业和谐劳动关系的建构和相关法律法规的建设，使和谐劳动关系建设迈入法制化轨道。同时，相关部门应与企业联合开展普法宣传，使职工依法维权的能力不断提高，增强用人单位法制意识，确保劳动者合法权益得到保障，实现和谐劳动关系的构建。

另外，增强员工归属感、发挥工会作用等对于新时期劳动关系的创新也有助益，还需要企业根据自身具体情况进行相关实践与应用。总地来说，企业和谐劳动关系的构建是一项长期的系统工程，并非一朝一夕的事情。新时期的企业需结合我国基本国情，大胆实践，探索出更多可行举措，才能更好地生存与发展。

第八章　大数据应用及人力资源电子化管理与创新

随着互联网技术的不断发展，大数据已被广泛应用于与人们生产生活相关的各个领域，同时也给传统经济背景下的企业带来了巨大的商业契机。企业要想在新时期市场竞争中获取优势，人力资源的开发与管理必须要紧跟时代的步伐，进行有效的转化。本章主要就大数据、人力资源大数据、电子化人力资源管理（*Electronic Human Resource Management*，*eHR*）及其应用等方面进行详细论述，并对互联网时代人力资源管理的十大新思维进行了探讨。

第一节　人力资源大数据

大数据的迅猛发展，正在给我们的经济、社会与文化生活带来前所未有的变化，也给新时期的企业带来了巨大的商业契机。在探讨人力资源大数据之前，有必要对大数据进行一定程度的论述。本节主要就大数据的概念及其特点、人力资源大数据概述、人力资源大数据的具体应用以及人力资源大数据的主要问题等方面进行详细论述。

一、大数据及其特点

对于大数据概念的界定，目前尚未统一。一般认为，大数据是一种需要新处理模式才能具有更强的决策力、洞察发现力和流程优化能力的海量、高增长率和多样化的信息资产。国际数据中心（*IDC*）也给出了大数据的定义：“大数据技术描述了一个技术和体系的新时代，被设计用于从大规模、多样化的数据中通过高速捕获、发现和分析技术提取数据的价值”。

经过大量相关实践研究发现，大数据的显著特点主要有以下几点：

（1）数据量大。随着互联网的高速发展，数据信息开始暴增，社交网络、电子商务、移动通信以及各种智能终端等，都成了数据信息的来源，短信、微博、照片、录像都是其数据产品。

（2）数据类型丰富。在网络普及的前提下，文本、音频、图片、视频、模拟信号等使得数据格式越来越丰富，数据来源也越来越多样，数据也变得更加复杂。它不仅包含结构化数据（文本为主），还包含原始的、半结构化的和非结构化的数据（网页、论坛、影音视频、传感器数据等）。这些多元化的数据对数据处理系统提出了更高的要求，不过大数据的威力也正是因为数据来源的多元化。

（3）价值。对于数据而言，其价值并不正比于其规模，而是体现在它的稀缺性、不确定性和多样性等方面。很多时候，数据价值密度的高低与数据总量的大小成反比。存储和计算 *PB*（1*PB*＝1024*TB*）级甚至更多的数据需要非常高的成本，大数据虽然看起来很美，但是价值密度相对较低。

（4）处理速度快。大数据的高速性主要体现在数据的增长速度和处理速度。随着网络时代的飞速发展和普及，数据的来源和途径也越来越多。数据量的快速增长，要求数据处理系统也要有相应的提升，否则不断激增的数据反而会成为解决问题的负担。同时，互联网络中数据的价值是随着时间的推移而迅速降低的，如果数据没有得到有效的处理，就失去了价值，大量的数据也就没有了意义。与传统的海量数据处理技术不同，大数据主要的差别之一就是对数据处理的实时性，所以对于这些快速流动的大数据流，大数据要求能快速、持续性的实时处理。

（5）真实性。数据的重要性在于对决策的支持，决定其能否为决策提供帮助，并不在于数据的规模，而在于数据的真实性和质量。大数据分析中必须过滤资料中有偏差、伪造、异常的部分，防止损害资料系统的完整性与正确性，进而影响决策。

二、人力资源大数据的定义及来源

伴随大数据技术的广泛应用，新时期企业的人力资源管理也正在向着信息化转变。其主要表现是通过将信息技术引入人力资源活动，将信息技术软件与员工管理活动有机地结合在一起，进而形成一种新型管理模式。由于人力资源管理信息化解放了人力，因此能有效提升人力资源管理的效率，而且这种管理模式，在一定程度上优化了人力资源管理业务流程，能够有效地节约企业人力资源管理的成本。

人力资源大数据正是基于信息技术和互联网技术的发展和广泛应用而产生的。微信、职业社交应用、企业内部邮件系统、电子化人力资源管理等技术的应用，使得个体与组织的状态和活动能够以数字的形式存储于特定的设备中，通过大数据技术的处理可用于人力资源管理的实践与研究。

一般情况下，人力资源大数据的主要来源见表 8-1。

表 8-1 人力资源大数据的来源与数据结构

来源	代表性应用	基于内容的数据	基于关系的数据	基于用户行为的数据
社交网络应用	脸书、推特、微博、微信等	文字、图片、视频	用户之间的互动关系	用户发表内容的形式、频率、长短等
网络职业招聘平台	领英、前程无忧、猎聘等	个体背景；个体职业流动	基于共同背景的关系，如同乡、校友、同事等	简历投递、招聘信息浏览等
在线知识社区、搜索引擎	*Quora*、知乎、果壳等；谷歌、雅虎、百度等	提问内容、回答内容	基于主题的关系	基于搜索行为的数据
在线劳动力市场	*UpWork*、*Joint Force*（中软解放号）、猪八戒网、阿里众包等	工作要求、劳动力供需、最终匹配	基于共同任务、共同雇佣的关系	工作申请行为、浏览行为等

三、人力资源大数据的特点

大量的实践研究发现，人力资源大数据具有相关性、流转性和分散性等特点。下面就主要对人力资源大数据的这些特点展开详细的论述。

（一）相关性

对于人力资源大数据的相关性，可以从以下三个方面理解：

（1）内部业务数据。人力资源内部的业务数据，基于员工在工作、生活、学习、发展四个领域产生的各种各样的信息，这些信息既包括结构化数据，也包括非结构化数据，彼此影响又相互联系。

（2）外部数据。人力资源外部数据主要包括基准数据、行业对标数据和竞争公司各方面的对标数据。

1）基准数据。如五险一金基数的调整，就会对公司的人工成本造成一定程度的影响；不同城市对社保缴纳年限对于买车买房的限制、积分落户、租房补贴等的政策规定，可能影响人才的流动等。

2）行业对标数据。如薪酬调研报告、劳动力市场趋势报告等。

3）竞争公司各方面的对标数据。如以竞争公司的人力资源管理现状进行对标分析，总结其获得成功的原因等。

（3）企业经营数据。企业在经营过程中产生的数据，也会影响到人力资源的数据分析。公司效益好时，人力资源方向的投入也会增加，如增加人才招聘力度与培训费用、提高员工的薪酬和福利待遇等；当效益不好时，可能采取关停并转、减员增效等措施。

（二）流转性

大部分人力数据贯穿在企业对人力资源管理的各个流程中。人力数据的流转确保了数据的连续性与一致性，并且流程中产生的数据都有记录，积累下来可用于未来的进一步大数据分析。

人力资源数据提供接口到下游系统，以便支撑其他业务系统需要；同时其他业务系统的一些数据与人力资源数据可以进行有效交互。

（三）分散性

人力资源的分散性主要表现在以下三个方面：

（1）人力资源本身的数据。人力资源本身的数据分散在不同系统里，这可能是由于系统规划建设的局限性，有些系统不是互联互通的，如招聘数据、培训数据、测评数据、评估数据等。

（2）人力资源之外的数据。如经营数据，涉及财务、销售、业务等人力资源之外的数据，通常都掌握在各个部门自己手里，由于利益交错盘结，数据尚未共享。

（3）外部行业对标数据。这部分数据大多分散在不同的地方，需要花费较大人力物力去收集、整理、汇总。即使收集齐了，由于维度的不同，综合分析也具有难度。

（四）非标准化

人力资源数据缺乏统一表征，从统计指标、统计口径到计算公式都缺少统一标准。这一特点和财务数据形成了鲜明对比，也使得人力资源大数据应用难度大大提高。

（1）统计指标没有标准。比如，企业在分析人工成本投入和产出时，既可以利用百元人工成本创利、百元人工成本创收等指标，也可以用劳动分配率、人事费用率、人工成本占总成本费用比等指标。具体用哪些指标需要企业根据自身的具体情况来选择，所以不同企业可能有不同算法。

（2）统计口径没有标准。比如，最常见的劳动生产率，有些企业的统计口径是以与公司签订了劳动合同的员工来计算，有些企业则会将派遣员工合并计算，还有一些企业可能会将外包业务的员工也统计进来。

研究表明，目前人力资源大数据还不尽完善，其存在的主要问题包括以下两个方面：

1）数据量偏小。目前，由于很多企业信息化系统建设不够完善，使得数据的收集与积累十分有限，绝大多数企业还处于传统意义的分析。即使信息化比较完善的企业，由于缺少数据挖掘方面的专业人才，数据的积累仍停留在起步阶段。

2）技术限制。由于绝大多数人力资源从业者不懂大数据技术，而大数据专家也不懂人力资源管理。这使得已有数据无法得到充分的挖掘和使用，也就无法充分体现大数据的价值。

四、人力资源大数据的分析过程

目前，人力资源大数据的分析过程主要分为以下几个步骤：

（1）识别分析。企业通过对现有情况的具体分析，在纷繁复杂的现状中识别出关键性问题，并明确解决方案的时间表和工作安排。

（2）数据理解。通过运用收集、分析、综合等科学方法，能够对问题的解答提供所有可用信息，进而制作成简单明了的形式使数据易于理解。

（3）意义阐述。结合已经确定的商业问题，对数据做出清晰简明的阐释和直观展示。

（4）提出建议。基于对数据的阐释，提出周全的建议，并尽可能地为企业提供最大限度增加效益和减少成本的建议。

（5）交流见解。使用多元的沟通策略让参与者尽可能地深入了解彼此的想法。可以采取大家都能够参与的互动形式，如午餐时间内的交流或是能够传阅的管理者备忘录等。

（6）跟踪结果。跟踪结果是指追踪人才分析见解所产生的影响，确保大家一起跟踪了采取措施后产生的结果，并将所产生的行为、影响以及由此产生的新关键性问题记录下来。

五、人力资源大数据的分析层次

在实际应用中，基于大数据分析的层次，人力资源大数据的分析可以分为描述性分析、预测性分析、处方性分析三个层次，具体阐述如下：

（1）描述性分析。传统的人力资源管理包含招聘成本、员工流动率和培训人数等相对高效的工具。描述性人力资源分析，主要描述了不同因素之间的关系和历史数据所包含的模式。这是一切分析的基础，其中包括仪表盘、计分卡、劳动力分布、基本模式的数据挖掘和周期报告等。

（2）预测性分析。预测性分析主要是运用统计、建模和数据挖掘等技巧，通过分析现有的数据和历史数据对未来进行预测。分析结果是关于概率和可能的影响，如预测性分析通过建模来提高招聘、培训和晋升正确员工的概率等。

（3）处方性分析。处方性分析主要是通过分析复杂的数据来预测结果，提供决策选项并展示其他的商业影响，如组织优化、业务发展等。

六、人力资源大数据的具体应用

随着人力资源大数据的有序应用和发展，大数据对人力资源管理的渗透趋势越来越明显，并且随着科学技术的不断发展，大数据在人力资源管理中的应用形式将更加多样，其发挥的作用也将更加重要。

（一）利用大数据进行人力资源规划

所谓人力资源规划，主要包括职位配置规划、员工需求规划、员工供给规划、职位培训规划、管理政策调整规划、费用预算规划、关键任务风险分析及对策等多种规划内容。企业的人力资源规划在满足企业总体发展战略的前提下，一方面能促进人力资源管理活动的开展；另一方面也协调了人力资源管理的各项计划，并使组织和个人发展目标相一致。

新时期的人力资源规划，一方面应将大数据纳入规划，树立大数据意识，积极搭建数据化平台；另一方面，还应积极运用大数据的思维方式和技术手段进行规划，提高规划的质量和效果。具体内容如下：

（1）培养大数据意识。企业对于数据化意识的培养，不仅仅局限于人力资源部门，还应该深入至企业每个部门，培养企业内部所有员工的大数据意识。这对于人力资源规划的确定和顺利展开都有着十分重要的作用。

（2）积极搭建数据化平台。人力资源规划是基于现有的人力资源水平制定的，这需要企业用科学系统的方式对内部人力资源水平进行调研。大数据平台的建立将有效降低调研的成本和难度，将日常数据的记录直接汇总、分析并呈现出来。

（3）挖掘大数据的预测功能。在人力资源管理中，通过深入挖掘相关关系，可以有效地提高预测的准确性，这有利于人力资源规划的提前进行。

（二）利用大数据进行招聘

目前，在人力资源服务业中，大数据渗透率最高的部分就是招聘环节，大数据技术在人才搜索、数据处理、数据挖掘中都有应用。借助大数据，求职信息与岗位信息将实现自动匹配、智能评估、双向推荐等功能，其主要表现在以下几个方面：

（1）可以对求职者个人信息（如学校、学历、专业、技能、工作地点、工作经验、能力、意愿等）、用人单位岗位信息（如学校要求、专业要求、从业要求、地点要求、能力要求等）进行量化，然后对指标进行综合加权匹配，训练、调优。

（2）可实现求职信息与岗位信息的智能评估与自动匹配，从而向用人单位自动筛选精确的求职者简历，提升招聘效率与产出。

（3）可以向求职者推荐合适的岗位信息，达到用人单位主动吸引人才的目的。

（4）智能匹配算法还会通过自我学习功能，根据输入信息变化、搜索历史、地域热度、人才储备等变化，自动修正指标，从而自动匹配，更加智能化。

（三）利用大数据进行绩效管理

绩效管理是整个企业价值输出的导向，对于企业来说至关重要。进入移动互联网时代，如 *OKR*（*Objectives and Key Results*）、人单合一、阿米巴等绩效管理方式开始流行。许多公司开始转向敏捷绩效，放弃强制分布和末位淘汰，员工与主管可以随时随地通过移动 *APP* 修改目标、反馈意见，也可以征求其他专家或项目经理的反馈意见，而且绩效的产出结果不与晋升、调薪直接挂钩。这种绩效管理方式，极大地加强了员工平时的沟通与反馈，并能随时对目标进行调整与修正，随时对员工进行辅导与激励，以便更大化价值的产出。同时，敏捷型的绩效管理也对员工个人及时调整个人发展路径、快速成长起到了一定的帮助作用。

（四）利用大数据进行培训

随着云课堂、喜马拉雅、得到等知识平台的快速发展，碎片化学习已成为人们一种主要的学习方式。自主学习、直播、个性化推荐课程、链接晋升等成为移动互联网时代学习的新特点。在用户与内容的交互中可以产生大量数据以支撑培训管理。

这里以个性化推荐为例说明。企业通过利用大数据对用户在培训学习过程中的培训课程、学习任务、学习风格等偏好，进行科学的建模与提取，经过深度分析，进而挖掘用户潜在的偏好，为个性化推荐服务打下基础。接下来，还要对课程进行分级、标签化，进而形成用户若干个行为偏好的特征标签，最终为用户进行个性化推荐。

（五）利用大数据进行薪酬管理

在人力资源管理中，薪酬是最为直接的数字化的体现，大数据的理念也很早就被应用于薪酬管理领域，最为典型的就是通过市场对标，以判断薪酬外部竞争力的强弱。大数据技术能够渗透人力资源薪酬管理、创新薪酬管理方法。如通过大数据多维数据仓库功能进行数据建模，提高大数据时代的人力资源薪酬制度的科学性等。

大数据薪酬管理的应用，主要体现在以下四个方面：

（1）基于日常数据进行人力资本测量。如计算日常考勤、加班情况、绩效能力等，从动态的视角给予人力资本科学的测量。

（2）基于企业内部数据的企业环境估计。主要是通过打破企业人力资源管理的信息孤岛状态，整合企业人力资源信息，将薪酬管理纳入更广泛的企业管理中。如计算企业的利润率、员工薪酬、涨薪幅度等，从数据出发，实现更加科学的管理。

（3）基于外部环境大数据的企业环境判断。依据所在地区、所属行业的薪酬数据检视本企业的薪酬情况，依据市场变动情况及时调整本企业薪酬水平。

（4）基于大数据绩效管理的薪酬定价。根据大数据所反映的更加精准的人力资本和绩效结果，薪酬定价的水平也将有显著提升。

（六）利用大数据进行员工关系管理

员工关系看似与数据联系不大，但在员工关系中蕴含着很多重要的数据，如试用期、基本工资、薪酬的支付方式、员工与企业纠纷的次数、员工的劳动合同解除率等。所以，对于劳动关系，也要用数据的思维去看待，在企业与员工劳动关系存续期间内的任何数据都应该记录，并进行分析。

这里就大数据在员工关系管理中的应用进行举例说明。比如，大数据可以帮助人力资源从业者更加准确地进行离职管理。*HR* 可以借助大数据分析，探究员工离职概率及影响员工离职的主要原因，提早得到预警信息，以便在员工主动离职前有针对性地采取行动，如调薪、调岗等挽留动作，或提早补充人员，避免给工作带来较大的影响。

第二节　电子化人力资源管理及其应用

电子化人力资源管理是指以先进的软件和高速、大容量的硬件为基础运用到人力资源管理中，通过集中式的信息库自动处理信息，使人力资源管理流程电子化，达到提高效率、降低成本、改进员工服务模式的目的的过程。作为人力资源管理电子化的发展方向，*eHR* 反映了大数据人力资源管理的特点。

一、电子化人力资源管理的实施程序

大量实践研究表明，*eHR* 的实施主要可以分为六个阶段，如图 8-1 所示。

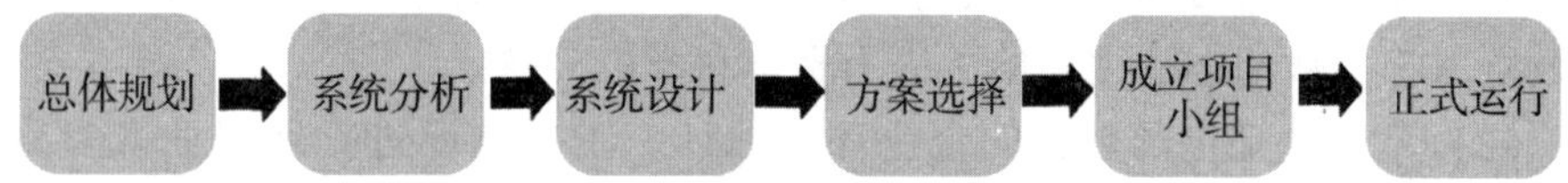

图 8-1　*eHR* 实施的六个阶段

（一）总体规划

有效地进行 *eHR* 总体规划可以增进系统和用户的关系，做到信息资源的合理分配和利用，节省系统的投资，还可以促进系统应用的深化，为企业创造更多的利润。总体规划阶段主要是分析与确定用户需求和系统目标，企业在实施 *eHR* 之前，必须根据用户（*eHR* 的用户主要有高层经理、直线经理、一般员工、人力资源管理职能部门）的需求来确定系统目标。

针对用户需求，典型的系统目标包括以下两种：

（1）组织为了向员工和经理传达信息，需要寻求更加有效的途径，来实现电子化沟通。

（2）向员工和经理提供工具，帮助其能够运用信息来独立执行相关操作和指定决策。

（二）系统分析

系统分析是基于调查研究的前提下，对新系统的各种方案和设想进行分析、研究、比较和判断的过程，目的是获得合理的新系统的逻辑模型。系统分析的过程主要包括详细调查和提出新系统的逻辑模型。*eHR* 的整体框架如图 8-2 所示。

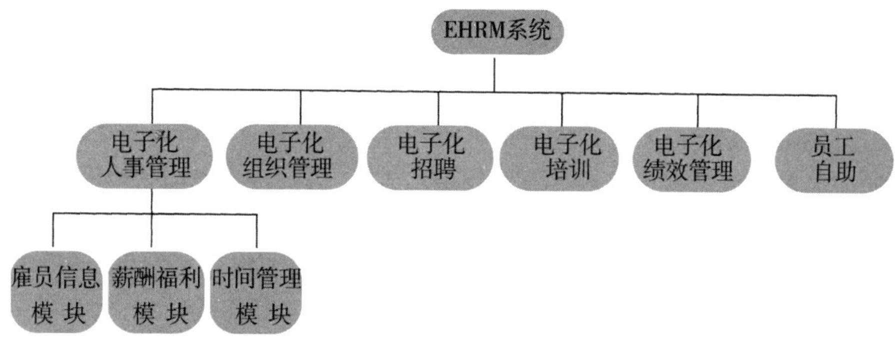

图 8-2　*eHR* 的整体框架

（三）系统设计

系统设计阶段的主要任务是依据系统的逻辑模型设计出满足用户要求的高质量系统。其设计步骤主要包括总体设计和子系统设计两个方面，限于本书篇幅，这里我们主要对总体设计进行详细论述。

总体设计就是模块设计，其任务是要确定整个 *eHR* 的模块结构，也就是如何将一个系统划分为多个模块。一般情况下，*eHR* 的模块设计如图8-3所示。

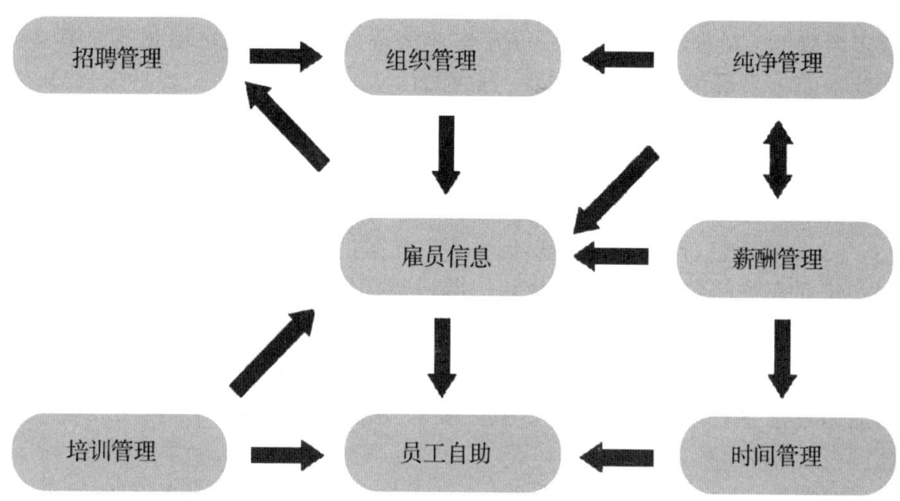

图 8-3　*eHR* 的模块设计

（四）方案选择

由于本企业和各供应商在 *eHR* 系统方面各有所长，所以 *eHR* 解决方案的选择，首先应考虑是自行开发还是选择供应商，或二者相结合。而在确定供应商后，还需在本企业和供应商之间按扬长避短的原则进行模块分配。

eHR 项目能否成功的重要保障是能否选择正确的 *eHR* 供应商和合作伙伴。要寻找到合适的 *eHR* 解决方案，就需要企业制定正确的选型策略、遵循规范的选型流程以及设计完善的评价指标体系。这不仅能避免各种选型陷阱，而且能对投资风险进行有效规避。另外，完善的评价指标体系对缩短选型周期、降低选型成本，也有着重要的作用。所以，选择适合自己的 *eHR* 方案对方案的成功实施至关重要。一般情况下，*eHR* 方案按其复杂程度大致可以分为以下四种类型：

（1）资料库型。资料库型的 *eHR* 方案侧重 *HR* 信息的整理归类及查询。操作简单，费用低廉、实施快捷，所以被小企业或新企业大量采用。资料库的特征主要包括档案管理电子化；*HR* 信息索引、查询；侧重 *HR* 管理职能的资料处理等。其主要的技术需求表现为单机；一般配置。

资料库型的 *eHR* 方案适合的企业类型包括现有信息化程度较低的企业；规模小或新成立企业；资金、*HR* 人才不足的企业。

（2）独立功能型。该独立功能型的 *eHR* 方案偏重于某一个 *HR* 管理功能，或采用多个 *HR* 管理功能模块各自独立运行。其效益是将 *HR* 事务性作业电子化，流程处理自动化，大大减少 *HR* 部门非增值性工作时间，并减少人为干扰因素，提高事务性工作的品质。独立功能型的特征主要包括单个或多个独立 *HR* 管理功能模块；*HR* 作业流程处理大部分自动化等。其主要的技术需求表现为简单局域网；一般配置。

独立功能型的 *eHR* 方案适合的企业类型包括现有信息化程度中等的企业；人员达到一定规模的企业；资金、*HR* 人才不足的企业；*HR* 管理任务较重的企业等。

（3）功能整合型。功能整合型 *eHR* 方案的特点是从 *HR* 管理的整体出发，建立完整的各个 *HR* 功能模块，并进行横向的整合，用集中的数据库将几乎所有与人力资源相关的数据统一管理起来，形成了集成的信息源。功能整合的特征包括完整 *HR* 管理功能模块；各功能模块信息共享；*HR* 管理功能通过信息技术横向整合等。其主要的技术需求表现为 *C/S*、*B/S* 架构局域网；*Internet* 接入。

功能整合型的 *eHR* 方案适合的企业类型包括现有信息化程度高的企业；人员规模大的企业；资金充足和优秀的 *HR* 人才的企业等。

（4）系统整合型。系统整合型 *eHR* 方案的典型结构如图 8-4 所示。该方案是在功能整合型 *eHR* 方案的基础上建立起来的，其一方面内接既有其他管理系统，外连各类应用服务供应商；另一方面提供战略规划、决策支持系统分析工具，使 *HR* 管理者能够担任企业管理咨询角色。这种方案设计

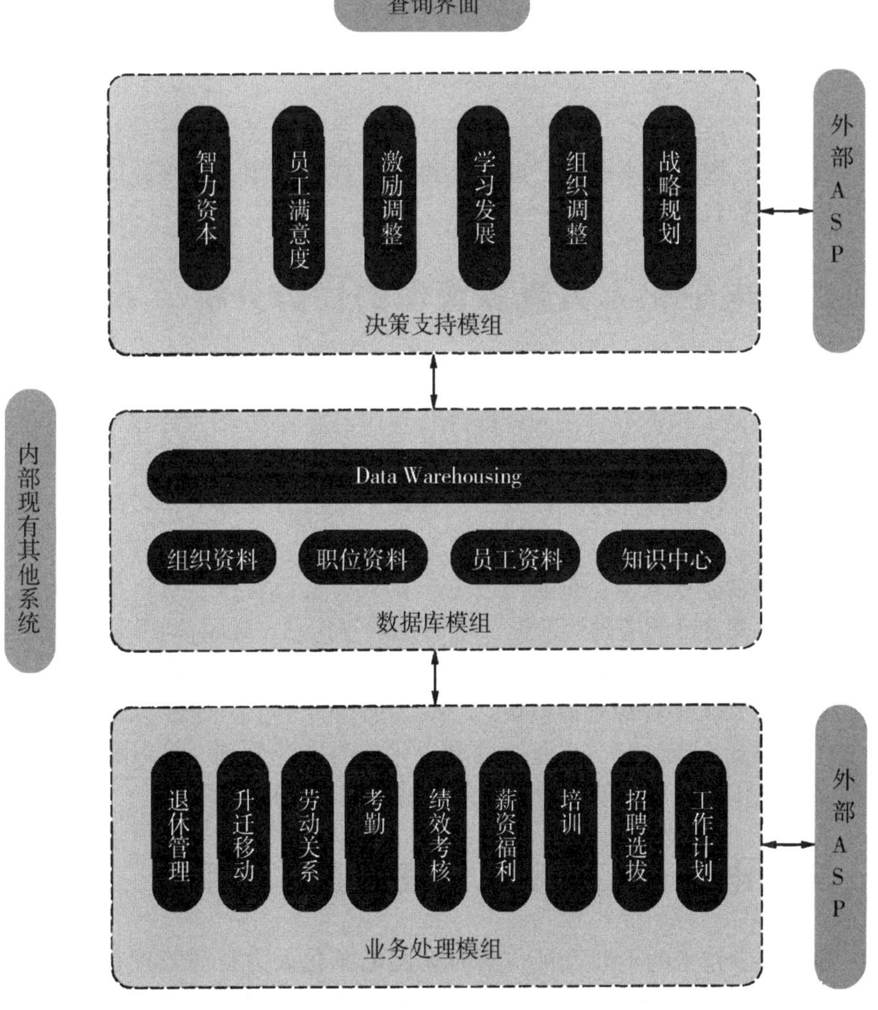

图 8-4　系统整合型 *eHR* 方案的典型结构

是未来 *eHR* 发展的主要方向。系统整合型的 *eHR* 方案对企业核心竞争力的提升有着巨大的帮助，但是对企业的管理水平、信息化程度和资金投入要求非常高。适合那些管理系统运作成熟，具备高素质管理人才的大中型企业。系统整合型的主要特征包括与其他管理系统信息共享；高度客户定制化；提供战略预测、规划决策支持；*HR* 深度开发支持；企业完整管理系统的一个环节。其主要的技术需求表现为 *C/S*、*B/S* 架构局域网；*Internet* 接入；高性能服务器及网络硬件。

系统整合型的 *eHR* 方案适合的企业类型包括已建立生产、销售、财务等管理系统的企业；信息化程度高的企业；资金充足、具备各类优秀人才的企业等。

对于成立项目小组与正式实施运行，各企业需要结合自身具体情况进行适当安排，限于本书篇幅，此处不再进行详细介绍，有兴趣的读者可参考相关文献资料。

二、电子化人力资源管理的优势分析

电子化人力资源管理的优势主要表现在以下三个方面：

（1）改变工作重心。在人力资源管理中，企业需要为管理人员提供最新的管理政策、流程和数据等工作。而企业通过电子化人力资源管理，这些行政事务工作的程序将有效减少，并使企业人力资源工作者的工作效率得到显著提升。

（2）降低企业成本。企业通过电子化人力资源管理，可以使员工很方便地获得有关自己的考勤、薪资、培训记录等信息，还可以实现在线报销、在线申请休假、在线查询等，如很多企业正在实行的 *SAP*（*System Applications and Products*）人力资源管理模块。

（3）推动变革进程。企业通过电子化人力资源管理，可以有效地减少行政事务工作的程序，使人力资源部门跳开烦琐的行政事务。

三、电子化人力资源管理的具体应用

随着科学技术的不断发展，新时期的电子化人力资源管理在许多企业中已经得到了大量的实践与应用，其比较典型的应用主要表现在以下几个方面。

（一）沟通的电子化

随着互联网技术的不断发展与创新，电子化沟通正在被越来越多的企业所接受和实践，这主要是因为电子化沟通所产生的信息具有快速、直接、广泛和有效传播等特点，并有机地融入了思想、感情的交流和融合，充分彰显了电子化沟通的魅力所在。

电子化沟通的形式很多，主要的形式包括办公自动化（*Office Automation*，*OA*）系统、电子邮件、共享信息平台与互联网等。

电子化沟通对于企业的作用主要体现在营造优良的企业文化、促进企业经营管理水平的提高、增强企业凝聚力和激发员工进取心、创造力等方面。

（二）招聘的电子化

由于互联网的全球性、交互性和实时性，互联网成了散播人力资源信息的重要途径，这使得电子化的招聘成了现实。电子化招聘是网络技术在人力资源管理中应用最快的领域。

（1）电子化招聘的优势。电子化招聘主要是通过利用公司网站完成与招聘相关的一系列活动，其优势主要表现在它的全球性、经济性、隐蔽性和灵活性等方面。

（2）电子化招聘的实现。企业的招聘工作（人员的招募和甄选）可以通过国内一些专业招聘网站（如前程无忧、中华英才网、智联招聘等）向外发布招聘信息。值得注意的是，虽然这些招聘网站也提供了查询、检索应聘者信息库的条件，使招聘工作中的人员初选工作变得轻松易行，但是仍然存在一定的问题，招聘网站并不能提供招聘及相关工作中的所有解决方案。因此，企业需要建立一个不断更新的招聘网站，需用合适的自动分析软件，对应聘者做出及时回应，逐步实现招聘的完全电子化。

比较典型的应用代表如 *ATS*（*Application Tracking System*）网上招聘系统是目前实现完全电子化招聘比较理想的系统，其工作流程如图 8-5 所示。

（三）人事管理与组织管理的电子化

人事管理与组织管理的电子化主要是借助信息技术来处理人力资源部日常的行政事务性工作，包括雇员信息管理、薪酬福利管理、出勤管理及休假管理等，即电子化人事管理与组织管理。区别于以往的人力资源管理，电子化人事管理与组织管理不需要企业用自编程序或 *Excel* 等来计算员工的工资，也不需要把员工的养老金信息、合同信息、个人信息等存放于多个 *Word* 或 *Excel* 文件中，或打印出来放在文件柜里。电子化人事管理与组织管理能有效避免信息的采集、整理和更新时产生的重复工作，在节约人工的同时，使得信息的保存和查找也变得简单有效。而且，对于所有信息的及时更新也提供了技术支持，使得信息的及时更新成为现实。

在电子化人事管理和组织管理方面，*SAP*（*System Applications and Products*）公司的解决方案最为专业，也最具代表性。*SAP* 公司成立于 1972 年，总部位于德国沃尔多夫市，是全球最大的企业管理和协同化电子商务解决方案供应商。*SAP* 通过引入信息类型的概念，对所有的员工数据进行分门别

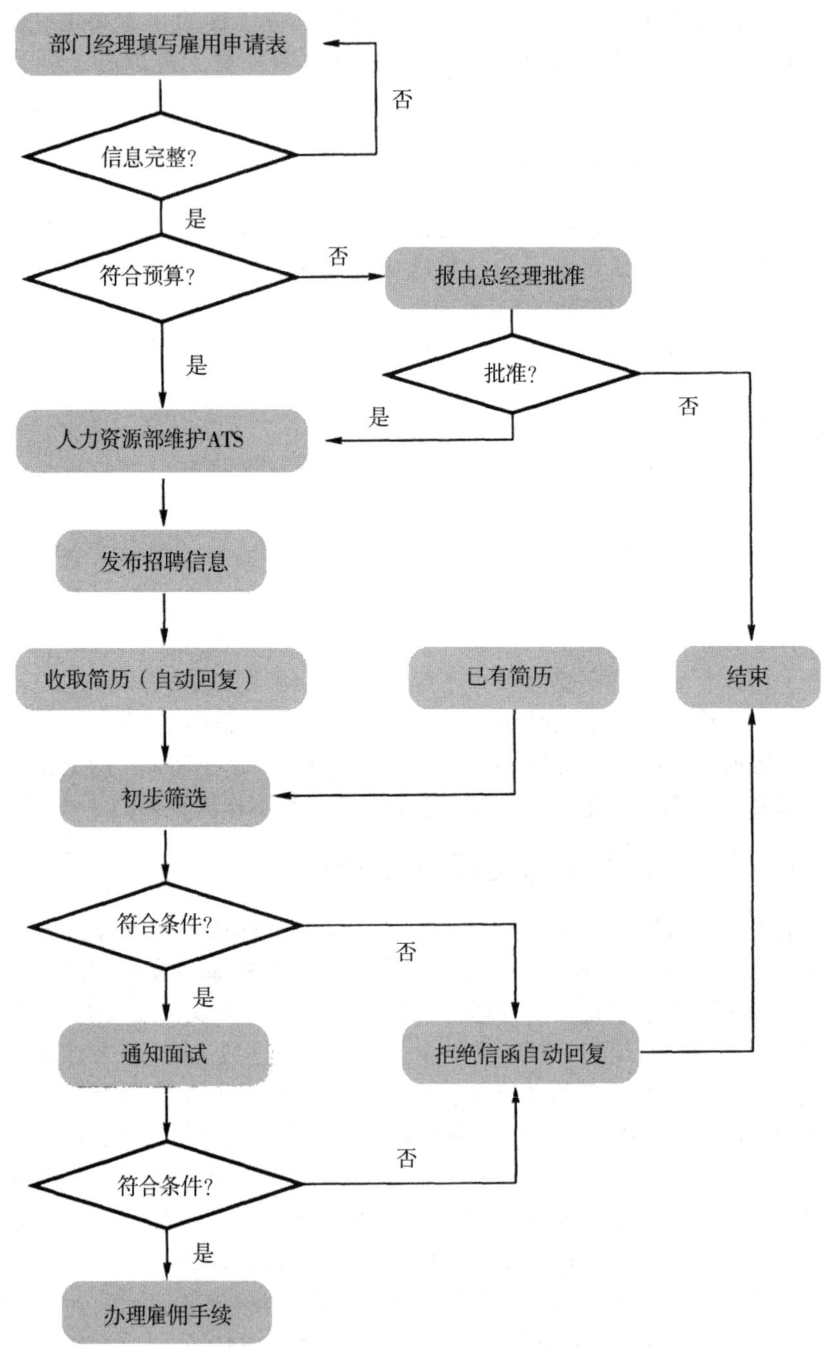

图 8-5 *ATS* 招聘工作流程图

类的存储。信息类型使员工数据结构化，简化了数据录入的程序，并且可以按时间段录入员工信息，所有的员工历史记录都会保存在系统里。信息类型还提供了快速输入界面，用户可以根据自己的需要，快速录入员工数据。*SAP* 标准系统提供了全套的员工数据结构。在标准数据的基础上，*SAP* 针对每个国家的法律及各种企业类型的实际情况，可以为各个国家提供特定的信息类型。

（四）员工自助服务

员工自助服务是指员工可以利用人力资源管理信息系统的功能，根据系统提供的权限密码，进入员工页面，查看或者修改自己信息的一种自助式服务。员工自助服务的主要功能包括以下几个方面：

（1）出勤/休假管理。原来的员工休假管理，需要员工进行下列步骤：

1）手工填写休假申请单。

2）交由部门经理批准。

3）再由人力资源部审核。

员工自助服务将使员工不必再进行上述步骤，所有的工作在网上就可以完成。已完成和待完成的步骤均有明确的标志，员工还能随时查询到最新的休假记录。

（2）差旅管理。员工可以创建并编辑出差计划，系统提供的模拟功能能让用户提前计划出差费用。

（3）差旅/日常费用报销。员工自助服务使得在线报销成为可能。

（4）人力资源管理信息系统的查询与维护。员工自助服务使得个人信息（如婚姻状况、地址、联系方式等）的维护变得简单轻松，典型的员工个人信息维护的流程如图 8-6 所示。

通过员工自助，员工只需要通过权限认定即可在线更新并确认个人信息，只有在特殊情况下，才需要人力资源部提供帮助和咨询。另外，系统一旦接受信息，会自动给员工“修改成功”的反馈。以往一两天的工作在短短几分钟内就可以完成，也提高了员工满意度。

关于电子化人力资源管理的具体应用还有很多，如绩效管理的电子化、员工培训的电子化等。限于本书篇幅，此处不再进行详细介绍，有兴趣的读者可参考相关文献资料。

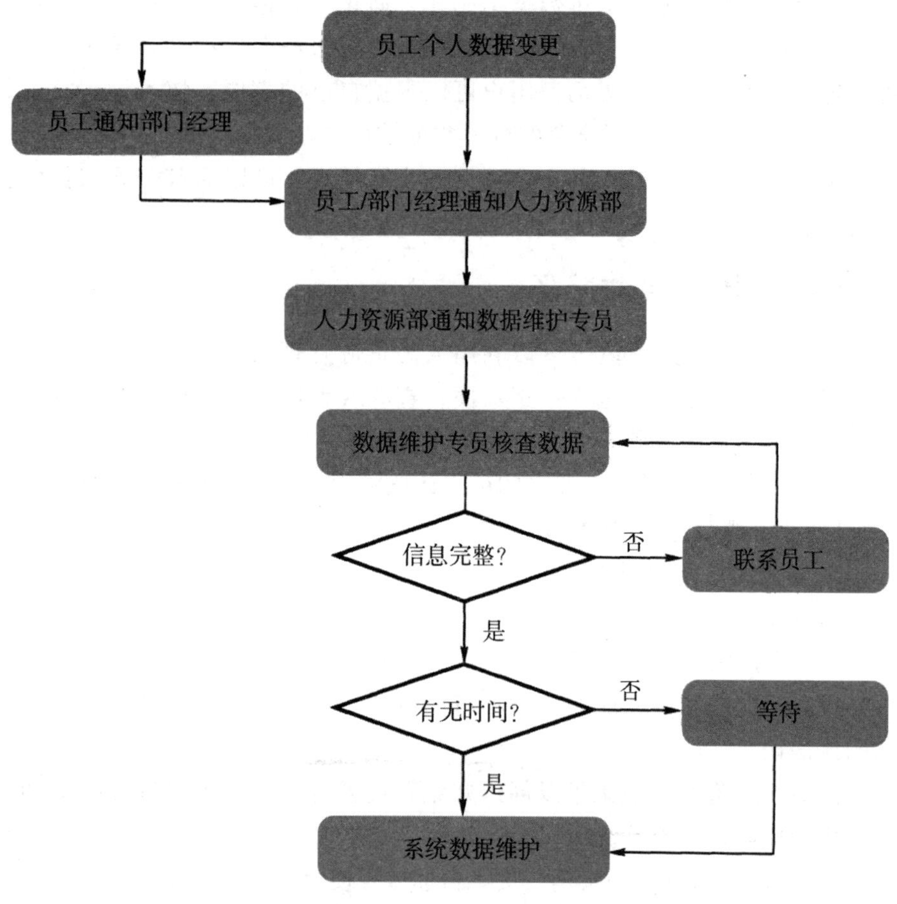

图 8-6　员工个人信息维护的流程

第三节　互联网时代人力资源管理变革的影响及十大新思维

随着互联网在我们生活中各个方面的广泛应用，将互联网平台上先进的信息通信技术，运用到企业的人力资源管理中，已成为新时期企业管理的重要趋势。在此基础上，本书提出了互联网时代人力资源管理的十大新思维，意在对传统企业的人力资源管理模式进行创新，变革人力资源管理模式，为新时期企业的发展提供新的创新思路，促进新时期企业人力资源管理的成功转型。

一、互联网对企业人力资源管理变革的影响

互联网技术的发展和应用，使传统的人力资源管理及其理念发生了巨大的变化，并产生了一种全新的互联网思维方式。互联网思维是根据现有的技术优势结合企业目前的情况，在对旧思维方式批判性继承的前提下，提出的一些新的思想。这些新的思想势必将改变人力资源管理的思维方式，促进企业管理效率的提高，其对新时期企业人力资源管理变革的主要影响包括以下几个方面。

（一）经济全球一体化发展

随着互联网时代的全球化发展，我国的经济也在逐步实现全球一体化，这对新时期企业的资源整合提出了迫切要求，使得人力资源也必将出现很大程度上的流动和变化，进而对整个企业的发展态势产生影响。企业要想适应经济全球一体化发展，必须要与时俱进，尤其是在人力资源管理层面，必须通过采取先进有效的措施和科学方法，吸取社会先进因素，促进人力资源管理向多元化发展。

（二）基于大数据技术的应用

大数据技术的日趋成熟，使得大数据在新时期企业管理中焕发出不一样的光彩。通过大数据技术，企业可以对人力资源的配置与整合打造一个平台，各利益相关者都可以在这个大的公共平台上为实现客户的价值贡献自己的力量。这样，在保证客户的价值得以实现的前提下，各利益相关者得到的利益也能够最大化，同时对企业价值的最大化实现也提供了有效保障。大数据不仅仅能使企业知识的积累速度加快，同时通过大数据技术，也将使得企业知识的应用、转换与创新的速度更加快捷、更加迅速有效，真正使人类社会进入知识经济时代。因此，新时期企业人力资源管理迫切需要专业的人员来对企业数据进行统计与分析。

（三）员工关系的转变

传统的靠人脉、靠金钱找工作的时代早已成为过去，新时期的企业更加看重具有专业知识和技能的创新型人才，对于这些人才的引入和培养已经成为新时期人力资源部的首要任务。在互联网时代下，人力资源管理中最主要的改革就是员工关系的转变。传统的学习好、守纪律的好学生，已

经被新时期创新型的知识人才所替代，企业对于员工的选择不再是靠关系、靠人脉地被动选择，而是企业主动地去发现、去争取满足企业需求的专业人才。

（四）工作模式转变

在互联网时代的影响下，所有人都在通过各种方式方法努力施展着自己的一技之长，小人物也是可以做成大事的，如微商。人才和资产权利的平等，对新时期的企业实现真正的转型有着很重要的作用。现在很多的市场上还是股东至上，股东有最高的发言权，这对企业的发展是有一定影响的。阿里巴巴之所以会去美国上市，根本原因就是美国承认人力资本合伙人制度。所以，现在很多互联网企业家为了更好地发展，已经开始采用人力资本合伙人制度团结在一起，共同谋求发展。

（五）员工忠诚对象转变

员工的忠诚度对于传统企业来说，是人力资源管理制度的重点之一。但经过大量科学研究发现，人才对于企业最有助益的时间为两到三年，在此期间，人才的主动性最好，产生的效益最高。一旦超出这个期限，一些人才的积极性就会降低，之后的时间里，员工产生的效益就会慢慢下降，甚至会出现低效益现象。所以，现代企业对于员工忠诚度的重视程度并不如传统企业。对于员工来说，在这几年里，自己只有努力工作，积极进取，通过做好这份工作来积累经验，才能为自己以后的发展奠定基础。所以，新时期的员工一定要对自己的岗位、能力和未来保有忠诚度，为将来更好的发展铺平道路，这也表明了新时期的人才并不仅仅是忠诚于企业，更多的是忠诚于客户、忠诚于自己的岗位，这种转变是适应时代需求的，也是员工追求发展的必然趋势。

（六）决策制定的转变

在传统的企业中，决策都是由领导决定，由于命令式的管理结构，即使领导的决定是错误的，也不会有人出来指正，都是按照错误的方案做下去。即使有些员工指出老板的错误，也不会得到足够的重视。新时期的企业则不同，企业内管理机构出现了“倒三角网状组织”，更多的决策是企业领导听取员工或者员工代表的意见后做出的。尤其是关于公司发展的决策，更多的企业选择共同参与，协商制定，员工对于上层领导的决策有意见时，直接反映出来，大家在一起商量着解决。

二、互联网时代人力资源管理的十大新思维

基于新时期的经济发展和人力资源的激烈竞争，下面就互联网时代下人力资源管理的新思维进行详细探讨。

（一）信息化建设

随着互联网技术的普遍应用，各类数据信息急剧上升，对于数据的获取变得更加便捷、容易。数据的快捷、方便、准确地传播，导致企业必须高度重视对人力资源管理的信息化建设。只有对人力资源管理工作进行科学化的管理，才能促进人力资源管理工作的高效性。

在企业中，人力资源管理者对于大数据服务平台的应用，主要包括以下几个方面：

（1）分析员工工作绩效情况。

（2）分析员工的情绪好坏。

（3）分析员工之间的交流是否密切。

（4）分析执行效率、效果与计划的偏离度。

（5）分析员工对信息的利用程度。

（6）预测离职率等。

随着社会的快速发展，人才的竞争是新时期企业之间的主要竞争，通过大数据思维把丰富的人力资源视为企业获取竞争优势的保障，利用大数据进行分析，不断满足员工的需要，使其更好地服务于组织，才能保障企业的生存与发展。

（二）组织结构网络建设

在互联网时代下，传统的金字塔式公司组织结构已经被淘汰，所以为了企业更好地发展，新时期的企业应该致力于打破企业与员工的依附关系。在互联网时代，新型的组织形式（如自组织、创客组织等）更具效率和创造力，人力资源管理者一定要顺应时代变化，根据企业自身的具体情况，去除中心化管理模式，建立起一个网络化的管理组织机构，给员工创造一个自由提出意见的平台，重视员工所提出的意见。在结合企业自身实际情况的前提下，通过互联网技术的支持，对员工意见进行选择性地讨论与采纳，让员工也参与到企业的发展决策中，这对于实现双方的互利共赢有着十分积极的作用。

（三）数据化决策

互联网时代同时也是数据信息化时代，信息的零距离交流和沟通，必然会产生大数据资源，而这些资源通常都蕴含着一定的新知识和新信息。在这一时代背景下，必须将人力资源管理工作开展过程中的各项数据，进行有效的整合利用，才能根据大数据分析的结果，制定符合企业需求的人力资源管理方案以及管理策略，最后实现企业内部人力资源的合理配置。需要注意的是，新时期企业人力资源管理应重视互联网时代下的大数据储备。数据化决策的主要体现是企业可以随时随地收集需要的数据，并通过有效的分析，进行相关决策，如将员工行为与情感数据化，进而从大数据分析中进行选人决策等。

（四）企业文化建设

互联网时代，信息数据急剧增加，产品及服务也越来越透明化，所以新时期企业更要注重企业文化的塑造与培养。这需要企业结合自身与市场的具体情况，扬长避短，通过建立一种开放、包容、与时俱进的企业文化以及扁平的组织结构，来鼓励员工积极进取，勇于创新，为创新营造一个宽松的环境。只有把创新意识作为一种优良的品质融于企业文化中，才能为公司的发展和员工的未来打下坚实的基础。由于传统观念已经根深蒂固地存在于我们的思想当中，所以对创新取得一定成功的员工，企业要进行奖励，而对于一些创新失败的员工，企业也应该给予一定的激励和尊重，鼓励员工不断变革，抓住互联网时代的脉搏，不断前进。所以，企业要对员工采取包容的态度，激发他们不断创新的积极性，使员工吸收那些对自己有帮助的信息且不断改进，提升自己，并采取开放的态度把自己的优势展示出来。对打击员工创新积极性的行为要坚决抵制，努力营造创新环境，从而有效地推动企业的发展。

（五）商业民主，共创价值

互联网时代，由于信息的相互交融关联，使得信息的零距离沟通成为现实，客户价值与人力资本价值得到了更多的关注。在互联网时代下，往往会出现“员工”与“顾客”关系不明显的问题，即两者之间的界限划分并不明确，甚至两者的角色可以相互交换，并无相关的规定要求两者之间必须位置固化。在这一前提下，全方位推广“员工+顾客”共创价值的人力资源管理模式，不仅可以将企业、顾客、员工三方的整体价值提升，也能够在一定程度上保障人力资源管理工作更具科学合理性。在互联网这个大的浪潮中，每个人均可以自由地表达自己的看法、观点。所以，领导者只有在组织中关注员工的职业生涯的发展，关注员工情感的变化以及核心员工目前的需求层次，并采取相应的对策去满足他们的需要，将员工作为客户对待，关注员工的意愿和想法，体现他们的权利，才能使员工满意。员工满意了，他们就会更加积极努力地工作，以友好的态度对待客户，客户就会以口碑形式传给身边的亲人、朋友等，维护企业的声誉，像员工一样对组织尽责，员工与客户都成为企业管理的对象，所以两者之间的界限逐渐变得模糊不清。这种盈利模式要求企业重视价值诉求，实现商业民主，创造员工与顾客的价值无边界。

（六）精准招聘，打造核心队伍

在快速发展的互联网时代，互联网招聘思维致力于如何快速从相关数据中，筛选到企业所需要的人才，实现精准招聘，这是现代企业应用互联网技术的重要前提。在现代企业中应用互联网技术的主要优点表现在以下几个方面：

（1）通过对企业的人员管理进行量化和精细化，能使企业的人力资源管理得到一定程度的改善。

（2）通过对企业的人力资源战略规划、职位分析与职位评价进行定量化分析以及通过对员工素质模型的建立进行定量化分析，为精准招聘的实现奠定基础。

（3）通过对企业绩效管理，薪酬设计与薪酬管理进行定量化分析来激励员工。

（4）通过对人力资源培训与开发进行定量化分析来培养员工。

（5）通过对员工职业生涯规划进行定量化分析来留住员工。

（6）对劳动关系维护，员工的退出管理以及对员工健康与安全管理等方面的实现进行定量化分析，来保证企业内部的稳定。

（7）对工作环境进行优化设计，来满足不同层次员工的需求，提高员工的满意度和敬业度，实现人才保留。

（8）打造多元人才队伍，提高人才有效战斗力，提升人力资源管理系统的整体有效性。

（七）提升人才价值体验

互联网时代背景下，人与人之间的联系更加紧密、方便，也更加对称和透明。区别于传统的员工管理模式，新时期员工的自主性得到了有效保障，员工可以自主地通过各种方式方法表达出自己的意见与诉求，并使企业能够及时地了解到。因此，新时期企业的人力资源管理，要注重关注员工的个人情感以及价值诉求，人力资源产品的设计要遵循以人为本的原则，提升人才价值体验。所以，企业有必要建立自己的人力资源管理的网络系统。基于这样的情况，对于准备从事人力资源管理的人们来说，研究一些数据分析的方法和知识，并学习一些心理学，对以后的数据分析，适应时代需求是有很大助益的。

（八）构建全员式的管理系统

随着互联网的普遍应用，在企业管理中出现了无边界管理、互联网思维等一系列新兴概念。这在一定程度上说明了现代企业对于全员式的人力资源管理越来越看重。实行以人为本，由人才企业所有制转变为价值创造所有制，现代企业更加注重普通员工的参与。对员工潜能的深度挖掘以及更好地协调企业发展和员工自身的发展，是提升人力资源管理效能的重要保障。全员参与式的人力资源管理要求组织建立一种平等、合作的人力资源管理链，以共同愿景、价值分享、人力资本增值服务、授权技能和支持与援助作为纽带，促使企业战略的实现。新时期企业管理的重点，也必将由全员式的人力资源管理，逐渐转变为流程管理和团队管理。通过明确责任主体，构建顺畅的沟通机制，将在短时间内大大提高员工的综合能力，这在一定程度上也使得人力资源管理的效率大大提高，进而使得组织抵御风险的能力大大增强，最终为企业在激烈的竞争中获取人力优势，为实现企业的战略目标提供有效的保障。

（九）全面认可激励

科学有效的激励制度，可以在一定程度上激发员工的工作热情和潜力。传统的周期激励对于员工积极性的调动存在一定的局限性，很难保证激励的及时性。新时期的激励机制可以改为全面认可激励，也就是随时对员工的贡献给予认可和奖励，这在一定程度上保证了对员工激励的及时性，能有效地提升员工的工作热情，激发员工的潜力，有利于企业制度的落实和价值的创造。

（十）非核心部门也要重视

互联网时代的发展，促进了人才能力和价值创新的革命，企业的人力资源管理不仅要注重核心人才的诉求，也要重视非核心部门的培养，发挥各部门的优势，避免企业内部劳资矛盾和冲突。借助于互联网会使企业对员工的考核更加全面，也更加公正。员工会更加负责地对待自己的工作，而且由于组织结构的扁平化趋势，员工与员工之间、员工与领导之间的关系变得更加紧密，拉近了人与人之间的距离。谁最贴近客户、关心客户，谁就会受到组织的重视，并具有更多的话语权、决策权。在这种情形下，员工的积极性将得到有效提高，能够促使其积极地提出自己的建议，以友好的态度真诚地对待顾客，使其忠诚于客户，忠诚于自身的职业使命和专业。小人物、非核心部门都可以作出自己的贡献，减少对小人物、小部门的偏见，人际关系变得融洽、和谐，共同发挥自己的作用，促进企业的成长。

总之，在互联网时代，企业在面对新机遇的同时，也面临着新的挑战。互联网技术在企业人力资源管理中的应用还有很长的路要走，尤其是大数据的应用，不仅成本比较大，而且数据的安全性也比较低，是目前面临的巨大挑战。

第九章 新时代社区人力管理的创新模式建设

随着新时代的不断发展，社区作为最基层的组织单位，发挥的作用越来越重要。所谓社区服务，主要是指政府、社区居委会以及其他力量，直接为社区成员提供的公共服务和其他方面的服务（包括物质、文化、生活等)。对于新时期社区服务人员的管理，是社区人力资源管理的重要方面。本章主要通过对新时期社区人力资源管理组织设计、新时期社区人力资源管理模式建设、新时期社区人力资源激励与约束以及新时期社区人力资源培训与开发等方面进行详细深入的探讨，为新时期社区人力资源管理组织设计的优化提供新的思路，促进新时期社区组织机构的构建，为新时期社区和谐健康的发展添砖加瓦。

第一节 新时期社区人力资源的规划与组织管理

对新时期社区服务人员的管理，是现代社区人力资源管理的重要方面，也是现代社区管理的核心内容。

一、社区及其服务的内容概述

随着我国社会经济的快速发展，社区在整个社会管理和建设当中的地位和作用越来越重要。人类社会群体的活动离不开一定的地理区域，而具有一定地域的社区就是社会群体主要的聚居、活动场所。自工业革命以来，人类社区进入了都市化的建设过程，不但城市社区的数量日益增多，而且城市社区的经济基础与结构功能也都得到了较大的提升，其规模也日益扩大，出现了许多大城市、大都会社区。

社区作为最基层的组织单位，是一种非营利性服务组织。社区的责任是为居民群众提供服务，社区服务中心是协助他人克服个人和社会问题，促进人际关系和谐，从而改善生活环境的社会机构。

社区具有强烈的认同意识，他们重感情、重传统，彼此之间全面了解；社区具有相对独立和稳定的地域，居住着以一定生产关系与社区关系为纽带组织起来的生活人群；社区有共同利益和管理组织，并且有地域上的归属感和心理上的认同感。这是社区所具有的四个基本要素。

社区服务所包含的内容，主要有以下几个方面：

(1) 综合服务。综合服务包括事务受理中心、社区服务中心等。

(2) 社会保障。社会保障包括救助站、社会保障卡受理点、医保事务等。

(3) 医疗保健。医疗保健服务包括社区卫生服务中心、人口与家庭指导站、康复治疗室、体质测试站等。

(4) 社区党建。社区党建包括党员服务中心、爱国主义教育基地等。

(5) 劳动就业。劳动就业服务主要是指职业介绍所、劳动保障事务所等。

(6) 社会福利。社会福利主要是指福利院日托所、居民养老服务中心、残疾人服务中心等。

(7) 社区文体、司法援助、社会治安、教育科普以及其他服务机构等。

二、新时期社区人力资源规划

社区人力资源，也称为社区“劳动力资源”，主要是指特定社区范围内、一定时间内的人口的体能和智能的总和，是社区人口中扣除无劳动能力人口后的全部人口，也是推动社区经济发展的基础性资源。社区人力资源是社区人力资源数量和质量的统一。社区人力资源数量是指在一定时间内、在社区范围内具有智力劳动能力和体力劳动能力的人口总和；社区人力资源质量是指一定时间内具有体质、智力、知识、技能水平的社区人力资源，表现为人口总体的身体素质、科学文化素质和思想道德素质水平。

社区人力资源规划主要是指根据社区的总体发展目标与社区内外部环境和条件的变化，通过运用一定的科学方法，预测社区人力资源的需求和供给，进而制定相应的政策和措施，使社区人力资源供给和需求达到平衡的过程，是实现社区发展目标的重要保障。它包括预测社区未来的人力资源供求状况，制订行动计划及控制和评估计划等过程。

（一）社区人力资源规划的目标

社区人力资源规划的目标和任务，主要包括以下几个方面：

(1) 确保社区在适当的岗位上获得适当的人选，并使社区和个人得到长期的益处。

(2) 在社区目标和个人目标达到最大一致的情况下，使人力资源的供给和需求达到平衡。

(3) 分析社区在环境变化中的人力资源需求，并制定必要的政策和措施以满足这些要求。

通过科学有效地制定人力资源规划，能保证人力资源管理活动与社区的战略方向和目标相一致，并且可以保证人力资源管理活动的各个环节互相协调。

（二）社区人力资源规划的原则

社区人力资源的规划，需要遵循以下几个原则：

（1）一致性原则。有价值的人力资源计划必须既具有内部的一致性（指招募、甄选、配置、培训以及工作评价等人力资源计划的设计彼此匹配），又具有外部的一致性（人力资源计划应当成为社区总体计划的一个组成部分，同社区的整体发展计划相匹配）。

（2）全面性原则。人力资源总体规划应具有全局性。人力资源规划不仅涉及社区的管理、服务等各个部门，而且要涉及人员管理的各个方面。

（3）准确性原则。人力资源规划应对未来人力资源供需状况进行尽量准确的分析预测，并制定相应措施以确保社区的人力资源需求。

（4）可控性原则。人力资源规划是一个长久持续的动态工作过程。由于社区内外诸多不确定因素的存在，造成社区战略目标的不断变化，也使得人力资源规划不断变更，因此规划应当具有可调整控制的空间。

（三）社区人力资源规划的主要内容

社区人力资源规划的主要内容包括总体规划（根据社区战略确定的人力资源规划总目标和总政策、实施步骤及总预算的安排）、配备计划（社区中各个部门、岗位所需要的人员都有一个合适的规模）、人员补充计划（出现职位时的人员补充计划）、人员使用计划（人员晋升与轮换）、培训开发计划、劳动关系计划（改进劳动关系的计划）以及退休裁员计划等。

三、新时期社区人力资源管理

在现代人的生活中，很多具体而细致的生活细节，都离不开社区的管理和工作，社区已经成了人们生活依赖的重要部门。社区工作繁琐细致，范围广、规模大、时间长，社会工作人员的日常性事务较多。对于社区人力资源的科学管理，能够有效改善社区工作者的工作效率，是社会建设发展中必须要面对的问题。

（一）社区人力资源管理的含义及特征

社区人力资源管理主要是指为实现社区最优绩效目标和社区服务人员的自身发展，社区通过相关的法规、制度、方法和手段，对社区工作者进行一系列人力资源管理活动的总和，主要内容包括社区人力资源规划、岗位分析、员工选拔、员工激励以及培训等。

大量实践研究表明，社区人力资源管理的特征主要包括以下几个方面：

（1）公开性。与其他社会组织不同，社区人力资源管理行为主要是居民委员会权力与社区互动的过程，其中社区居民与社区居民委员会是委托与代理的关系。主要表现如下：

1）社区居民委员会是受社区居民的委托成立的。

2）社区居民委员会代表社区居民去做社区人力资源管理的有关工作。

3）社区居民委员会对社区居民负责，同时接受社区居民监督。

所以说，社区人力资源管理的重要特点，就是社区居民委员会内部管理制度的公开性。社区人力资源管理制度的公开性在保证实现组织人力资源管理公平性方面具有积极的作用，但同时也增加了人力资源管理的难度，提高了对人力资源管理部门专业人员的职业化水平的要求。

（2）服务性。服务性是社区人力资源管理的基本属性，是将社区的利益摆在核心地位。社区对其人力资源进行管理，是为了提高整个社区居民的素质、提升社区居民的价值，其目的不是为社区自身谋求利益，而是为全体社区居民提供服务，为社会公众谋求公共利益。另外，社区人力资源的服务性特征，使社区人力资源管理在实现社区职能方面负有重要责任，因为服务质量的高低在很大程度上取决于服务提供者的劳动积极性、工作创造性和职业化程度等方面，这些都是社区人力资源管理需要解决的问题。

（3）复杂性。社区人力资源管理的复杂性，主要是指社区人力资源管理既受政府组织的影响，也受工商部门甚至社区居民的影响。社区人力资源管理的这一复杂性特征也提高了对其管理的难度。另外，对社区人力资源产出管理的困难，也体现了社区人力资源管理的复杂性，主要表现在以下几个方面：

1）贡献程度难以度量。社区人力资源产出通常是一些中间产出，这种间接的非市场产出，难以度量对最终产出的贡献程度。

2）产出技术难以度量。社区人力资源产出在技术上也是难以度量的，从委托人组织到会员组织再到政府组织，与这些机构的资源利用效益和效率相关的产出度量的难度越来越大，对其进行管理和控制的难度也越来越大。

3）效果的滞后。社区人力资源产出和产出的最终社会效果之间存在时间上的滞后。

4）个人贡献难以确定。社区人力资源产出一般都是集体性的产品，个人在其中的贡献份额是难以确定的。

(4) 稳定性。稳定性是指社区的结构很少发生变化，管理模式也很少发生根本性变革，具有相对稳定的特点，这对社区人力资源管理有很大的影响。社区的稳定性使工作者的组织预期和行为方式可以长期化，但是社区往往不能像企业那样，通过组织结构的变革为工作者提供更多的发展机会，即缺乏激励手段。社区稳定性的特点造成了其在管理上缺乏灵活性，即不能根据环境的变化或管理的需要实行动态化人力资源管理。

(二) 社区人力资源管理组织设计的优势和困境

组织设计是指管理者将组织内各要素进行合理组合，建立和实施一种特定组织结构的过程。组织设计是有效管理的必备手段之一，其实质是对管理人员的管理劳动进行横向和纵向的分工。人力资源管理中的组织设计步骤主要包括确立组织目标、划分业务工作、提出组织结构的基本框架、确定职责和权限、设计组织的运作方式、决定人员配备、形成组织结构、调整组织结构等。

因为社区自身属于非营利性组织，组织服务功能又十分明显，各个社区组织都能有序地进行本组织的服务工作，所以在进行组织设计时就较为简单。由于社区有一定的岗位人员是由政府进行统一调配，所以社区在进行组织设计时具有一定的优势，在组织设计时充分考虑到本岗位所需的人才即可。但是，现阶段的社区人力资源管理组织设计也面临着一些困境，即任何组织在进行组织设计时都要遵循组织设计的几大原则，其中最重要的就是要体现出组织设计以人为本、优化组织结构、提高组织效率的原则。现阶段社区进行组织结构设计时，大部分是按照国家规定进行，很大程度上脱离了本组织的实际需求，主要表现在以下几个方面：

(1) 缺乏完善的人力资源管理体系。

(2) 缺乏对组织的中远期战略规划。

(3) 组织的管理者缺乏科学先进的管理经验。

(4) 还是以旧思想、旧手段为主，没有根据经济以及社区发展的需求出发。

(5) 缺乏一定的实际性，许多都是照搬照抄其他社区的组织结构模式。

(6) 无法正确评估各个部门提交的组织架构、岗位编制是否合理，更无法借助于合理的依据来审查各部门的年度招聘需求计划以及预估人力成本。

(7) 缺少年度经营计划，没有对目标指标进行详细分解，更没有制订相关的绩效管理计划。

(三) 社区优化人力资源管理组织设计的建议

以社区服务战略目标为根据，新时期的社区人力资源管理组织设计在考虑社区长远发展的前提下，需要对内部机构以及外部组织进行科学合理的设计和优化，以明确社区服务的宗旨，规范社区人力资源管理流程，使社区服务更加专业化、人性化。

1. 优化组织结构

以人为本是任何组织在进行人力资源管理组织设计时，都要遵循的核心原则。组织结构设计时通常是以工作特点和需求为出发点，即因职用人。除了把合适的人才安排到恰当的岗位之外，还要为有能力有发展前景的员工提供一个优质的职业发展平台，让每位社区服务人员在社区工作中都能够根据社区长期的战略发展目标，贴合实际的制订出自身的中长期职业发展规划，这样才能对员工与社区的共同进步与发展，提供科学有效的保障。

2. 优化岗位配置

优化岗位配置主要是对社区服务岗位职责做出明确细致要求的过程，这要求每个岗位都要有专职人员进行负责。当前社区服务中有很多相互交叉的部分，造成了一旦出现问题几个部门之间互相推诿的现象，给前来办理业务的群众造成了困扰，也严重影响了社区的服务质量和服务效率。所以，对岗位进行明确的岗位责任权责制度规定，可以有效提高社区服务人员的办事效率，并在出现问题的第一时间就可以找到负责的部门寻求帮助。

社区的稳定发展也离不开创新性的人才，数字化、信息化时代下的社区服务人员要具备一定的互联网技术以及能力，这在全面发展数字社区的进程中将起到十分重要的作用。对于现有社区服务人员，一定要定期开展有关于业务素质、业务技能、工作态度等方面的考核，把考核标准纳入整个薪酬考核制度当中，尤其是对一些骨干成员的考核，一定要根据组织发展的战略规范，对骨干社区服务人员进行考查检验。除此之外，对于功能不足的岗位或者职位可以直接进行剔除，这样做既可以减少不必要的开支，也可以提高部门的工作效率和工作水平。

第二节　新时期社区人力资源管理模式建设

社区管理模式主要是指为了达到社区管理的目的，而采取的各种有效管理机制、手段、方法的有机结合体。本节主要就社区管理模式的类型、不足及改善路径进行具体探讨。

一、社区管理模式的类型

一般情况下，社区管理模式主要有以下四种类型：

（1）行政主导型。行政主导型模式又称政府导向型的社区管理模式。这种管理模式是以行政管理为形式，以增强各部门的协调和社会各界的参与为基础的行政主导型模式。这种模式的优点在于凭借坚实的政治、经济资源和条块结合、以块为主的行政管理网络在社区建设中发挥主导作用，政府包揽所有社会管理职能，有利于城市管理的整体推进；缺点在于这种方式对社会组织的管理空间和机会进行了一定的限制，压抑了民间的活力，在一定程度上影响了政府工作的效率，不利于社区管理的现代化转型。

（2）市场主导型。市场主导型模式又称企业主导型的社区管理模式。由于这种市场化运作的管理模式不能覆盖小区中的社会管理和行政管理，所以还不能说是一种完全意义上的社区管理，其地域的范围一般只为封闭性的小区。

（3）社会主导型。社会主导型模式是指以社区居民为核心，联合社区内各种主体组织、机构，共同参与社区事务的管理，实行真正的民主自治管理的一种模式。这种模式的优点是能够调动社区内居民的积极性，增强社区居民对社区的认同感和归属感，有利于形成良好的社会风尚。此外，社区居民自治管理模式的管理成本较低，并有利于推进基层的民主建设。其不足之处在于，从现阶段社区管理实践来看，没有政府的正确引导和法律的规范，社区自治终究会流于形式。

（4）半行政半自治型。半行政半自治型模式又称混合型的社区管理模式，主要是通过把政府行政性的管理与居民自治性的管理有机结合起来，政府依法行政、社区依法自治，政府既能参与到社区管理中，也避免了“越位”现象的发生，双方遵照“权责统一、事费统一”的原则共同管理。这种模式便于实施，也易于接受，主要问题是政府与居委会之间“指导与服务、协助与监督”的关系不好把握。

二、社区管理模式的不足

随着新时期经济的不断发展，社区管理模式的建设成了新的重点课题。现阶段，我国社区管理模式的建设还存在着一定的困难，处于一种不成熟的发展状态，其主要问题表现在以下几个方面。

（一）职权分配不合理

随着新时期城市居民生活水平的不断提高，社区管理的作用也越来越明显。目前，我国大部分社区的管理模式并没有进行与时俱进的改革，特别是在人力资源管理职权方面。社区是最基层的管理组织，虽然政府部门下放了许多职能给社区管理，然而由于相关法规的缺失与制度的不规范，社区在进行人力资源管理时仍存在诸多不顺利的情况。而且，在实际操作的过程中，社区既要充分考虑广大社区居民的利益，又要对上级政府部门负责，这对社区管理工作的开展造成了一定的影响。尤其是在有关人力资源的管理工作中，如就业困难人员调查，高校毕业生实名制调查、人力资源调查、全民参保登记等，由于社区缺乏充足的人手与合法的职能，很难保证这些工作的完成时间与质量。

（二）奖励制度不完善

社区是时刻为居民群众服务的组织，要充分对群众负责，其工作任务量大且颇为不易，相关工作人员往往十分辛苦。并且，社区在行政单位中待遇较低，相关管理与奖励机制不够完善，考评机制不够专业甚至难以落实。在这种情况下，辛勤工作与否得到的待遇都一样，这使得工作人员积极性下降，工作效率也随之降低，不利于社区管理工作的开展。

（三）员工能力与综合素质有待提高

目前，我国社区建设尚处于初始阶段，不仅存在制度的缺失，也缺乏相应的人才。现有的工作人员综合素质较低，工作能力不足，在工作过程中容易引起居民的不满。而这又与社区的招聘方式有很大关系，由于口碑和印象问题，很难吸引相关专业的人才来争取社区管理的岗位。这就使得社区的工作人员普遍年龄较大，学历偏低，管理方式老旧和工作效率低下。再者，社区管理工作十分忙碌，工作人员需要频繁与居民交流互动，缺乏时间与动力去进行专业知识培训，并且基层资源也相对不足，这都是社区工作素质不足的重要原因。

三、新时期社区人力资源管理模式建设的改善路径

社区是联系政府与广大居民群众的重要纽带，其人力资源管理模式建设和居民生活质量密切相关。社区管理工作人员的工作能力与服务态度会极大地影响到政府部门在群众心中的印象，从而影响到人民生活质量与社会稳定。因此，社区的人力资源管理工作应该得到充分重视，只有通过先进的科学方法和制度，对社区人力资源管理模式中存在的不足进行改善，建立有效的社区管理机制，整体提升社区工作人员的综合素质，才能让社区发挥其最大职能，为社会主义建设和社会稳定作出贡献。这里，本书主要对新时期社区人力资源管理模式建设的改善路径进行探讨。

（一）明确权力与责任

建立健全的人力资源管理制度是社区工作良好开展的根本，只有改善管理机制，社区工作人员才能真正高效地为群众服务；只有明确了权力与责任，工作人员解决问题时才不用瞻前顾后，提高社区的工作效率。其改善路径主要包括以下两个方面：

（1）政府部门要以制度化、规范化的方式，划分社区的职责范围，明确社区的权力与义务。

（2）社区组织应该增加和居民群众交流沟通的机会，通过行之有效的方法建立密切联系，广泛听取和采纳居民的意见及建议，以此来进一步了解社区的具体责任与权力，改善社区人力资源管理制度。与此同时，社区组织要时刻谨记社区不仅是管理者，更是服务者，要贯彻党全心全意为人民服务的原则，明确自己的职责，将党的关怀带给群众。

（二）完善落实内部考核制度

新时期的社区组织要建立相关的激励制度，给表现良好的工作人员提供一定的奖励，来激发工作人员的积极性，保证社区的人力资源管理模式的落实。需要注意的是，社区作为为居民服务的基层行政管理单位，不仅要在内部评选和参考领导部门意见，还要和群众进行联系沟通，而且考核形式与奖励成果也需要完全公开透明，考评结束后的物质奖励一定要确保落实。只有让社区工作人员和居民群众切实看到考核机制的效力，才能尽可能地提高工作人员的工作效率，促进社区人力资源管理的进步。

(三) 综合素质和工作能力的提升

对于目前社区工作人员普遍存在的工作能力不足及综合素质较低的情况，新时期的社区组织需要对工作人员进行专业培训，提升工作人员的综合素质和工作能力。提高社区工作人员的工作效率与群众评价，能树立良好的工作风气，对社区人力管理资源模式建设有重大意义。其改进措施主要包括以下几个方面：

(1) 相关管理人员应对每个员工的个性特点有所了解，根据员工的从业经验与专业，因人制宜地分配工作，发挥每一个人的兴趣特长与价值，提升整体工作效率。

(2) 社区应定时招募新人，提升薪资，利用政府工作部门的福利吸引大学专业人才前来寻求社区的工作，为社区注入新鲜血液，这同时也有利于社区工作管理方式的更新和工作技能的增强。

(3) 社区每年应抽出一些经费来组织工作人员出差到外地考查学习，开阔工作人员视野，丰富专业学识，对社区的相关工作进行借鉴或创新，让工作人员在学习中提升自己的工作能力。

第三节　新时期社区人力资源激励与约束

激励与约束机制在现代人力资源管理中已经得到广泛应用与认可，对于社区人力资源的激励与约束，也是新时期社区管理的重要内容。本节主要就社区人力资源的激励与约束机制进行详细论述。

一、社区人力资源激励机制

激励的主要作用是将社会资源按设定的标准和程序分配给社会成员和社会群体，以实现其认同的社会目标。相对物质奖励而言，精神奖励的影响具有深远性与持久性。目前，以精神奖励为主的激励机制，已经被很多社区居民委员所采用。他们主要通过社区居民民主推荐，组成评选小组评定，在社区大会上进行表彰、颁奖等程序，评选出为社区建设作出贡献的社区成员。奖励机制包括薪酬支付制度、晋升制度和培训制度等。

(一) 奖励实施中应注意的问题

在实施奖励的过程中，有以下几个问题需要注意：

(1) 合适的奖励频率。作为一种激励措施，奖励的出发点在于调动人们的工作积极性，鼓励和发展良好的工作行为，抑制和消除不良的工作行为。但是如果设置过多奖励，且间隔时间过短，就可能会使人们过多地关注奖励事项，这样反而会妨碍社区有关人员对工作本身的关注，有时还可能会为获得某些奖项而产生急功近利的短期行为。这样非但没有对社区人员起到激励作用，还可能干扰正常工作的开展，所以奖励的项目和时间要进行合理的安排。同样，在惩罚频率的方面也要注意，避免造成人心惶惶等负面影响的出现。

（2）时效性。在工作中，除了要注意奖励不能过于频繁，还要注意一些特殊情况下奖励的及时性和时效性。若社区有关人员作出了重大的成果或重大贡献，应及时给予表彰。这样能够产生一定的辐射影响，使奖励具有较明显的辐射作用，有利于优良行为的传播与发扬。同样，若社区有关人员在工作中明显违规并犯有严重的错误，在查明事实的情况下也应及时予以约束。及时约束可以对违规者本人乃至对部门中的其他人具有更加明显的警示作用，避免类似情况再次发生。在一些情况下，若不及时处理问题，还可能引起连锁反应，从而给部门工作带来更大的损失。

（3）注意效价差的控制。在奖励措施的实施过程中，要注意科学地确定效价差，要尽量做到科学合理。控制好效价差能够使由于工作绩效不佳而被降低工资收入的社区服务人员心悦诚服，只有赏罚得当，奖励才能真正起到激励作用。

（二）社区志愿者的激励机制

伴随社区志愿服务的蓬勃发展，社区志愿者应逐步在社区中形成良性的互动激励机制，使“受益者成为志愿者，志愿者成为受益者”。不仅要组织和动员更多居民进行邻里互助、志愿参与社区服务，更重要的是采用一定机制来评估和激励这些服务，从而使志愿服务具有更大的社会效益和效率。最具代表性的机制是对志愿者的增权机制，也称授权或增能，主要是指在助人过程中提高或增强服务者解决问题和决策的能力，是社区发展和社区工作理论中的重要概念。这里，我们所说的增权主要指志愿者与受助者在社区志愿服务的提供与接受的过程中实现互惠双赢、共同提高。对于广大青年学生志愿者而言，参与社区志愿服务对其具有一定的积极意义：可以为社区建设出力；可以参与改善社会风气，同情帮助弱者；可以结交朋友，拓宽社交，丰富人生经历；可以充分利用闲暇时间，学习新技能；可以发挥个人才能，获得他人肯定；可以为未来发展做准备等。

二、社区人力资源约束机制

社区人力资源的管理活动都是由人参与的活动，因此要提高社区人力资源管理的效率，就必须通过一定的机制对员工的积极性进行激励与约束。

（一）社区人力资源约束的内容

建立激励机制的同时必须建立约束机制，没有约束的激励是无序的激励，没有激励配合的约束是没有活力的约束。

社区管理的约束制度，首先，要制定好社区工作章程，对社区工作的性质、宗旨、任务、权利和义务、职责分工等加以明确规定，为社区管理的有效进行奠定制度基础；其次，要根据实际需要建立健全社区管理和运行所必需的实体性和程序性规范，使社区管理组织和活动健康有序地进行；再次，要强化社区内部的民主参与和民主监督，保障各项规章制度落到实处，保护社区成员的合法权益；最后，社区管理部门要对社区的内部约束制度给予积极的指导与帮助，如推荐社区章程和各项制度的范本、接受社区成员的举报和投诉、及时纠正违规行为等。社区管理的约束制度，还要根据社区管理中的普遍性问题，提出制度化的解决方案，主要包括社区员工的招聘、考核、奖惩等机制。

（二）社区人力资源约束的方法

社区人力资源管理约束的方法主要包括以下几种：

（1）员工行为的约束。主要是指社区管理者根据历史及相关的实践经验，把社区员工能接受的文明公约、员工守则、行为规范、职业守则等行为进行规范，逐步用社区行政规定的形式确定下来，成为具有约束力的规章制度。同时，把社会公德、职业道德等内容，纳入社区管理之中，作为考核标准和监督的依据，形成一定的约束力。

（2）资格约束。对进入社区管理工作，尤其是担任管理职务的员工，一定要按一定的标准严格考核。这些成员要有一定的学历、资历、技能和综合素质的条件。

（3）权力约束。权力是有边界的，权力的运行是要讲规则的。在这一点上应给予刚性约束，不能让权力的使用者去营私舞弊。对权力的约束是否到位，将直接影响到社区工作的质量和人力资源的管理。

（4）群众以及组织的监督。社区管理的过程中，还需要积极发挥群众以及相关组织的力量，赋予他们监督的权利，支持和鼓励他们行使监督的权利，进而对社区的人力资源进行约束。

(5) 强化舆论监督。通过社区宣传栏、社区大字报等形式充分发挥舆论监督的作用，对乐于助人、见义勇为、优质服务等先进典型及时进行宣传报道，弘扬正气。同时，对唯利是图、损人利己等不道德的行为，公开进行批评，遏制歪风邪气，通过舆论监督的方式对社区的人力资源进行约束。

(6) 加强组织内部监督。社区管理部门要加强对内部工作人员的监督和管理，发现问题及时进行教育、批评和处理，促使他们积极改正，端正工作态度。同时，建立员工行为约束方面的赏罚机制，对先进典型给予表彰和奖励，对违规违纪等行为依照规章制度进行相应的处罚，进而对社区的人力资源进行约束。

第四节 新时期社区人力资源培训与开发

培训作为人力资本投资和再生产的重要手段，能有效优化社区人力资源，保证社区人力资源的持续良性发展。

一、新时期社区人力资源培训

(一) 社区人力资源培训的内容

作为新时期社区建设的重要力量，社区的人力资源将拥有更多的敬业奉献精神和更高的职业技能水平，必将成为一支专业化、综合素质全面的人才队伍。除了社区管理者个人先天的性格以外，后天的教育与培养对于新时期社区人力资源的建设有着十分重要的作用。新时期社区人力资源的培训主要包括以下几种类型：

(1) 业务素质培训。其主要内容包括分析能力、动员能力、综合服务能力等，这些能力是社区管理者必须具备的素质能力。

(2) 学历培训。学历培训主要有以下两种方式：

1) 与高校联合进行培训。这种方式一般可由街道办事处或当地政府组织。

2) 选择高等院校进行培训。学历培训的费用可由社区和个人共同承担。

(3) 专业技能与技术培训。随着科学技术水平的不断提高，社区必须与时俱进，引进相应的现代化管理手段，如社区信息化管理系统的引进等。

高速发展的科学技术迫使社区管理者必须学习新的技术，专业技能与技术的培训是实用性很强的培训。社区应有规划地结合所引进的新设备和新技术的特点，对社区管理者进行培训。

（4）晋升和转岗培训。社区管理者无论是因提拔或提升需要而面对新的岗位，还是因工作的需要进行轮岗或转岗，都需要加以培训。

（5）新管理者的上岗培训。对新社区管理者的上岗培训是很有必要的。新社区管理者十分重视自己在新岗位上的表现，只有务实有效的上岗培训才能使新员工尽快熟悉并胜任自己的工作。对社区而言，新社区管理者能迅速地胜任自己的工作，既能节约人力资本，也能使社区工作高效有序地进行。

对于新社区管理者的上岗培训可以使其尽快熟悉工作场所，了解社区管理的规章制度和薪资水平，清楚社区组织结构和发展目标，促使其尽快适应新的环境。其次，对于新社区管理者的上岗培训可以使其明确工作职责，适应新的职业运作程序，掌握特定的操作技能，逐步胜任工作。如通过员工手册、岗位说明书、必要的参观活动和一定的技能培训等，可以使新社区管理者明确自己的工作任务、职责权限和上下级汇报关系，熟悉新的工作流程，对自己所从事的工作不再感到陌生，有利于新员工胜任工作。并且，对于新社区管理者的上岗培训，还有利于建立良好的人际关系，增强社区管理者的团队意识和合作精神。另外，对新社区管理者的上岗培训，招聘负责人的错误认识和主观偏见会得到检验，而且新社区管理者也会充分地表现自己的全面形象，这些都会给社区招聘、甄选和职业生涯管理等提供信息反馈。新社区管理者培训的内容，主要包括社区的地理位置和工作环境，社区的发展历史，社区的主要人员构成，社区的主要领导，社区规范的岗位说明书、规章制度和相关的法律文件等。

培训对于社区和社区管理者都是一种投资和开发，同时也都必将获得相应的回报，使社区和社区管理者同步发展，并可以最大限度地利用社区人力资源潜能，提高社区的社会效益。

（二）社区人力资源培训的思维

无论是哪一种培训，最重要的就是要发现哪种培训具有价值，哪种培训价值不高。新时期社区人力资源的培训，必须根据社区总体发展计划设计出有效的培训规划，规划的主要过程包括以下几个方面：

（1）基于社区整体目标和战略要求，培训计划应从提高整个社区人力资本竞争优势的高度，通过社区分析、任务分析、人员分析等工作，发现培训需求，将培训计划纳入社区发展战略中。培训计划的制定，要充分考虑人力资源培训能否给社区带来人力资源提升，是否对促进社区管理和发展有益。

(2) 根据岗位分析得出的岗位需求，确定被培训者究竟需要提高哪些方面的知识技能。

(3) 在收集被培训者绩效考评结果和培训调查问卷等信息的基础上，对照相关的预期绩效要求和技能标准，确定每个被培训者的教育培训需求。

这三个层次的评估分析需要循环往复、连续反馈、相互协同进行。

(三) 社区人力资源培训的系统

社区人力资源培训系统，涉及社区人员技能需求、教育培训能力等方面，必须由政府、社区、培训机构、培训对象共同参与。各方只有在明确各自的权利、责任以及义务的基础上才能有效运行系统，达到人力资源培训的目的，详述如下：

(1) 政府。作为整个社会的协调者，政府发挥的作用无可替代，尤其是我国的经济体系还不是很发达。政府作为宏观调控的管理者，应该以管理者、协调者和服务者的身份来参与该体系。

(2) 社区。社区作为培训结果的直接受益者之一，应是培训方案的主要提出者。首先，社区可以提供有关培训需求的信息；其次，社区也可以把大部分培训内容放到外部培训系统中去运作。所以，让社区参与到培训体系中来是切实可行的。而社区根据社区及地区发展的需要，制订各阶段的培训方案，使得培训人员有计划、有针对性地去完成自身技能与素质的提高，这对于社区人力资源培训系统的运作也是有益的。

(3) 培训机构。现阶段，我国对于社区人力资源管理的培训机构，还是以拥有充足师资力量的各类学校为主。学校作为培训方案的执行者，必须具备对各种课程开发的能力，能够为外部提供教育服务。

(4) 培训对象。在整个培训体系中，员工个体处于一个培训对象的角色上，主要是希望通过培训来提高自己的知识技能与资历，为自己的职业生涯提供有力的支撑。

二、新时期社区人力资源开发中存在的问题

随着我国城市化进程的发展，社区建设日益受到人们的关注，建设符合人们高质量生活需求的现代化社区，是民心所向，也是大势所趋。社区人力资源开发是社区建设与发展的重要保障，然而就目前的情况来看，我国社区人力资源开发还存在许多问题和不足。

（一）社区工作者专业能力不足

从现有社区工作者的情况来看，具有社区工作专业背景或受过专业培训的人数量较少，这一现象的后果是在日常社区工作中大部分人员只能完成简单的上传下达、日常业务等，很少有人能够深入了解社区居民的需要，并开展相应的社区工作。社区工作者专业能力不足还会对社区工作效率产生影响，由于专业能力的限制导致一些工作不能及时有效地处理。

（二）社区工作者缺乏认同感

目前，社区工作者的来源比较多元，其中一些人员没有正式的工作编制，还有一部分群体受制于社区工作时间不固定、薪酬水平偏低等因素，缺乏长期工作的热情。在目前社区工作者队伍中普遍存在着工作人员对未来职业缺乏清晰规划的情况，这种现象从长远来讲不利于提升社区工作者队伍的凝聚力。

（三）人员培训投入不足且缺乏人才机制创新

人力资源开发的一个重要条件是对人力资源的大量投资。社区一般没有直接的经济收入，经费多是行政划拨，所以社区在各项投资中本来就捉襟见肘；又因为社区领导一般认为人力投资的收益不是很明了，并且“人往高处走”的思维定势有可能使自己精心培养的人才羽翼丰满之后“另攀高枝”。最终，众多社区对人力资源的投资都十分矜持，或者期望社会、别人、其他组织为其培养人才，都想坐享其成，其结果必然是人力资源的投资普遍不足。

（四）社区人力资源开发的整体性能力不够

由于我国社区建设与发展过程中涉及的方方面面较多，整体的社区人力资源构成状况也较为复杂与多元化，加之各个社区居民的需求也有着较大的差异性。这些较为复杂化的社区元素使得社区人力资源开发工作显得困难重重。此外，一些社区人力资源开发教育体系还未成熟与完善，相关的培训工作无法达到开发主体的需要，无法满足社区发展与群众发展的要求。

（五）缺乏强有力的人力资源开发保障与支持

社区人力资源开发过程中所配套的社区教育机构在开展社区教育培训的时候，往往需要一个较为完善的开发支持系统。但是，就现在的状况来看，我国社区教育机构的开发在实施过程中并没有一个较为系统性与针对性的开发策略与保障体系，从而无法从根本上给予被开发人群足够的开发保障，这也对社区教育的持续健康发展产生了一定的影响。

三、新时期社区人力资源开发思路

新形势下，我国社区人力资源开发工作面临着日益多元化与复杂化的态势。为了应对这一态势，新时期的社区人力资源开发工作必须从多方面着手，多管齐下，才能有所收效。鉴于此，本书认为新时期社区人力资源开发的思路主要涉及以下几个方面。

（一）转变观念，树立正确的人力资源开发意识

社区管理人员应该从社区发展战略的角度重新考虑社区人力资源开发，将其提升到社区发展战略的地位，坚持以人为本，加大开发力度。社区人才应该充分认识到人力资源开发是对自身人力资本提升的一个契机，开发的结果不仅可以提高自身工作能力，也提升了未来的竞争力。

（二）多组织联动的开发体系

要想有效地开发社区人力资源，首先需要建立起多组织协调联动的体系。在这一过程中政府部门需要统一地进行部署，设立专门的组织管理机构，同时在依托社区的教育机构的基础上，将各种需要的资源引入社区人力资源开发工作中，建立人才培训、评估、考核、反馈各环节的有力支点。

（三）加大培训投入，注重专业技术人才的培养

社区上级组织领导部门要增加对社区的经济投入，将社区管理服务人员的定期不定期培训转化为经常性培训，从宣传社区培训的重要性做起，并拟定培训效果考核办法，对参加培训的人员进行培训效果考核，结合考核结果进行奖惩。社区信息化专业人才的培养可以通过发掘社区有基础、有潜力的人员，予以资金支持，让其参加专业的职业技能培训班，在学成后回馈社区。

（四）创新人才开发方式，创建符合社区特色的人力资源开发模式

人才开发模式在很大程度上影响着人力资源开发的效果。针对目前社区在人力资源开发中存在着的同质化现象，下一阶段应当探索新型的人才

开发模式。其中最为重要的就是立足于社区的特色，创建个性化的人力资源开发方式。首先要对现有的社区人力资源进行摸底，充分了解现有资源的特征，同时寻找现有人力的不足，从而切实地开展有针对性的培训，这样才能扬长避短，弥补社区工作者专业性不高、效率低的问题。其次，要对社区整体的情况加以了解，尽可能地挖掘出社区对人力资源开发的特色需求，如社区老龄化严重，就可以加强对护理人力的培养和开发。在明确社区的特色需求后，要定期开展对社区工作者的培训，一方面提升社区工作者不断应对新形势的能力，提高其服务意识和服务能力；另一方面也可以在培训中不断发现问题。

（五）建立特色的社区人力资源开发体系

对于新形势下的社区人力资源开发工作来说，应该有一个配套的具有一定区域特色的社区人力资源开发体系，这是真正提高社区人力资源开发效果的重要保障。为此，需要进一步完善以市场需求为主要导向的社区教育内容体系，并依托各个不同地区的社区教育网来给社区工作人员提供更为广泛的培训机会，实现受训学员之间的信息互动。此外，还可以培育和发展一批关于社区人力资源开发的中介组织，建立社区弱势群体人力资源开发资金投入机制，制定社区人力资源开发条件标准和人力资源开发绩效评估标准，从而提高社区人力资源开发的综合水平与能力。

（六）完善评估和激励机制

科学有效的评估体系，能客观地反映出社区人力资源开发中存在的问题，所以，社区人力资源的评估和激励，需要建立科学的评价体系。在制定评价体系的过程中，需要充分考虑人力资源开发与实际需求的弥合程度、被开发者的主观感受、资源的有效利用、综合素质能力等多个方面，力求全面客观地进行评价和反馈。另外，必要的激励机制有利于进一步调动社区工作者的积极性，如对优秀人员给予奖励，改善工作环境，关注员工的职业需求等。

（七）增强社区人员终身学习意识，努力营造学习型社区

知识经济时代，知识、信息是最重要的资源，人的头脑则是创造价值的主要工具，人类的生产活动将是不断实现自我超越的学习和创造的过程，所以新时期的社区将演变成为一个学习型组织。“学习型”的意义并不在于

单纯强调学习，而在于使学习成为社区的一种运行模式和发展方式。此外，社区管理服务人员要做好宣传、引导工作，在社区人员中树立终身学习的意识，努力构建学习型社区。

总之，构建和谐文明新社区应坚持以服务居民为宗旨，不断拓展社区服务领域，提高服务质量，追求服务效能，推动和谐社区的创建工作既快又好地发展。

参考文献

[1] 魏新，张春虎. 人力资源管理概论 [*M*]. 2 版. 广州：华南理工大学出版社，2013.

[2] 涂子沛. 大数据 [*M*]. 3 版. 桂林：广西师范大学出版社，2015.

[3] 王爱敏，王崇良，黄秋钧. 人力资源大数据应用实践——模型、技术、应用场景 [*M*]. 北京：清华大学出版社，2018.

[4] 蔡治. 大数据时代的人力资源管理 [*M*]. 北京：清华大学出版社，2016.

[5] 董克用，李超平. 人力资源管理概论 [*M*]. 4 版. 北京：中国人民大学出版社，2015.

[6] 刘昕. 薪酬管理 [*M*]. 5 版. 北京：中国人民大学出版社，2017.

[7] 刘昕. 人力资源管理 [*M*]. 3 版. 北京：中国人民大学出版社，2018.

[8] 彭剑锋. 战略人力资源管理：理论、实践与前沿 [*M*]. 北京：中国人民大学出版社，2014.

[9] 彭剑锋. 人力资源管理概论[*M*]. 3 版. 上海：复旦大学出版社，2018.

[10] 马海刚，彭剑锋，西楠. *HR*+三支柱：人力资源管理转型升级与实践创新 [*M*]. 北京：中国人民大学出版社，2017.

[11] 黄卫伟. 以奋斗者为本：华为公司人力资源管理纲要 [*M*]. 北京：中信出版社，2014.

[12] 陈伟. 阿里巴巴人力资源管理 [*M*]. 苏州：古吴轩出版社，2017.

[13] 刘昕，雷蒙德·*A*·诺伊，约翰·*R*. 霍伦贝克，等. 人力资源管理 [*M*]. 7 版. 北京：中国人民大学出版社，2013.

[14] 王挺，王新安，惠亚爱. 人力资源规划 [*M*]. 北京：中国电力出版社，2014.

[15] 赵曙明. 人才测评——理论、方法、工具、实务 [*M*]. 北京：人民邮电出版社，2014.

[16] 萧鸣政. 工作分析的方法与技术 [*M*]. 4 版. 北京：中国人民大学出版社，2014.

[17] 秦志华. 人力资源管理 [*M*]. 5 版. 北京：中国人民大学出版社，2019.

[18] 罗伯特·里尔登，珍妮特·伦兹，加里·彼得森等. 职业生涯发展与

规划 [M]. 4 版. 侯志瑾，等译. 北京：中国人民大学出版社，2016.
[19] 陈剑. 人力资源管理 [M]. 北京：清华大学出版社，2017.
[20] 贺小刚，刘丽君. 人力资源管理 [M]. 上海：上海财经大学出版社，2015.
[21] 李健. 人力资源管理：理论 · 案例 · 实训 [M]. 北京：清华大学出版社，2017.
[22] 彭良平，刘装作云. 人力资源管理 [M]. 北京：清华大学出版社，2016.
[23] 尚娟. 人力资源管理 [M]. 西安：西安电子科技大学出版社，2014.
[24] 魏迎霞，李华. 人力资源管理 [M]. 开封：河南大学出版社，2017.
[25] 肖琳. 人力资源管理概论 [M]. 大连：东北财经大学出版社，2016.
[26] 郑强国，吴青梅. 人力资源管理 [M]. 北京：清华大学出版社，2016.
[27] 袁蔚，杨加陆，方青云等等. 人力资源管理教程 [M]. 2 版. 上海：复旦大学出版社，2018.
[28] 孙博. 创新导向的人力资源管理 [M]. 广州：暨南大学出版社，2016.
[29] 魏钧. 人力资源管理实训 [M]. 2 版. 北京：科学出版社，2019.
[30] 陈维政，李贵卿，毛晓燕. 劳动关系管理 [M]. 2 版. 北京：科学出版社，2017.
[31] 陈维政，刘苹，胡豪. 人力资本管理 [M]. 北京：高等教育出版社，2018.
[32] 陈维政，余凯成，黄培伦. 组织行为学高级教程 [M]. 2 版. 北京：高等教育出版社，2015.
[33] 陈维政，余凯成，程文文. 人力资源管理与开发高级教程 [M]. 3 版. 北京：高等教育出版社，2018.
[34] 李志刚. 旅游企业人力资源开发与管理 [M]. 2 版. 北京：北京大学出版社，2019.
[35] 吴应利，刘云，翟俊. 旅游企业人力资源管理 [M]. 北京：中国旅游出版社，2016.
[36] 周晓飞. 人力资源管理完全自学手册 [M]. 北京：清华大学出版社，2018.
[37] 魏洁文. 酒店人力资源管理实务 [M]. 北京：中国人民大学出版社，2015.
[38] 李洪英. 战略人力资源管理与员工绩效 [M]. 北京：社会科学文献出

版社，2018.
［39］苗仁涛. 战略人力资源管理的本土化研究［M］. 北京：中国人事出版社，2016.
［40］袁继红. 社区管理实务［M］. 2 版. 北京：电子工业出版社，2015.
［41］石方军，伍如昕，薛君. 社区劳动保障［M］. 北京：中国社会出版社，2014.
［42］周晨虹. 社区管理学［M］. 武汉：华中科技大学出版社，2018.
［43］张丹媚. 智慧社区管理［M］. 重庆：重庆大学出版社，2019.
［44］黄文. 社区管理与服务［M］. 北京：机械工业出版社，2014.
［45］刘燕，韩晋. 社区管理实务［M］. 北京：机械工业出版社，2012.
［46］刘娜欣. 人力资源管理［M］. 北京：北京理工大学出版社，2018.
［47］卢海萍，邹学家，曲丽秋. 旅游企业人力资源管理［M］. 北京：北京理工大学出版社，2018.
［48］杨河清. 人力资源管理［M］. 4 版. 大连：东北财经大学出版社，2017.
［49］郦巍铭，楼莉萍，章守明. 现代人力资源管理［M］. 杭州：浙江大学出版社，2017.
［50］尹乐，苏杭. 人力资源战略与规划［M］. 杭州：浙江工商大学出版社，2017.
［51］刘书生，陈莹，王美佳. 人力资源体系与 e-HR 信息化建设［M］. 北京：中华工商联合出版社，2018.
［52］黄红发. 人力资源管理笔记：HR 晋级之路：［M］. 北京：人民邮电出版社，2018.
［53］胡明. 人力资源管理互联网思维［M］. 北京：清华大学出版社，2017.
［54］刘善敏. 人力资源开发与管理［M］. 北京：科学出版社，2018.
［55］贺清君. 企业人力资源管理全程实务操作［M］. 北京：中国法制出版社，2014.
［56］蔡啟明，钱焱，徐洪江，等. 人力资源管理实训：基于标准工作流程［M］. 北京：机械工业出版社，2016.
［57］聂鲲. 人力资本、产业集群与产业共享互动研究［M］. 北京：经济管理出版社，2018.
［58］刘鹏宇. “互联网+”背景下我国人力资源管理的发展趋势分析［J］. 现代商贸工业，2019（08）：67-68.
［59］彭剑锋. 数字化：不仅是一种技术变革更是一场思维革命［J］. 中外

企业文化，2019（01）：12-21.
［60］刘昭. 浅析企业战略人力资源规划创新［J］. 经营管理者，2019（05）：74-75.
［61］郭宝琳. 基于战略管理视角下的企业人力资源规划研究［J］. 金融经济，2019（08）：138-139.
［62］范伟政. 当前国有企业人力资源管理存在的问题和对策［J］. 教育现代化，2018（41）：231-236.
［63］陈宁. 战略性人力资源管理工作的开展论述［J］. 中国集体经济，2018（24）：118-119.
［64］曾茹. 关于企业人力资源薪酬激励机制的构建策略分析［J］. 中国集体经济，2019（18）：124-167.
［65］肖宏伟. 浅谈激励机制在企业人力资源管理中的应用［J］. 中国市场，2019（16）：91+93.
［66］王松. 企业人力资源培训的创新探析［J］. 中国市场，2019（17）：182+192.
［67］刘锦华. 企业人力资源薪酬管理中如何构建薪酬激励机制［J］. 中小企业管理与科技（下旬刊），2019（03）：144-145.
［68］雷梦婷. 新经济时代事业单位人力资源管理的创新路径［J］. 中外企业家，2019（10）：96-97.
［69］梁哲甍. 胜任力模型在事业单位人力管理中的应用［J］. 经济师，2019（05）：259-260.
［70］王世强. 关于我国企业人力资源绩效管理的思考［J］. 经济研究导刊，2019（10）：139-152.
［71］操明芳. 新经济环境下企业人力资源管理路径研究［J］. 金融经济，2019（08）：88-90.
［72］邹海波. 互联网+大数据时代人力资源管理面临的机遇与挑战［J］. 企业改革与管理，2019（08）：57-58.
［73］高晓明. 企业人力资源管理中存在的问题及对策分析［J］. 企业改革与管理，2019（08）：86-87.
［74］周秀岭. 共享经济时代下的人力资源管理趋势［J］. 企业改革与管理，2019（08）：98-99.
［75］韩玉. “互联网+”时代下人力资源管理的新趋势及对策分析［J］. 现代商贸工业，2019（16）：72-73.
［76］李复志. 大数据时代企业人力资源管理的变革［J］. 现代国企研究，2019（06）：50-52.

[77] 袁亮. 浅谈绩效考核在事业单位人力资源管理中的作用 [*J*]. 现代营销（下旬刊），2019（04）：206.

[78] 肖诗槟. 互联网时代的人力资源管理新思维 [*J*]. 现代营销（下旬刊），2019（04）：196.

[79] 丁黎晓. 浅谈企业人力资源管理的发展趋势 [*J*]. 人才资源开发，2016（22）：68.

[80] 高玉宁. 企业人力资源管理中激励机制的应用 [*J*]. 人才资源开发，2016（22）：101-102.

[81] 金风. 企业人力资源管理在大数据时代的创新思考 [*J*]. 企业科技与发展，2019（03）：238-240.

[82] 李萍. 事业单位人力资源管理的创新发展策略 [*J*]. 中国集体经济，2019（15）：124-125.

[83] 赵刚，高峻峰，王德阳，等. *NoSQL* 在企业人力资源管理系统中的应用 [*J*]. 内蒙古科技大学学报，2015（02）：202-206.

[84] 姜天文，迟金萍. 基于企业战略转型的人力资源管理研究 [*J*]. 管理观察，2019（10）：12-13.

[85] 徐玉娟. 企业人力资源管理在大数据时代的变革 [*J*]. 环渤海经济瞭望，2019（03）：89.

[86] 程静洪. 战略性人力资源管理下的企业员工培训研究 [*J*]. 内蒙古科技与经济，2019（06）：30-31.

[87] 周花欣. 数据分析在人力资源管理中的作用 [*J*]. 山东人力资源和社会保障，2019（04）：29.

[88] 加里·德斯勒. 人力资源管理 [*M*]. 北京：中国人民大学出版社，2002.